Unvergessliche Touren

Erlebnis-Wanderungen

Remstal und Schwäbisch-Fränkischer Wald

31 Touren zum Wasser, durch Weinberge und wilde Natur

J. BERG

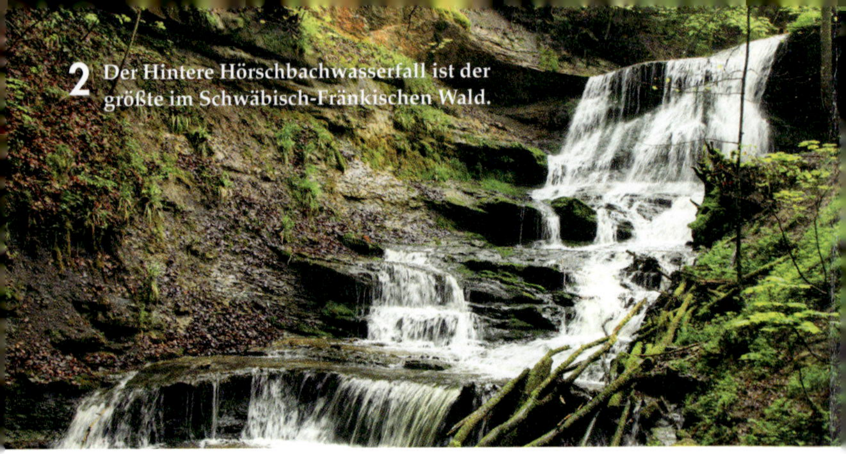

2 Der Hintere Hörschbachwasserfall ist der größte im Schwäbisch-Fränkischen Wald.

Inhalt

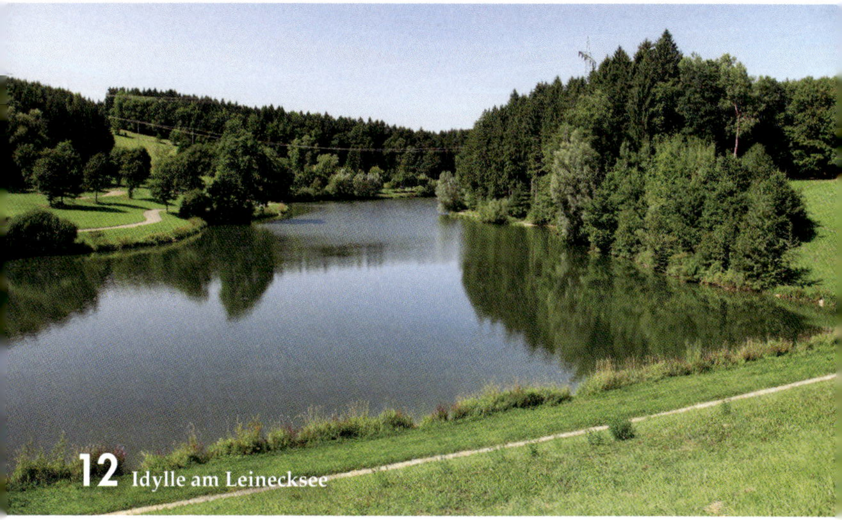

12 Idylle am Leinecksee

Das Remstal 86

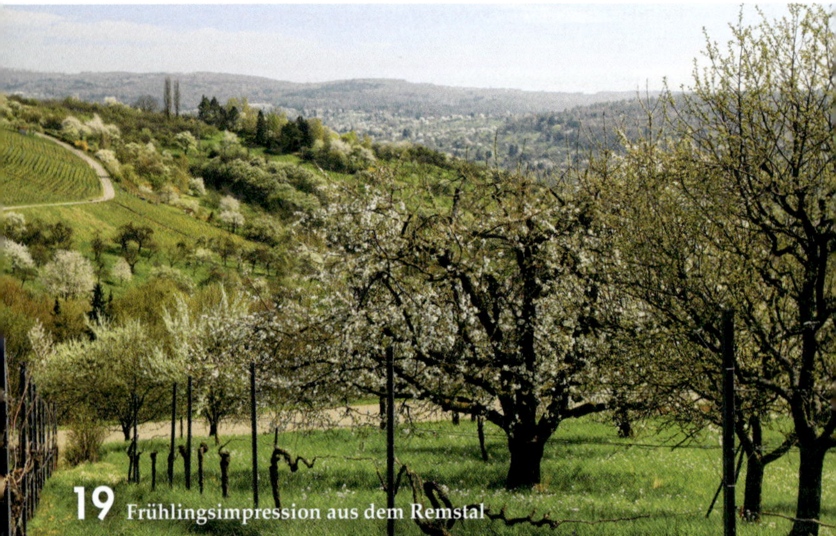

19 Frühlingsimpression aus dem Remstal

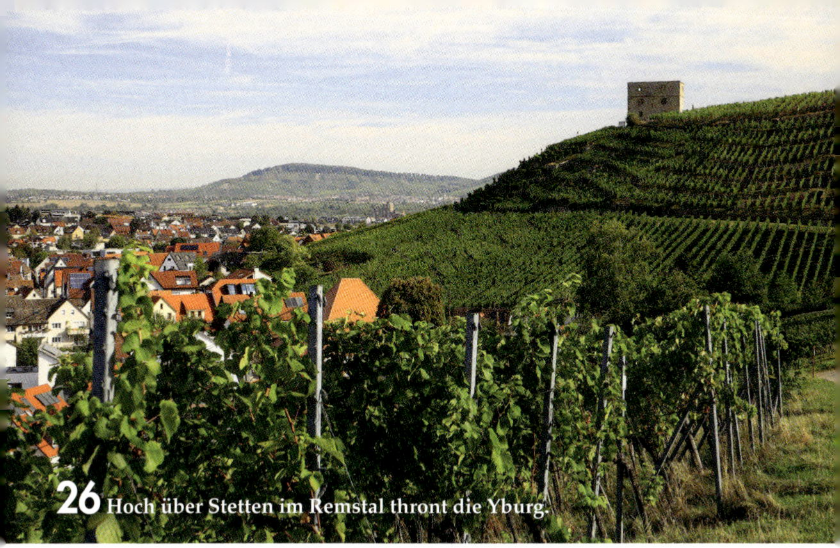

26 Hoch über Stetten im Remstal thront die Yburg.

Tourenüberblick

Tour			Länge in km	Höhenunterschied in m	Gehzeit in Std.	Einkehr	kindergeeignet	Sehenswürdigkeit	wintergeeignet	viel Sonne	eher schattig	Bademöglichkeit	öffentliche Verkehrsmittel	Fahrrad
1	Leicht	Vom Badsee durch den Schwäbischen Wald	8	180	2	•	•	•	•			•	•	
2	Schwer	Zwei Wasserfälle auf einen Streich	12,5	330	4	•	•	•			•		•	
3	Mittel	Durch die Gallengrotte zum Ebnisee	18	280	4,5	•		•			•	•	•	
4	Leicht	Auf den Hagbergturm	7,5	190	2	•	•	•	•					
5	Mittel	Zwei der schönsten Klingen	10	160	2,5		•	•					•	
6	Schwer	Durch das wilde Strümpfelbachtal	9,5	250	3	•	•						•	
7	Leicht	Zum Aichstruter Stausee	10,5	70	2,5	•	•	•	•			•	•	•
8	Mittel	Durch das urige Wieslauftal zum Ebnisee	12	150	3,5	•	•	•				•	•	
9	Mittel	Durch die Wieslaufschlucht	12,5	300	4	•	•	•					•	
10	Mittel	Alpenfeeling im Schwäbischen Wald	8,5	140	2,5	•	•	•					•	
11	Leicht	Spaziergang zu den Römern	5	100	1,5	•	•	•	•				•	
12	Mittel	Zwei Stauseen und ein riesiges Mühlrad	10,5	130	2,5	•	•	•	•					•
13	Mittel	Zwei Seen und drei Mühlen	9,5	60	2,5	•	•	•	•					•
14	Schwer	Grotten und Schlösser im Schwäbischen Wald	16	520	5	•		•					•	
15	Mittel	Entlang der Rems zu ihrer Mündung	12,5	20	3	•	•		•		•		•	
16	Leicht	Über den Korber Kopf zum Hörnleskopf	7	170	2	•	•		•			•		•
17	Mittel	Über die Aussichtskanzel zum Kleinheppacher Kopf	9	290	2,5	•	•		•					•
18	Mittel	Über die Yburg und das Käppele nach Strümpfelbach	11	110	3	•	•	•	•				•	•

- Leicht
- Mittel
- Schwer

- Länge in km
- Höhenunterschied in m
- Gehzeit in Std.

- Einkehr
- kindergeeignet
- Sehenswürdigkeit
- wintergeeignet

- viel Sonne
- eher schattig
- Bademöglichkeit
- öffentliche Verkehrsmittel
- Fahrrad

Tour			km											
19	●	Durch die Weinberge zum »Dichterdorf«	18	500	6	●		●	●				●	
20	●	Zwischen Remstal und Schwäbischem Wald	9,5	170	2,5	●	●	●	●				●	●
21	●	Durch Baumwiesen und Wald zum Königstein	6,5	140	2	●	●	●	●				●	●
22	●	Zum Denkmal bei Manolzweiler	9	300	3	●	●	●	●				●	
23	●	Viel Aussicht auf dem Bergrutsch-Rundweg	3	110	1	●	●	●	●					
24	●	Mit Remstalblick zum Bergrutsch	14	280	3,5	●	●	●	●		●			●
25	●	Zwischen Bärenbach- und Walkersbacher Tal	10	220	2,5	●	●	●	●		●			●
26	●	Durch die Weinberge zur Burgruine	6	270	1,5	●	●	●	●				●	●
27	●	Aussichtstour durch die Weinberge	10,5	370	2,5	●	●	●	●				●	
28	●	Auf dem Weinbau- und Skulpturenweg Schnait	3	80	1		●	●	●					●
29	●	Zwischen Wald, Weinbergen und Baumwiesen	4,5	100	1,5		●		●					●
30	●	Von Beinstein durchs Remstal	5	60	1,25	●	●		●	●			●	●
31	●	Von Winterbach nach Schorndorf	10,9	170	3	●		●	●		●		●	

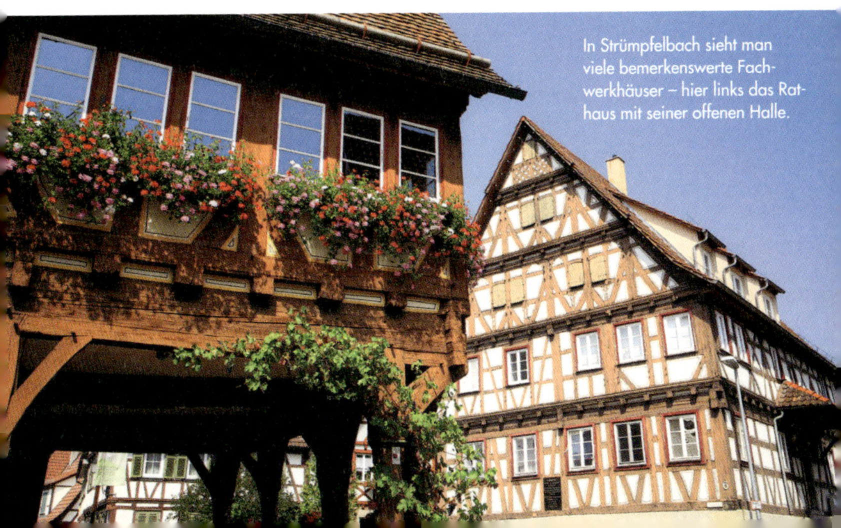

In Strümpfelbach sieht man viele bemerkenswerte Fachwerkhäuser – hier links das Rathaus mit seiner offenen Halle.

Vorwort

Liebe Leserinnen, liebe Leser,

die beiden Landschaften, die in diesem Buch zusammengefasst sind, könnten unterschiedlicher nicht sein. Dadurch sind aber für Sie eine ganze Anzahl völlig unterschiedlicher Erlebnisse beim Wandern oder Spazierengehen gewährleistet.
Im nördlichen Teil finden wir den Schwäbischen Wald, der Teil des Naturparks Schwäbisch-Fränkischer Wald ist. Nicht umsonst wird er auch der »kleine Bruder des Schwarzwalds« genannt: Es ist ein dicht bewaldetes und dunkles Gebiet, aufgelockert mit vielen Tälern, in denen man zahlreiche Natursehenswürdigkeiten findet. Wohl nirgendwo sonst im Land findet man eine solch große Zahl von Schluchten, Höhlen und Grotten, Wasserfällen und Felsformationen so dicht beieinander. Dazu kommen noch Seen, in denen zum Teil gebadet werden darf.
Im Gegensatz dazu steht das Remstal. Das weite, offene Tal wird am Talboden intensiv industriell und gewerblich genutzt. An den Hängen, welche es umgeben, wird vor allem Landwirtschaft betrieben. Zum einen finden wir hier zahlreiche Obstbäume, die ihren schönsten Reiz im Frühjahr zur Zeit der Blüte entfalten. Zum anderen wurden an den Südhängen Weinberge angelegt, in denen der beliebte »Remstäler« wächst. Wenn man hier wandert, hat man fast immer eine schöne Aussicht durch das Tal, und es gibt auch einige Aussichtspunkte in der Höhe. In den Weinbergen sind Wanderungen vor allem im Herbst, wenn das Weinlaub in allen Farben zu glühen scheint, am schönsten. Und wie in allen Gebieten mit Weinbau: Es gibt noch einige Städte und Dörfer, in denen wir ein

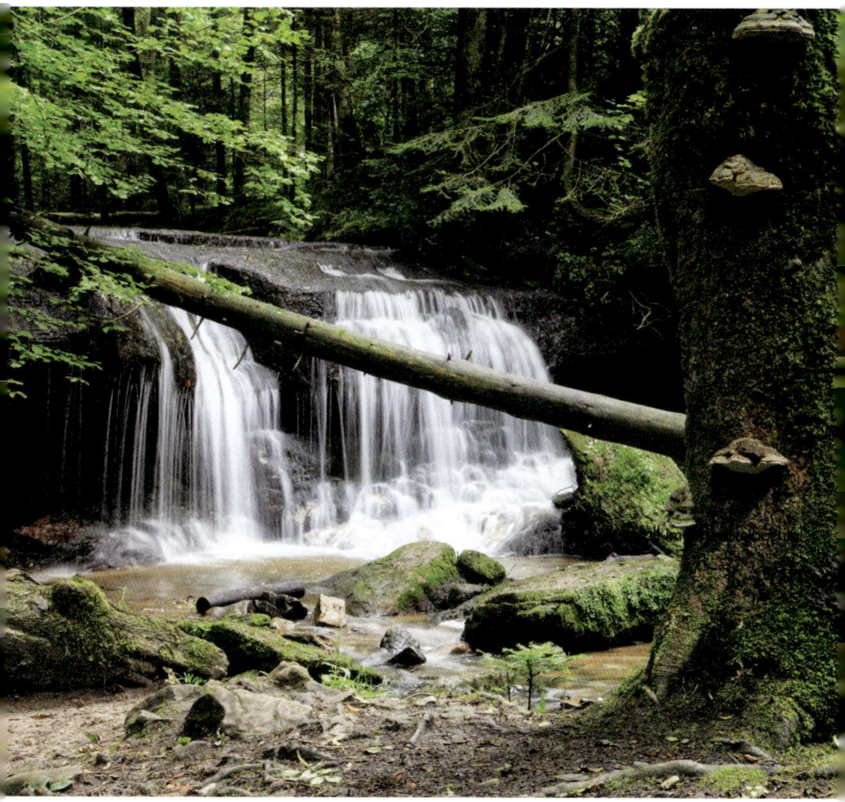

pittoreskes Ortsbild mit prächtigen Fachwerkhäusern finden.
Im oberen Teil gehen die Hänge des Remstals auf der nördlichen Seite in die Ausläufer des Schwäbischen Waldes über, im Süden in den Schurwald.
Ich wünsche Ihnen viele schöne Wanderungen und Spaziergänge, allzeit gutes Wetter und viele angenehme Erlebnisse und Begegnungen.

Dieter Buck

Einleitung

Mit den Wanderungen in diesem Buch besuchen wir zwei der Stammlandschaften des ehemaligen Württemberg. Schließlich lag mit Beutelsbach einer der Ausgangsorte der Grafen von Württemberg im Remstal.
Trotzdem sind beide Landschaften grundverschieden: hier der stille und ernst wirkende Schwäbische Wald – mit seinen hohen Nadelbäumen nicht umsonst auch »Kleiner Bruder des Schwarzwalds« genannt – und dort das wie alle Weingegenden lichtdurchflutete und eher heiter wirkende Remstal.

Das Remstal

Die 81 Kilometer lange Rems zählt zu den bedeutendsten Flüssen des Landes. Vor allem zwischen der Mündung bei Neckarrems und Schorndorf ist ihr Tal auch ein beliebtes Ausflugsziel – dieser Teil des Flusses wurde auch in diesem Buch beschrieben.
Das Remstal ist auch altwürttembergisches Land, lag hier in Beutelsbach doch die Wiege der württembergischen Herrscher und dazu ganz in der Nachbar-

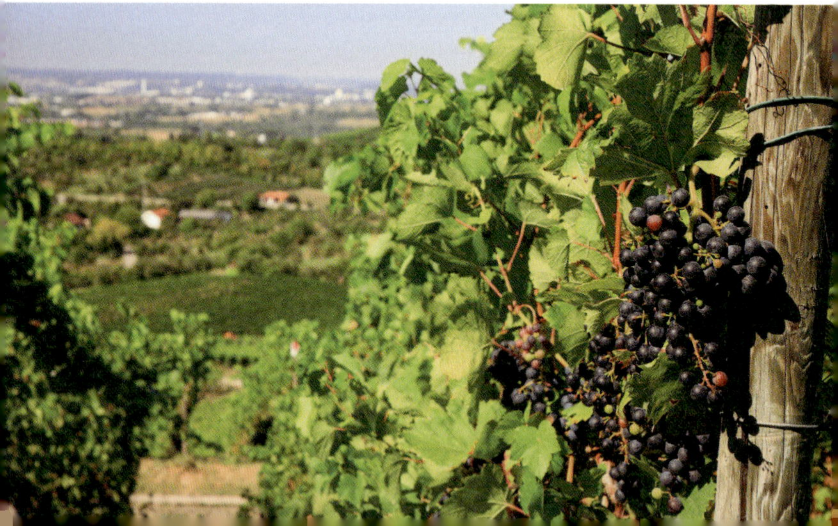

Die prallen Weintrauben im Herbst lassen die Vorfreude auf den fertigen Wein erwachen.

schaft auch der Ursprung des staufischen Herrschergeschlechts.
Das Tal wurde auch schon als schwäbische Toskana bezeichnet, wobei man da sicherlich an den klimatisch bevorzugten Unterlauf dachte. Hier reift an den sonnigen Hängen schon seit 900 Jahren der Wein, und die heimeligen Dörfer mit den alten Fachwerkhäusern sind zwischen Weinbergen, Wäldern und Streuobstwiesen eingebettet. So sagte schon Kaiser Joseph auf seiner Durchreise von Paris nach Wien 1777 zum damaligen Oberamtmann Paulus: »Ihr Herzog hat ein schönes Land, und Ihr Remsthal könnte man einen Garten Gottes heißen.«
Unzählige Wanderungen sind möglich. Während die Streuobstwiesen ihre größte Pracht im Frühjahr zur Zeit der Blüte entfalten – berühmt ist vor allem die Kirschbaumblüte –, bezaubern die Wälder und Weinberge im Herbst durch ein Furioso an leuchtend buntem Laub. Es gibt prächtige Fachwerkstädte wie beispielsweise Schorndorf oder Waiblingen, und was wichtig ist: Man berührt immer wieder Orte mit gemütlichen Gasthäusern oder Besenwirtschaften, in denen man Hunger und Durst stillen kann – nicht umsonst ist der Remstäler ein beliebter Wein!

Der Schwäbisch-Fränkische Wald

Der Doppelname Schwäbisch-Fränkischer Wald ist der Oberbegriff des urigen Waldgebiets zwischen dem Remstal und dem nördlich angrenzenden Hohenlohe. Diese Bezeichnung trägt auch der »Naturpark Schwäbisch-Fränkischer Wald«. Er wurde 1979 als zweiter Naturpark in Baden-Württemberg und als sechzigster Naturpark Deutschlands gegründet. Mitglieder des Trägervereins des 1270 Quadratkilometer umfassenden Großschutzgebietes sind öffentliche Stellen und Vereine. Das Naturparkzentrum mit Ausstellung befindet sich in Murrhardt (Info: www.naturpark-sfw.de). In diesem Buch wird aber nur der südliche, schwäbische Teil der auch »kleiner Bruder des Schwarzwalds« bezeichneten Region erwandert. Das Murrtal mit Murrhardt ist das am weitesten nördlich gelegene Ziel der Wanderungen.

Der Vergleich mit dem Schwarzwald ist durchaus richtig – das Gebiet weist große Waldflächen auf und ist ebenso durch zahlreiche Täler zerfurcht. Nur ist alles etwas kleiner, niedriger, nicht so dramatisch und klimatisch etwas milder und lieblicher im Charakter. Unzählige Bäche und Flüsschen haben sich in das Erdreich eingegraben, und die Landschaft mit ihren wilden Felsabstürzen, den Wasserfällen, den dunklen, bewaldeten Bergen und lieblichen Wiesentälern und Flussauen ist ungemein abwechslungsreich. In einem Führer eines bekannten Automobilclubs wurde die Gegend einmal gar als eines der »letzten Paradiese Deutschlands« bezeichnet.

Ab dem 13. Jahrhundert gab es hier eine Industrie, die heute nicht mehr zu finden ist: die Glasherstellung. Der Höhepunkt lag um 1550, als um Welzheim mindestens 21 Hütten arbeiteten. Auch Bergbau gab es: Man versuchte, Silber zu gewinnen – allerdings erfolglos, und das Abenteuer endete im Konkurs. Die Familie Friedrich Schillers war durch die Verluste so hart getroffen, dass der Name Spiegelberg, wo sich die Silbergrube befand, in schlechter Erinnerung blieb und der Dichter einen seiner Räuber »Spiegelberg« nannte.

Der Schwäbisch-Fränkische Wald ist auch Heimat von seltenen Pflanzen wie Orchideen, Trollblumen, Arnika und sogar Enzian. In der feuchten Atmosphäre der Bachläufe findet man eine Feuchtigkeit und Schatten liebende Flora. Eine eigene Erwähnung verdienen auch die verstreut wachsenden Mammutbäume (Wellingtonien).

Das wasserreiche Gebiet besitzt außerdem jede Menge Mühlen, es hat die größte Mühlendichte Baden-Württembergs aufzuweisen: 26 waren es einst allein um Welzheim. An Murr, Lein, Rot und den ihnen zufließenden Gewässern sind insgesamt 174 Mühlen dokumentiert, und der Mühlenwanderweg berührt heute neun Mühlen.
Beliebte Ziele sind die zahlreichen markanten Klingen (Tobel). Mit mächtigen Felsen, steil abfallend und mit teilweise fast alpinen Steigen locken sie die Wanderer an, manchmal zeigen sie sogar größere oder kleinere Wasserfälle. Viele sind als Naturdenkmale ausgewiesen und geschützt.
Wer nach (oder anstatt) einer Wanderung gerne durch Städte und Städtchen bummelt oder sich ein kleines Dorf, einen Weiler oder ein charakteristisches Einzelgehöft ansehen möchte, findet eine große Auswahl. Gemütlich geht es meist zu, und oft stößt man auf hervorragende Kunstschätze. Schon die Namen verzaubern und vermitteln eine märchenhafte Stimmung, wie es sich für ein Waldgebiet gehört: Krehwinkel, Gottwollshausen, Bäumlesfeld, Siebenknie, Vorder- und Hinterwestermurr oder Berglen. Namen wie im Sagenbuch!

Wilde Natur im Strümpfelbachtal

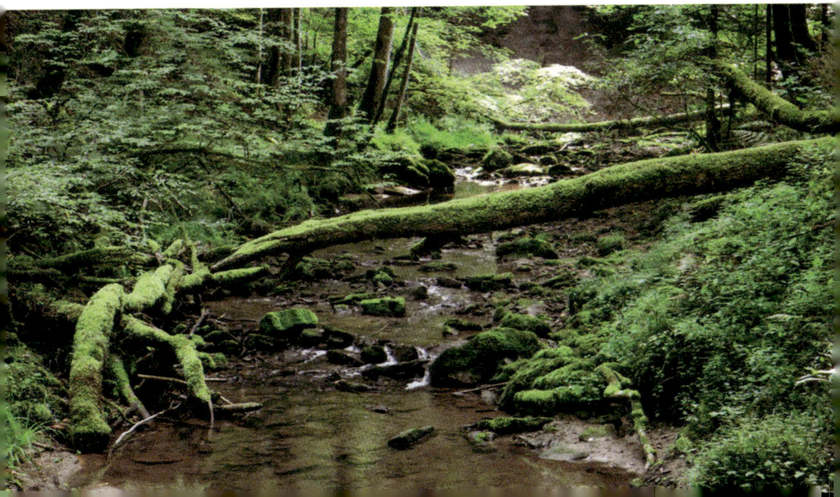

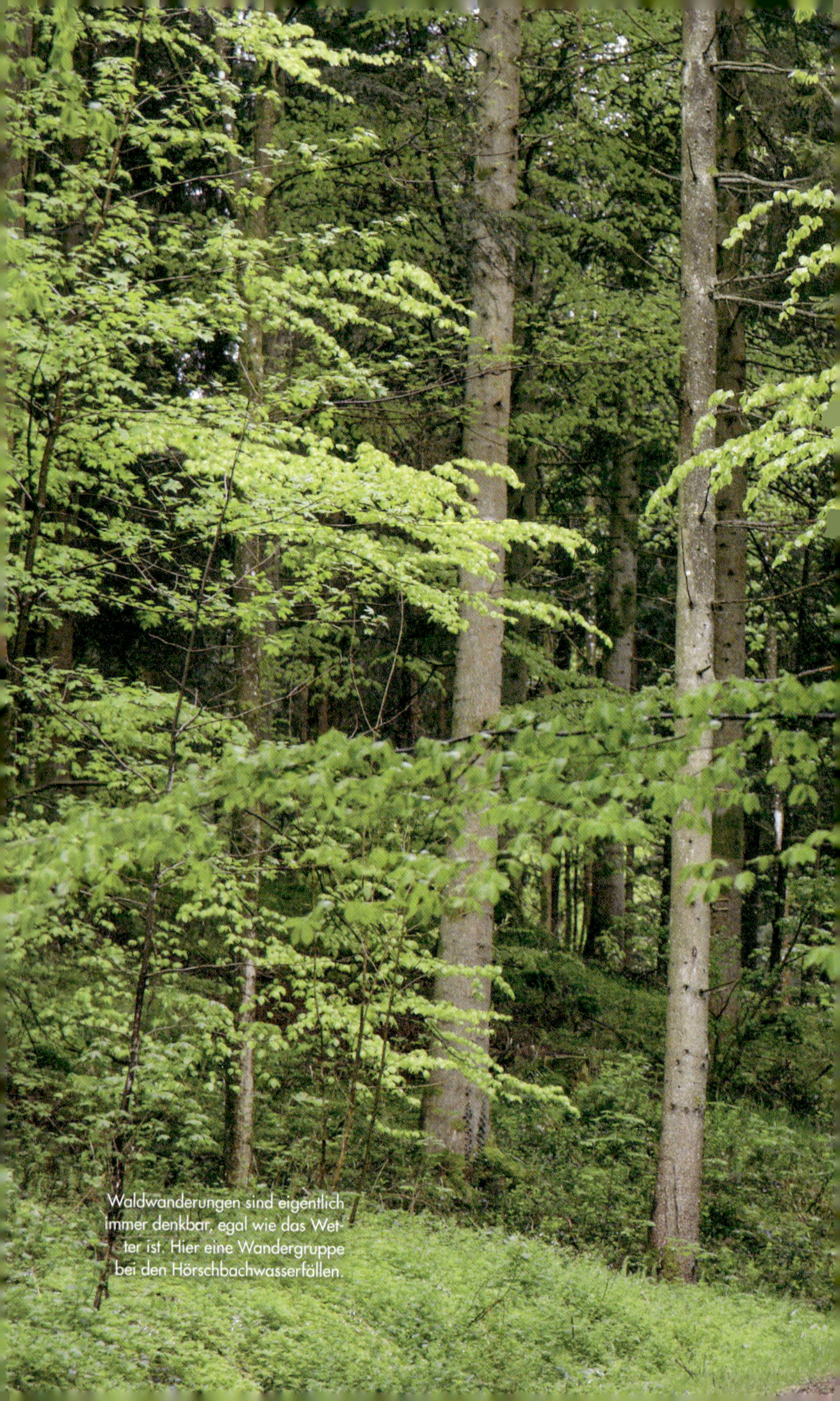

Waldwanderungen sind eigentlich immer denkbar, egal wie das Wetter ist. Hier eine Wandergruppe bei den Hörschbachwasserfällen.

Der Schwäbische Wald

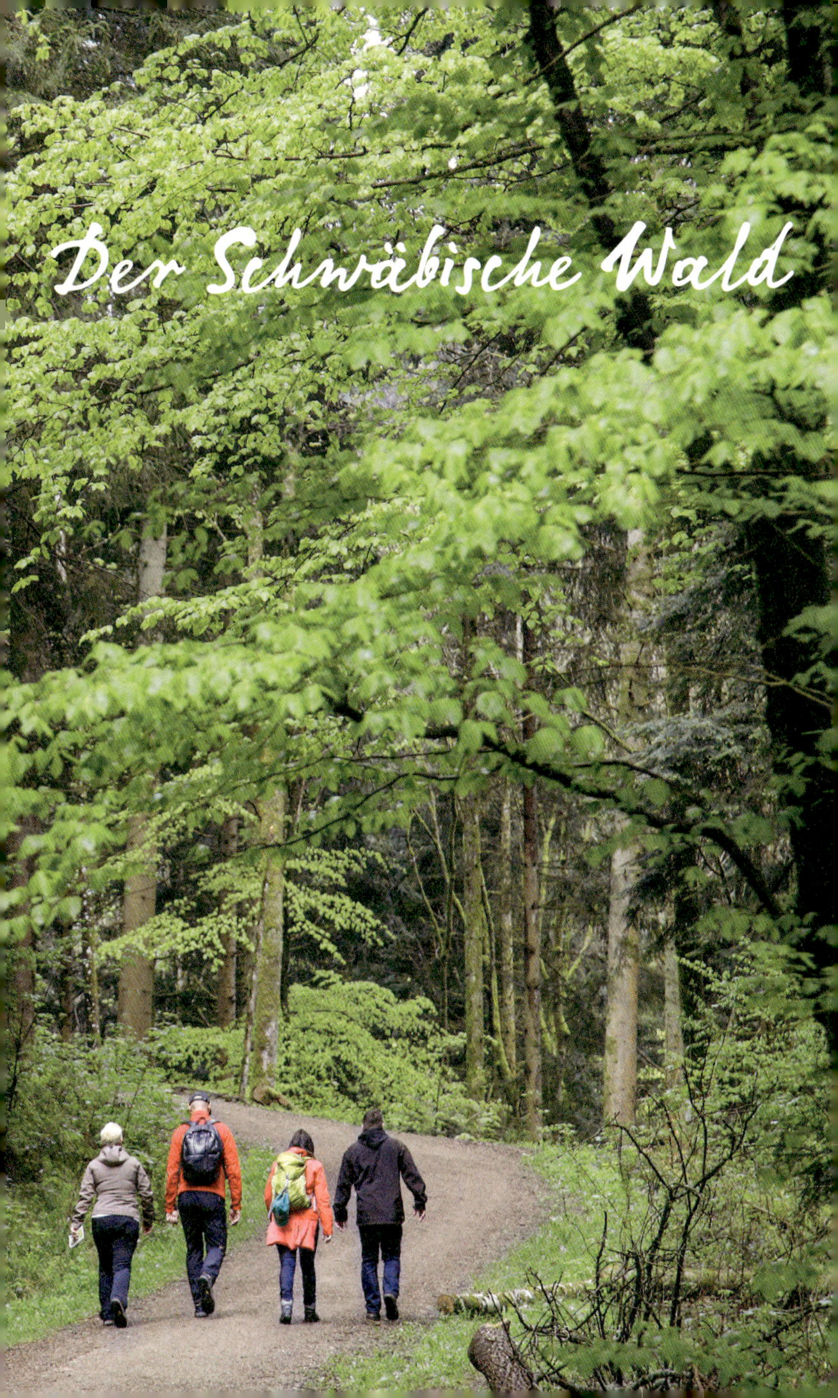

1 Vom Badsee durch den Schwäbischen Wald

Vor oder nach der Wanderung ein Bad?

Leicht | 8 km | 180 Hm | 2 Std.

Tourencharakter: Wir gehen auf festen Wegen, über den Hohennohl auf einem Pfad, der bei Nässe recht schmierig ist und dann nicht begangen werden sollte. Im Badsee am Ausgangspunkt kann man kostenlos baden. Es gibt auch Umkleidekabinen.

Tourenverlauf: Gschwend/Badsee – Kreuzstein – Hohennohl – Joosenhof – Hohenreusch – Badsee

Ausgangspunkt: Gschwend, am Badsee

Anfahrt: ÖPNV: Bahn bis Gaildorf oder Schwäbisch Gmünd, weiter mit dem Bus;
Info: www.efa-bw.de;
Auto: B 14 und B 29 bis Schorndorf, dann über Welzheim nach Gschwend. Der Badsee liegt östlich des Ortes an der L 1080, GPS: 48.935819, 9.751244

Einkehr: Gschwend

Karte: Wanderkarte W221 Schwäbisch Gmünd, 1:25 000, Hrsg.: Schwäbischer Albverein e.V., Kartografie: Landesamt für Geoinformation und Landentwicklung Baden-Württemberg (LGL)

Unternimmt man diese Tour im Sommer, tut man sich vielleicht schwer, sich vom idyllischen Badsee am Ausgangspunkt zu trennen. Aber es lohnt sich, denn man wandert nicht nur in einer herrlichen Landschaft, sondern man sieht auch viel historisch Interessantes. Außerdem läuft der See ja nicht weg – nach der kurzen Wanderung kann man sich an seinem Ufer schön entspannen.

Kurz nach Gschwend an der Straße nach Rotenhar liegt links der **Badsee** (1). Der rund einen Hektar große Natursee ist bis zu 2,8 Meter tief. Er ist umgeben von Liegewiesen mit Bäumen und Spielplätzen, sanitären Einrichtungen, Kaltwasserduschen und Umkleiden. Während der Hauptsaison wird der See von der DLRG beaufsichtigt. Am Kiosk können Verpflegung und Getränke erstanden werden. Hunde und das Benutzen von eigenen Grills sind nicht erlaubt. Für Abwechslung sorgen auch ein Beachvolleyballfeld und Tischtennisplatten. Für Kinder gibt es einen abgeteilten Nichtschwimmerbereich; auch das Ufer fällt teilweise flach ab. Es gibt PKW- und Caravanabstellplätze. Im See entspringt eine Quelle, der Überlauf des Sees mündet in die Gschwender Rot. Der nördliche Bereich des Sees ist Wildschutzzone, weitere Zuläufe sind das Buchbrünnele und eine Quelle von Waldhaus.
Zuerst folgen wir dem Sträßchen am Parkplatz entlang in den Wald. Am Waldrand liegt links der Märchenwald, in dem mit viel Fantasie Märchenstationen für Kinder geschaffen wurden.

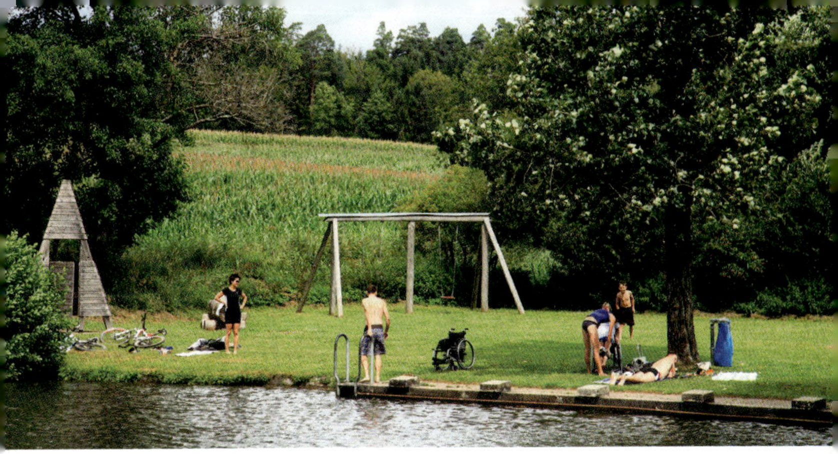

Der Walderlebnispfad Tännli, an dem die Wanderung zu großen Teilen entlangführt, bietet zehn Stationen, in denen man viel über die Natur erfährt und teilweise auch aktiv mitmachen kann. So ermöglicht das Baumhoroskop einen Ausflug in die Vergangenheit, man erfährt Wissenswertes über den Jahr-

Am Ufer des Badsees

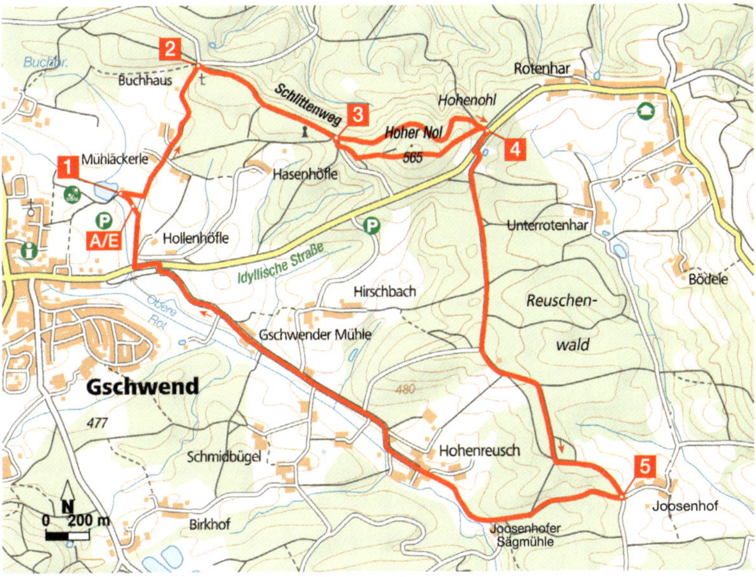

Gschwend

Die erste Kirche in Gschwend stand am Platz des heutigen Café Weller, sie wurde 1759 geweiht. Davor mussten die Gläubigen, je nach standesherrlicher Zugehörigkeit, die Gottesdienste in Frickenhofen oder Kirchenkirnberg besuchen. Beim großen Brand 1857 brannte sie ab, daraufhin wurde 1861 bis 1863 die heutige Kirche durch Oberbaurat von Leins im Stil der Neugotik erbaut. Deren Turm wurde 1968 durch eine moderne Turmspitze ersetzt.

hundertsturm Lothar, kann an der Waldkugelbahn eine Kugel rollen lassen, seine Fähigkeiten im Weitsprung mit denen der Tiere vergleichen und vieles mehr. Im Märchenwald, dem Herzstück des Walderlebnispfades, findet man Stationen zu den Märchen Dornröschen, Rotkäppchen und Hänsel und Gretel. Auf die Kinder warten unter anderem ein Holzxylophon, ein Hexenhaus und ein Barfußpfad.

Weiter im Wald kommen wir zu einer Kreuzung, an der wir den **Kreuzstein** 2 sehen.

Der knapp einen Meter hohe Kreuzstein am Schlittenweg wurde der Sage nach zur Sühne eines Totschlags errichtet, der wegen eines zweipfündigen Brotlaibs geschah. Es gibt verschiedene Versionen, gemeinsam ist ihnen jedoch, dass zwei Männer sich um das Brot gestritten und einander dabei erstochen oder erschlagen haben. Als man die Leichen fand, lagen sie kreuzweise übereinan-

Auch wenn es nicht grünt, hat die Landschaft um den Badsee ihre Reize.

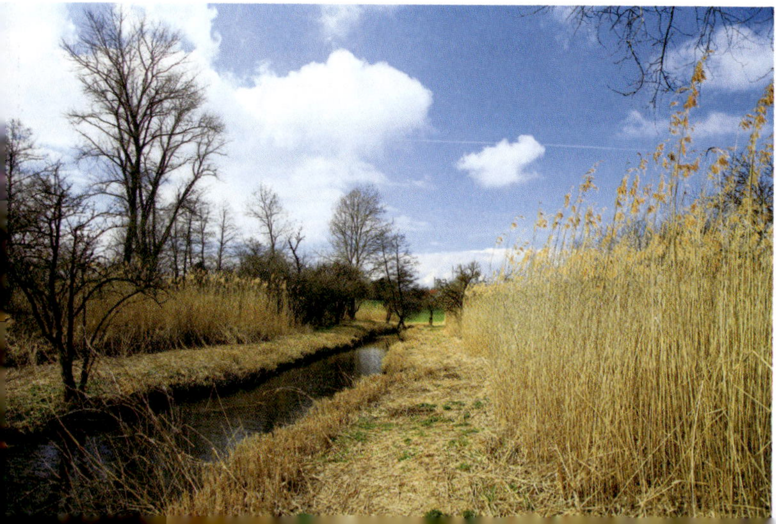

der. Solche Kreuzsteine oder Sühnekreuze wurden zur Erfüllung von Sühneverträgen errichtet, die von den beteiligten Parteien geschlossen wurden. Damit wollte man in der Folge eines Mordes oder Totschlages blutige Fehden unterbinden. Sie stammen meist aus dem 13. bis 16. Jahrhundert und sind nie mit Texten und nur gelegentlich mit Jahreszahlen versehen, oft allerdings mit Symbolen, die auf das Tatwerkzeug oder dergleichen hinweisen. Mit der Halsgerichtsordnung von Kaiser Karl V. von 1533 wurden aber derartige private Abmachungen nicht mehr geduldet, die Taten mussten fortan vor einem ordentlichen Gericht verhandelt werden.

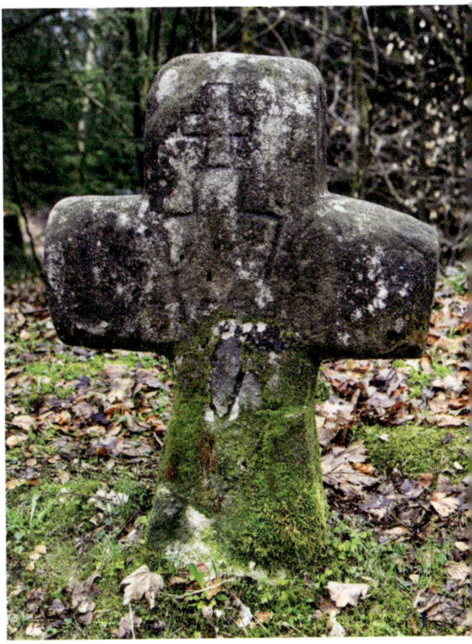

Der Kreuzstein erinnert an die Rechtsprechung früherer Zeiten.

Nach dem Stein biegen wir rechts ab auf den historischen Schlittenweg und folgen diesem. Der Schlittenweg hat seine Entstehung der Flößerei zu verdanken. Im 18. Jahrhundert herrschte in der Stuttgarter und Ludwigsburger Gegend starker Brennholzmangel, bedingt auch durch den großen Holzbedarf der herzoglichen Hofhaltungen. Die stadtnahen Wälder waren schon ziemlich ausgeholzt. Aus diesem Grund, aber auch wegen der schlechten Straßenverhältnisse sowie um die Ausfuhr des Holzes zu verhindern, wurde die Wieslauf 1745/46 durch den Aufstau des Ebnisees floßbar gemacht und das Holz anschließend auf der Rems weiter geflößt. Auf dem 26 Kilometer langen Schlittenweg, der von Nestelberg bei Sulzbach im Oberen Kochertal bis zum Ebnisee führte, wurde das Holz im Winter zu den Schwellseen gebracht. Der

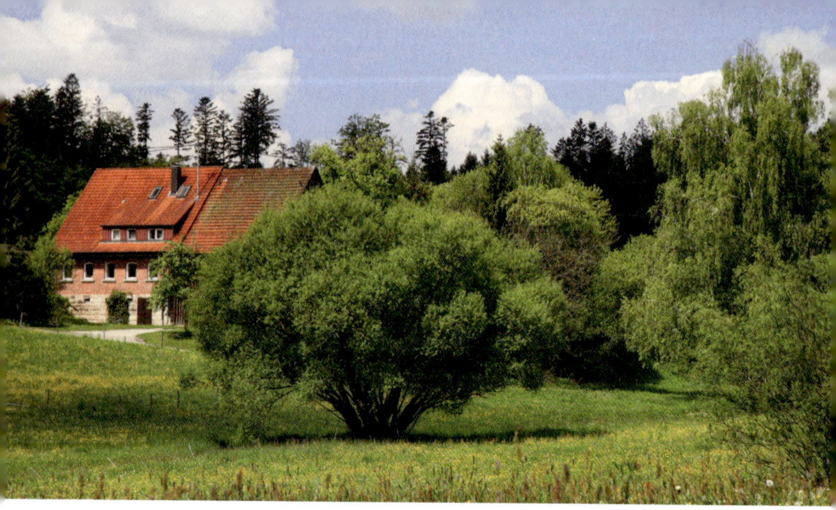

Typisches Bild eines Hofes im Schwäbischen Wald

Ebnisee wurde 1787 angelegt und bis 1844 in voller Länge genutzt, der westliche Teil ab Kaisersbach noch bis zum Ende der Flößerei 1858. Der Holztransport mit Pferden oder Ochsen wurde im Winter durchgeführt und dauerte rund fünf Stunden. Das Ziel waren die Holzlandebrücken in Waiblingen und Neckarrems. Das Gelände nutzte man dabei so optimal aus, dass es kaum Steigungen gab.

Nach einem Felsbrocken mit einer Inschrift zieht der Forstweg nach rechts. Hier müssen wir uns entscheiden 3: Wer lieber auf dem bequemen Forstweg unterwegs ist, nimmt an der Verzweigung den links abgehenden Schlittenweg, der zur Straße führt. Wer gutes Schuhwerk anhat und einen »Berg« besteigen will, kann den Hohennohl »mitnehmen«. Allerdings hat man von oben keine Aussicht, denn man befindet sich im dichten Wald. Für letztere Variante folgen wir an der Verzweigung dem Forstweg kurz nach rechts, zweigen aber gleich darauf links ab und wandern mit dem Zeichen des Schwäbischen Albvereins auf einem Pfad auf den Gipfel des Hohennohls. Danach geht es wieder hinab. Bei der Straße treffen wir wieder auf den **Schlittenweg** 4.

An der Straße halten wir uns bei beiden Varianten rechts, gehen am Forsthaus vorbei und biegen kurz danach bei der Baumscheibe links ab in den Rotwaldweg. Auch hier sehen wir zahlreiche Schilder des Walderlebnispfades. Wir können einen Abstecher zu einem Feuchtbiotop machen, danach folgt ein Barfußpfad. Wir ignorieren, dass der markierte Weg rechts abknickt, sehen kurz danach einen alten Grenzstein und kommen nach einem kurzem Stück bergauf zu einer Kreuzung, an welcher der Ameisengehrenweg abgeht. Hinter ihr stehen noch einmal zwei Grenzsteine. Wir behalten unsere Richtung bei und haben kurz danach nach rechts einen schönen Blick über die Wiesen hinab nach Hohenreusch.

Wir wandern an der Gussmannhütte vorbei, danach noch ein Stück durch den Wald. Nach einem Linksknick verlassen wir ihn und gehen zwischen Wiesen und Waldrand zu einem querenden Sträßchen rechts vom **Joosenhof** 5. Auf dem Sträßchen wandern wir schließlich nach rechts zurück zum Ausgangspunkt. Wer will, kann nun den Tag entweder am See oder in Gschwend ausklingen lassen.

Vor dem Blattaustrieb hat die Landschaft ihren eigenen Charme.

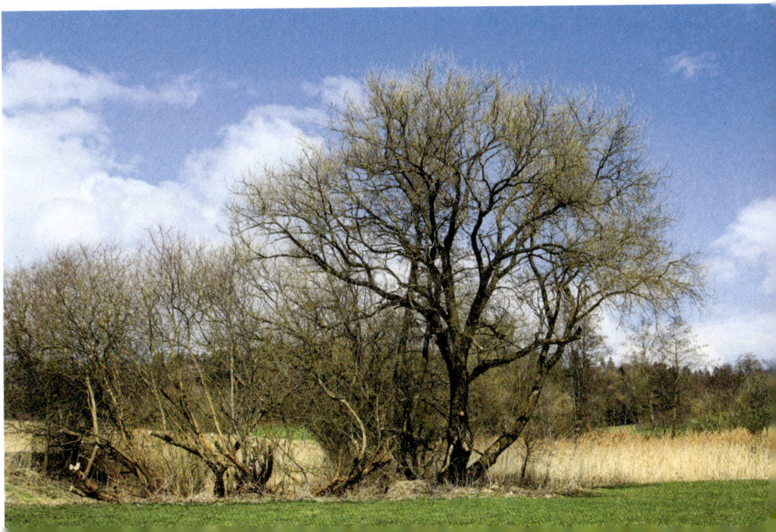

2 Zwei Wasserfälle auf einen Streich

Völlig verschieden: die Hörschbachwasserfälle

Schwer 12,5 km 330 Hm 4 Std.

Tourenverlauf: Murrhardt – Vorderer Hörschbachwasserfall – Hinterer Hörschbachwasserfall – Hörschhofer Sägemühle – Waltersberg – Murrhardt

Ausgangspunkt: Murrhardt (Parkplatz zwischen Nägelestraße/Blumstraße)

Anfahrt: ÖPNV: Bahn bis Murrhardt; Info: www.efa-bw.de; Auto: A 81 bis Ausfahrt Mundelsheim, dann nach Osten über Großbottwar, Großaspach, Oppenweiler und Sulzbach an der Murr nach Murrhardt, GPS: 48.980973, 9.574386

Einkehr: Murrhardt

Karte: Wanderkarte W219 Murrhardt, 1:25 000, Landesamt für Geoinformation und Landentwicklung Baden-Württemberg (LGL) in Zusammenarbeit mit dem Schwäbischen Albverein e.V.; Wanderkarte mit Radwegen Blatt 54-542, 1:25 000, Backnang Murrhardter Wald, 1:25 000, NaturNavi

Die Hörschbachwasserfälle bei Murrhardt zählen zu den schönsten in diesem an Natursehenswürdigkeiten ohnehin reichen Gebiet. Es gibt zwei Möglichkeiten, um vom Vorderen zum Hinteren Wasserfall zu gelangen, wobei die eine sehr anspruchsvoll ist. Zum Abschluss der Tour kann man sich in Murrhardt umsehen und dort zum Beispiel die Kirchen, die Museen oder das Naturparkhaus besuchen.

Wir folgen am Parkplatz der Blumstraße entlang des Sportplatzes bis zu der modernen katholischen Kirche St. Maria. Dort halten wir uns rechts in die Fritz-Ehrmann-Straße. Nach kurzem Anstieg biegen wir links ab in den Großgartenweg. Nach den letzten Häusern orientieren wir uns rechts in den Höhenweg. Nun wandern wir leicht auf und ab am Ortsrand entlang, teilweise zwischen Streuobstwiesen, Wiesen und Gartengrundstücken, bis zu einem **Sträßchen** (1). Ihm folgen wir nach links zum Waldrand.

Dort nehmen wir den links abgehenden Unteren Hörschbachweg in Richtung »Hörschbachwasserfälle«; er ist mit dem blauen Punkt markiert und zieht leicht nach oben. An einer Linkskurve zweigen wir rechts ab in Richtung »Vorderer Wasserfall«. Ihn erreichen wir nach kurzem Bergab.

Der Hörschbach, der wohl der bekannteste Seitenzufluss der Murr ist, fällt beim **Vorderen Wasserfall** (2) in einem Stück rund fünf Meter über eine harte Steinmergelbank des Gipskeupers, die sogenannte Engelhofer Platte. Sie entstand vor etwa 200 Millionen Jahren und ist nur bis zu 60 Zentimeter dick. Da das

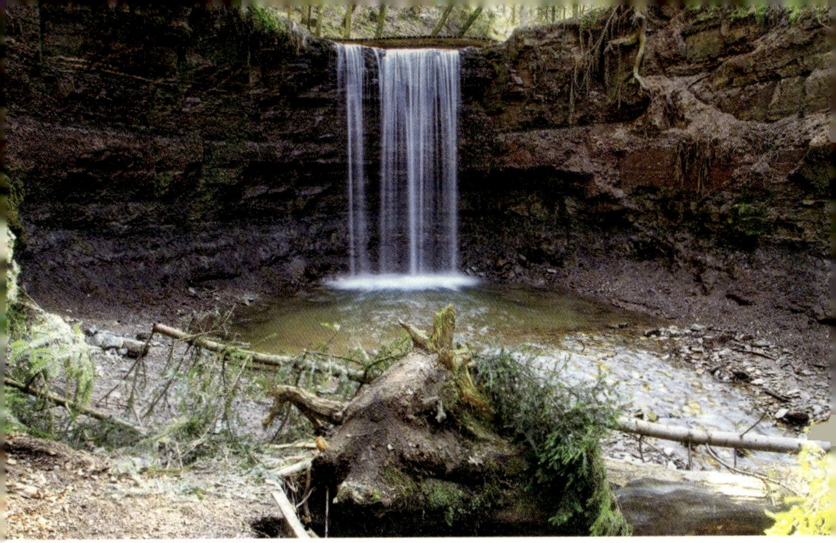

darunterliegende mergelige Gestein des Gipskeupers weicher ist, wurde es ausgespült und die Platte brach ab.

Am Vorderen Hörschbachwasserfall

Danach überqueren wir oberhalb des Wasserfalls den Hörschbach auf einer Brücke. Jetzt haben wir zwei Möglichkeiten: Die einfachere sieht so aus, dass wir hinauf zur Straße gehen und ihr nach links folgen (gestrichelte Variante). Es gibt aber noch eine zweite, zwar hochinteressante und eindrucksvolle, aber auch recht schwierige Variante. Hierzu wandern wir rechts am Bach entlang **3**. Bald stoßen wir auf einen vorübergehend guten, breiten Weg, dem wir nach links folgen. Er führt uns – mal bergauf, mal bergab – am und oberhalb vom Hörschbach entlang. Nach dem Winter oder nach Unwettern können Teile des Weges zerstört sein, sodass die Wanderer sich neue suchen müssen. Es geht manch-

Tourencharakter

Der Weg vom Vorderen zum Hinteren Wasserfall direkt am Bach entlang ist anspruchsvoll. Je nach vorherigem Unwetter können Teile des Weges zerstört sein, grundsätzlich aber muss mit schwierigen Wegverhältnissen und Abrutschgefahr gerechnet werden. Man sollte ihn nur mit festem Schuhwerk und möglichst mit Wanderstöcken und alpiner Erfahrung begehen. Man muss auch darauf gefasst sein, stellenweise direkt im Wasser gehen zu müssen. Insbesondere nach dem Winter oder nach Regen oder gar Unwettern ist erhöhte Vorsicht angebracht. Wandert man nur auf den Forstwegen, gilt die Klassifizierung mittel.

mal steil hinab zum Wasser, und die erdigen Wege können rutschig sein.

Schließlich sehen wir links einen kleineren Wasserfall an einer Wand, der Wasserfall vor uns ist der **Hintere Hörschbachwasserfall** ④. Rechts von ihm steigen wir steil hinauf zu der kleinen Fläche, wo das Wasser des Baches in einem Becken gesammelt wird.

Bei den Hinteren Wasserfällen setzte der harte Kieselsandstein der Erosion Widerstand entgegen, der Bach fraß sich aber durch eine steile Schlucht in die Schichten des Keupermergels. Der große Fall fällt zuerst drei Meter senkrecht, dann in mehreren Kaskaden insge-

Wellingtonie

Die auch Mammutbaum genannte Wellingtonie ist ein amerikanischer Gebirgsmammutbaum (Sequoiadendron giganteum). Diese Baumart wurde erst 1850 von dem Engländer Lobb in der Sierra Nevada (Kalifornien) entdeckt. Er fand dort einen Bestand von 90 Bäumen des bis dahin unbekannten, zur Familie der Sumpfzypressen gehörenden Nadelbaumes. Die Entdeckung erregte ein derartiges Aufsehen, dass der Baum von den Engländern nach ihrem Nationalhelden »Wellingtonia«, von den Amerikanern »Washingtonia« benannt wurde. Der lateinische Name entstand dadurch, dass man später eine Verwandtschaft zu der schon einige Jahre vorher entdeckten »Sequoia« feststellte. Der Gattungsname kommt von Se-Quo-Yah. Dies war ein Irokese, der als Erster ein indianisches Alphabet entwickelte; er führte bei den Indianern Nordamerikas auch die Schrift ein. In Amerika gibt es Mammutbäume im Alter von bis zu 4000 Jahren, bis zu 120 Meter hoch und mit einem Durchmesser von über 15 Metern. Als dort 1891 ein Riesen-Mammut gefällt wurde, zählte man auf seiner entrindeten Stammscheibe bei einem Durchmesser von 3,60 Meter 1341 Jahresringe. Der Baum kam in der Zeit des Tertiärs in der gesamten Nordhemisphäre vor; sein Holz war wesentlich an der Braunkohlebildung beteiligt. Die ersten Bäume kamen 1853 nach Europa, in Württemberg kaufte König Wilhelm I. (»der König unter den Landwirten und der Landwirt unter den Königen«) 500 Gramm Samen und ließ sie 1865 in den Kalthäusern der Wilhelma aussäen. Die Topfpflänzchen wurden ab 1870 an die Staatswaldungen im Land verteilt, um zu erproben, ob dieser Baum, der schnell wächst und große Holzmengen liefert, auch in unseren Wäldern heimisch wird. Allerdings sind in dem kalten Winter 1879/80 die meisten der Bäumchen erfroren. Die verbliebenen sind nun 40 bis 50 Meter hoch und damit höher als die heimischen Baumarten. Man findet sie im ganzen Land verstreut, insbesondere aber im Schönbuch und im Schwäbisch-Fränkischen Wald.

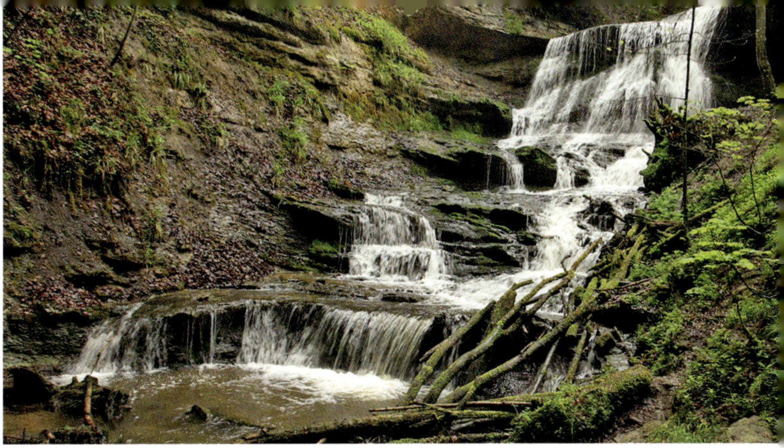

samt rund zwölf Meter tief. Oberhalb des letzten Wasserfalls befindet sich ein kleines Rückhaltebecken mit einer Stellfalle. Hier steht an einem Baum die Aufforderung zu lesen: »Wanderer, mach die Falle auf,/lass dem Wasser seinen Lauf./Hast du den Fall beschaut in Ruh,/Mach die Falle wieder zu.« Ein Scherzbold, der sich wohl über die schwergängige Stellfalle ge-

Eines der größten Naturschauspiele im Schwäbisch-Fränkischen Wald: der Hintere Hörschbachwasserfall

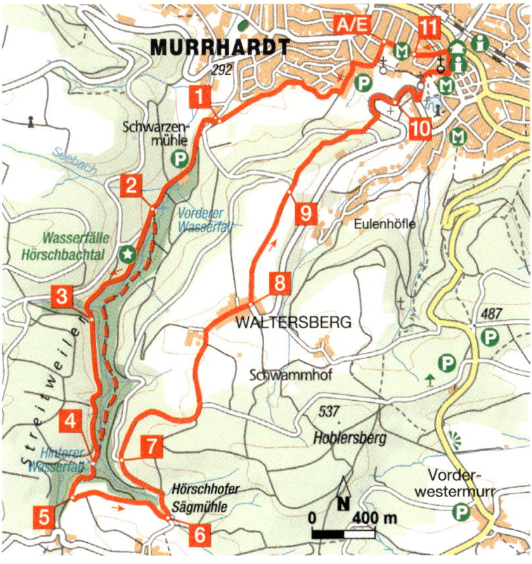

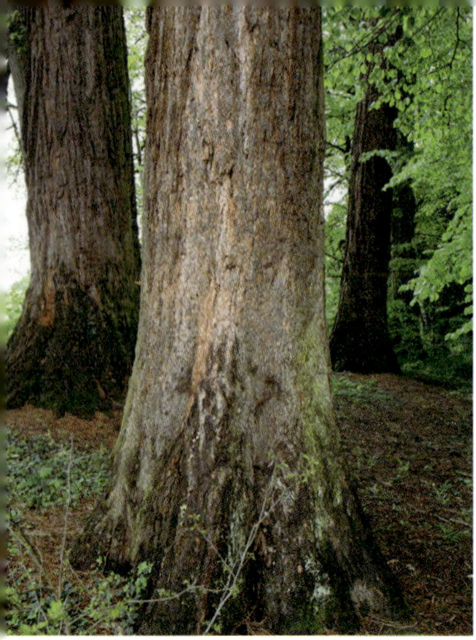

Mammutbäume sind mit ihren dicken Stämmen auch im unteren Bereich beeindruckend.

ärgert hatte, erweiterte das Gedicht einmal wie folgt: »Wanderer, bring ein wenig Schmer,/denn die Falle geht so schwer!«

Wir wandern nun rechts des Baches weiter, ab jetzt sind die Wege wieder gut zu begehen. Kurz darauf knickt der Weg scharf links ab und wir steigen auf einer hühnerleiterähnlichen Holztreppe hinauf. Bald verlassen wir den **Wald** 5 und stoßen auf einen breiten Weg. Ihm folgen wir nach links zur ehemaligen **Hörschhofer Sägmühle** 6. Nach dem Gebäude biegen wir links ab und kommen wieder in den Wald.

An einer Verzweigung vor einem **Verkehrsschild** 7 gehen wir geradeaus weiter. Nach dem Wald wan-

Murrhardt

Murrhardt ist eine uralte Siedlung, in der bereits die Römer lebten. In markanter Lage auf einem Sporn des Waltersberges steht auf den Grundmauern eines römischen Heiligtums die evangelische Walterichskirche (1489, gotischer Chorturm 1300) mit schöner Ausstattung. Außen sieht man einen holzgeschnitzten Ölberg (1525). Vor der Kirche steht das Armenhaus (Totengräberhaus) von 1770. Die Klosteranlage nahm einst ein Drittel der Kernstadt ein. Die frühere Klosterkirche, heute evangelische Stadtkirche, ist eine mächtige Basilika mit drei Schiffen, ihre Ursprünge gehen auf die Zeit um das Jahr 1000 zurück. Ihr wertvollster Teil ist die berühmte Walterichskapelle (um 1230), ein spätromanisches Meisterwerk. Auch wenn man keine Gelegenheit hat, in das Innere der Kirche bzw. der Kapelle zu gelangen, sollte man das reich geschmückte Bauwerk doch von außen bewundern!

Wer durch die Straßen schlendert, wird noch so manches sehenswerte Gebäude entdecken. Die bedeutendsten sind durch Schilder erklärt. Man sollte auch seine Aufmerksamkeit auf das eine oder andere Wirtshausschild lenken. Wenn man noch Zeit hat, sollte man unbedingt die Städtischen Kunstsammlungen besuchen, ebenso das Carl-Schweizer-Museum, Seegasse 27. Es ist ein sehenswertes Heimatmuseum, unter anderem mit vielen ausgestopften Tieren.

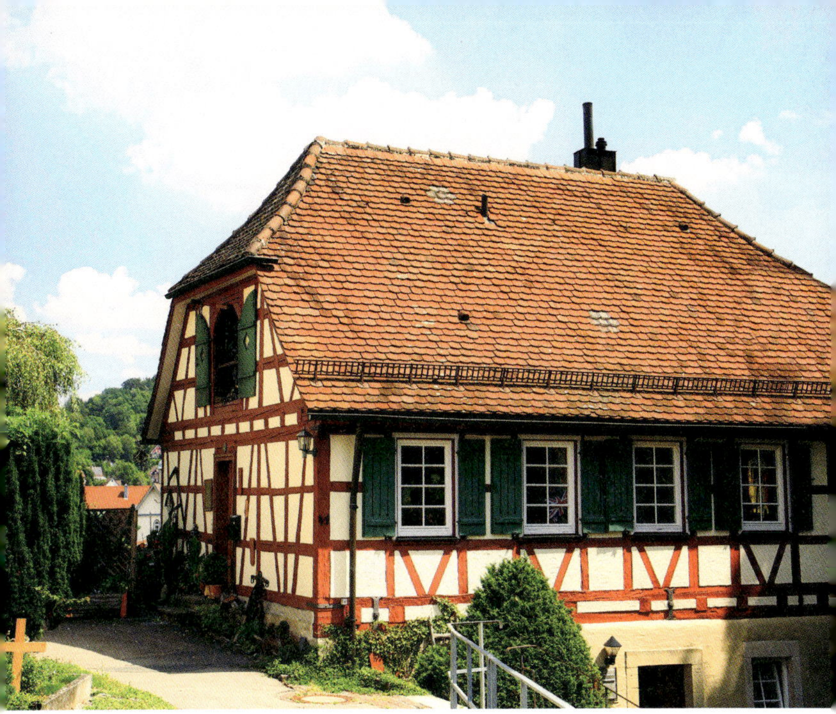

Fachwerkpracht in Murrhardt

dern wir zwischen den Wiesen bis nach **Waltersberg** 8 und in der Ansiedlung geradeaus, bis die Durchgangsstraße nach Haus Nr. 28 rechts abknickt. Wir halten uns aber links.

Wieder durch Wiesen wandern wir zum Waldrand, wo wir links eine **Gruppe von Mammutbäumen** 9 sehen; rechts des Weges am entfernt liegenden Waldrand ebenso.

Wir nehmen den am Waldrand rechts abgehenden Weg. Auf ihm wandern wir steil bergab, überqueren einen Forstweg und folgen nun einem Pfad bis zu einer Straße vor dem **Friedhof** 10.

Nun biegen wir links ab. Kurz darauf können wir nach links in den Friedhof hineingehen. Dort sollte man sich die Walterichskirche ansehen. Danach gehen wir zu dem Fachwerkhaus und vor ihm nach rechts hinab in die Parkanlage. Unten halten wir uns rechts zu der doppeltürmigen Stadtkirche. Wenn wir links an ihr vorbeigehen, kommen wir zu der berühmten Walterichskapelle mit ihrer romanischen Bauplastik; man sollte sich auch den Bauschmuck auf der anderen Seite ansehen.

Wir spazieren links der Kirche an den Fachwerkhäusern in der Kirchgasse zum **Marktplatz von Murrhardt** **11**. Er ist von prächtigen Häusern umgeben, man kann den Brunnen bewundern, einkehren oder das beim Rathaus stehende Naturparkhaus besuchen. Abschließend gehen wir nach links über den Marktplatz und biegen dann in die Karlstraße ein. Sie geht bald in die Nägelestraße über, die uns zum Ausgangspunkt bringt.

Blick von der Walterichskirche zur Stadtkirche von Murrhardt

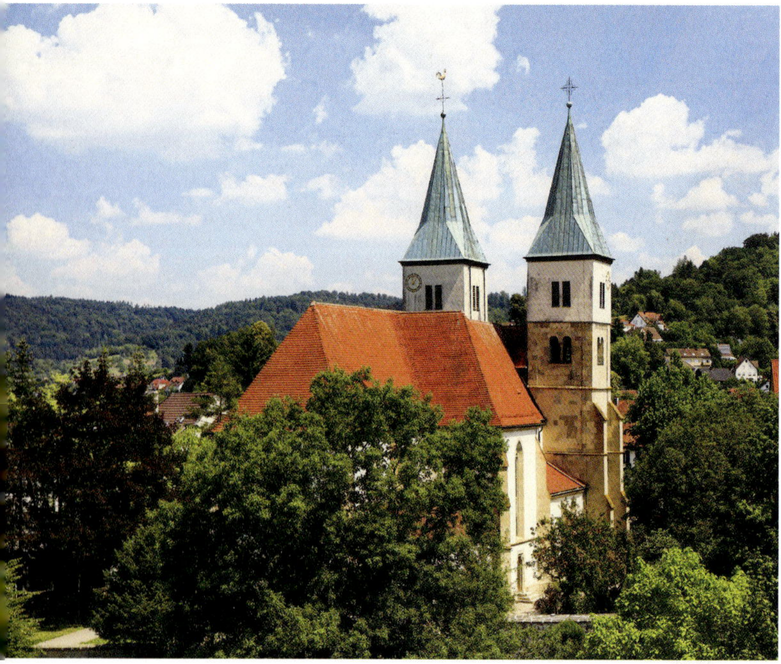

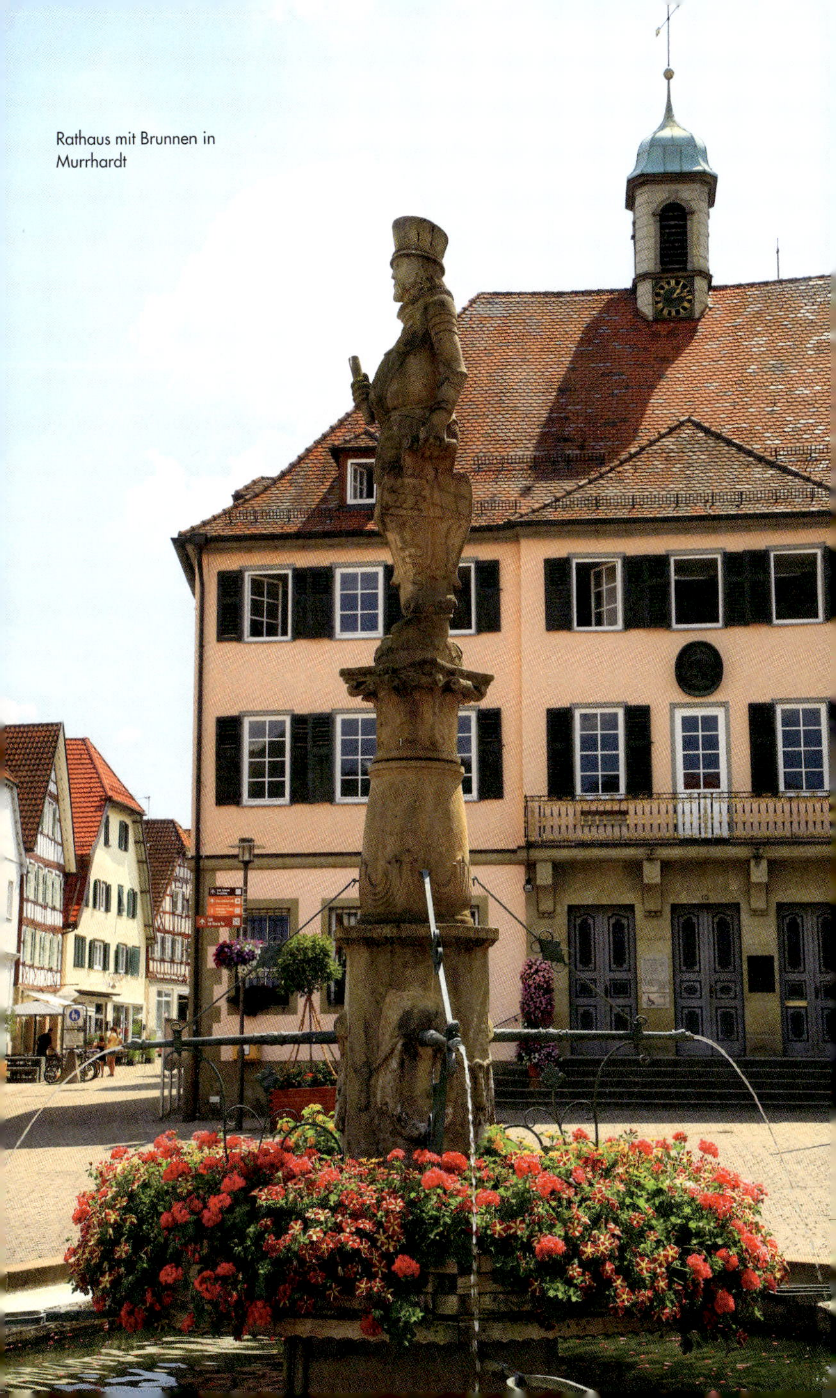

Rathaus mit Brunnen in Murrhardt

3 Durch die Gallengrotte zum Ebnisee

Lieblicher Badesee und wilde Schlucht

Mittel | 18 km | 280 Hm | 4,5 Std.

Tourenverlauf: Kaisersbach/Wanderparkplatz – Römischer Wachturm – Gallengrotte – Ebnisee – L1120 – Schlittenweg – Kaisersbach – Parkplatz

Ausgangspunkt: Kaisersbach, Welzheimer Straße

Anfahrt: ÖPNV: S-Bahn bis Winnenden, weiter mit dem Bus; Info: www.vvs.de; Auto: B14 und B29 nach Schorndorf, dann über Welzheim nach Kaisersbach, GPS: 48.930256, 9.626314

Einkehr: Ebnisee; Grillmöglichkeit: Ebnisee

Karte: Wanderkarte W219 Murrhardt, 1:25 000, Landesamt für Geoinformation und Landentwicklung Baden-Württemberg (LGL) in Zusammenarbeit mit dem Schwäbischen Albverein e.V.; Wanderkarte mit Radwegen Backnang Murrhardter Wald Blatt 54-542, 1:25 000, NaturNavi

Drei Höhepunkte weist diese Wanderung auf. Zuerst kommen wir an der Ruine eines römischen Wachturms vorbei. Danach durchwandern wir die Gallengrotte, wohl eine der wildesten des Schwäbischen Waldes. Anschließend können wir uns am Ebnisee beim Baden, Bootfahren, Am-Strand-Liegen oder Einkehren erholen, bevor wir uns wieder auf den Rückweg machen.

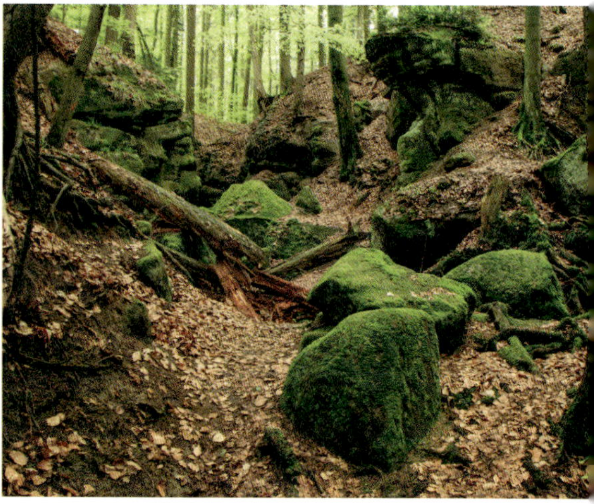

In der Gallengrotte

Wir starten am Parkplatz westlich von Kaisersbach an der L1150. Dort folgen wir erst der Landstraße, biegen aber kurz danach mit dem Wanderzeichen roter Punkt rechts ab in den Spatzenweg. Der unbefestigte Waldweg führt uns bis zu einem Abzweig, der uns nach links zum ehemaligen römischen **Wachturm** (1) bringt.

Danach gehen wir wieder zurück zum Wanderweg und folgen ihm nach links, bis er auf die Straße trifft. Jetzt halten wir uns auf dem Limeswanderweg nach rechts in den Wald hinein. An der nächsten Verzweigung entscheiden wir uns für den linken Weg; er ist unbefestigt und kann nach Feuchtperioden recht matschig sein, was wohl mehr den Kindern als den Eltern Freude bereitet.

Etwas später trifft er auf die **Straße** 2. Wir überqueren sie und biegen danach mit dem Wanderzeichen blaues Kreuz in Richtung »Gallengrotte« rechts ab. Kurz danach fällt der Weg sehr steil ab, hier sollte man gut auf kleine Kinder aufpassen. Am Schluss erreichen wir nach einem Rechtsknick die Talsohle mit der Gallengrotte. Wir sollten bis zum »Talschluss« der Gallengrotte vorstoßen, ein kleines Seitental nach links führt uns vorher noch in einen wilderen Talschluss.

Die **Gallengrotte** 3 ist eine der schönsten Sehenswürdigkeiten der Gegend – eigentlich handelt es sich dabei um zwei Klingen, deren größere in einer

Tourencharakter

Wir wandern meist auf festen Wegen. Nach dem römischen Wachturm gehen wir ein Stück auf einem unbefestigten Weg, der nach feuchtem Wetter recht matschig sein kann. Der Abstieg zur Gallengrotte ist sehr steil und bei feuchtem Wetter kann er auch rutschig sein. Hier ist Vorsicht geboten, gutes Schuhwerk mit griffigen Profilsohlen ist empfehlenswert. Auch Wanderstöcke können hilfreich sein.

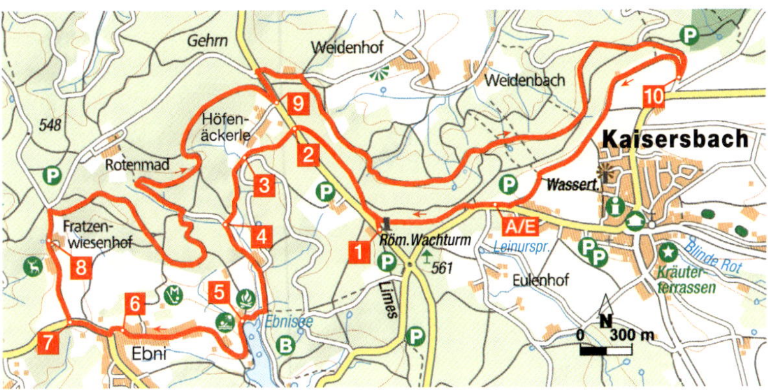

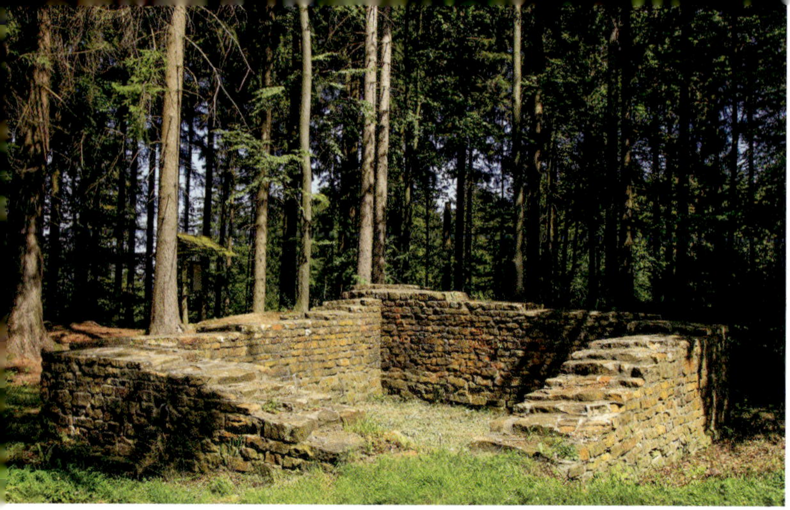

Stumpf eines römischen Wachturms

rund 100 Meter langen Seitenschlucht des Sommerbachtales hinter dem Ebnisee liegt. Die kleinere der Klingen endet mit einer nur angedeuteten Grotte an der Mündung ins Sommerbachtal. Die rund sieben Meter hohen Stubensandsteinfelsen weisen Kanzeln, Nischen, überhängende Felswände und abgerundete Vorsprünge auf, abschließend folgt eine enge, dunkle Kluft. Sie war vielleicht Teil einer einst viel tieferen Grotte, deren vorderer Teil eingestürzt ist. Die Schwarzfärbung des Gesteins kommt vom Bewuchs mit Blaualgen, die durch das herabrieselnde Wasser genährt werden. Die Gallengrotten besitzen eine besonders reichhaltige Farnflora; beispielsweise gedeiht der grünstängelige Streifenfarn, eine recht seltene Art, nur an so extrem feuchten und kühlen Standorten wie hier.

Danach wandern wir mit dem blauen Kreuz weiter bis zu einem **festen Weg** 4. Nach links bringt er uns in wenigen Minuten zum **Ebnisee** 5. Dort kann man am Strand relaxen, baden, grillen, Boote mieten und einkehren.

Zum Weiterweg halten wir uns an das östliche Ufer. Kurz nach der Gaststätte zweigen wir mit dem Rad-

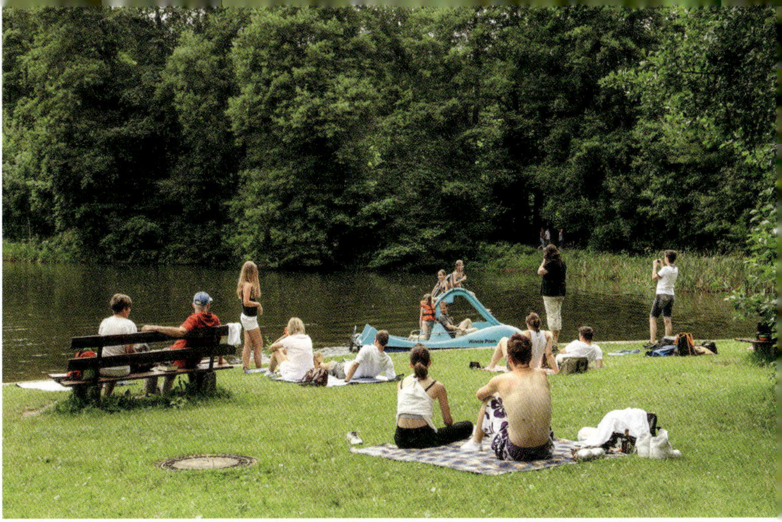

wegschild rechts ab. Der Weg steigt an und wir erreichen die ersten Häuser von **Ebni** 6. Danach stoßen wir auf die L 1120. Wo links der Wald anfängt, zweigen wir rechts ab Richtung »Rotenmad« 7.
Der Weg führt uns erst über Wiesen, vorbei am Fratzenklingen- und am **Fratzenwiesenhof** 8, und danach in den Wald. Dort treffen wir auf eine Kreuzung, wo wir dem ganz rechten Fratzenwiesenweg folgen. Er bringt uns in vielen Windungen bis zu einem querenden Weg. Auf diesem wandern wir nach links.
Er knickt etwas später rechts ab und führt uns in weiteren Windungen zur **L 1120** 9. Auf ihr halten wir uns kurz nach links, dann gehen wir auf dem rechts abgehenden Weg in Richtung »Bruch«. Nach kurzem Bergab zweigen wir in den rechts abgehenden Weg ab, der später als Schlittenweg (siehe Tour 1) erklärt wird. Auf diesem wandern wir nun längere Zeit. Von links münden nach einiger Zeit zwei Wege ein. Danach verlassen wir den Wald. Wir gehen, bis scharf rechts ein Weg abgeht 10. Ihm folgen wir durch die Felder.
Wir wandern rechts an Kaisersbach entlang, später vorbei an einer mächtigen Linde. Bald darauf erreichen wir wieder unseren Ausgangspunkt.

Der Ebnisee ist ein Freizeitparadies, zu dem die Besucher von weither anreisen.

Ebnisee

Der Ebnisee ist eines der beliebtesten Ziele im Naturpark Schwäbisch-Fränkischer Wald. Deshalb sind an schönen Tagen auch die Parkplätze überfüllt. Das Parken selbst ist kostenpflichtig, der Zugang zum See kostenlos. Der See ist 6,7 Hektar groß und bis zu fünf Meter tief. Um den See findet man Buchten, eine schöne Liegewiese und einen rollstuhlgerechten Seezugang; Wickelraum und Toiletten (auch behindertengerecht) befinden sich in der Waldschenke. Es gibt keinen abgetrennten Nichtschwimmerbereich, am Nordufer fällt es aber flach ab. Am Wochenende ist der See überwacht. Es gibt einige Einkehrmöglichkeiten und einen Ruder- und Tretbootverleih.

Ruder- und Tretboote sind am Ebnisee sehr gefragt.

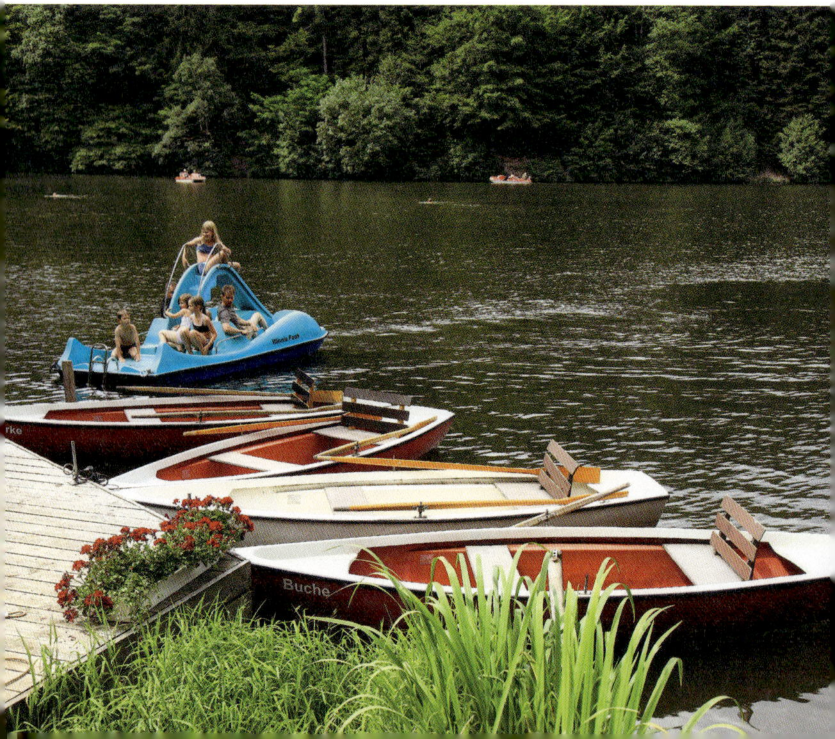

Das heute so natürlich wirkende Gewässer wurde einst künstlich angelegt, um das Flößen der Stämme aus dem waldreichen Gebiet zu erleichtern. Das Holzflößen auf der Rems begann 1715, und um das Holz aus dem Schwäbisch-Fränkischen Wald herauszubringen, benützte man die Wieslauf und den Steinbach. Erst hat man eine Stauanlage bei der Laufenmühle angelegt, die aber 1741 durch ein »groß Gewässer« weggerissen wurde. Daraufhin wurde bis 1745 bei der Sägmühle Gausbachsweiler eine neue Schließe errichtet, in der sogar Holz aus der Gaildorfer Gegend geflößt wurde. Die Gausbachsweiler protestierten zwar, weil sie ihre althergebrachten Rechte beeinträchtigt sahen, konnten sich jedoch nicht durchsetzen.

Der Ebnisee war der größte von mehreren Schwellseen, denn er musste die Wasserversorgung eines 22 Kilometer langen Stücks der Wieslauf bis zur Rems sichern und hatte auch den größten Einzugsbereich. Im Winter 1745/46 wurde er erstmals aufgestaut. Er half durch seine Wassermassen, die Wieslauf besser floßbar zu machen, um das Holz des Welzheimer Waldes zu den Abnehmern nach Stuttgart bringen zu können. Man staute das Wasser aus der Schneeschmelze und vom Frühjahr, sammelte möglichst viel Holz und öffnete den Abfluss. Im 18. Jahrhundert konnte man mit seinem Wasser fünf bis sechs Tage den Floßbetrieb sichern. Innerhalb einer Woche schickte man so Tausende von Raummetern Holz auf den Weg zur Rems, auf der sie dann zum königlichen Holzwasen nach Waiblingen verschifft wurden. Als 1865 die Remstalbahn erbaut wurde, gab man die Flößerei auf, der Grund des Sees diente nun als Wiese zur Heugewinnung. 1884 staute man den See wieder auf. 665 Hektar sind um den Ebnisee als Landschaftsschutzgebiet ausgewiesen.

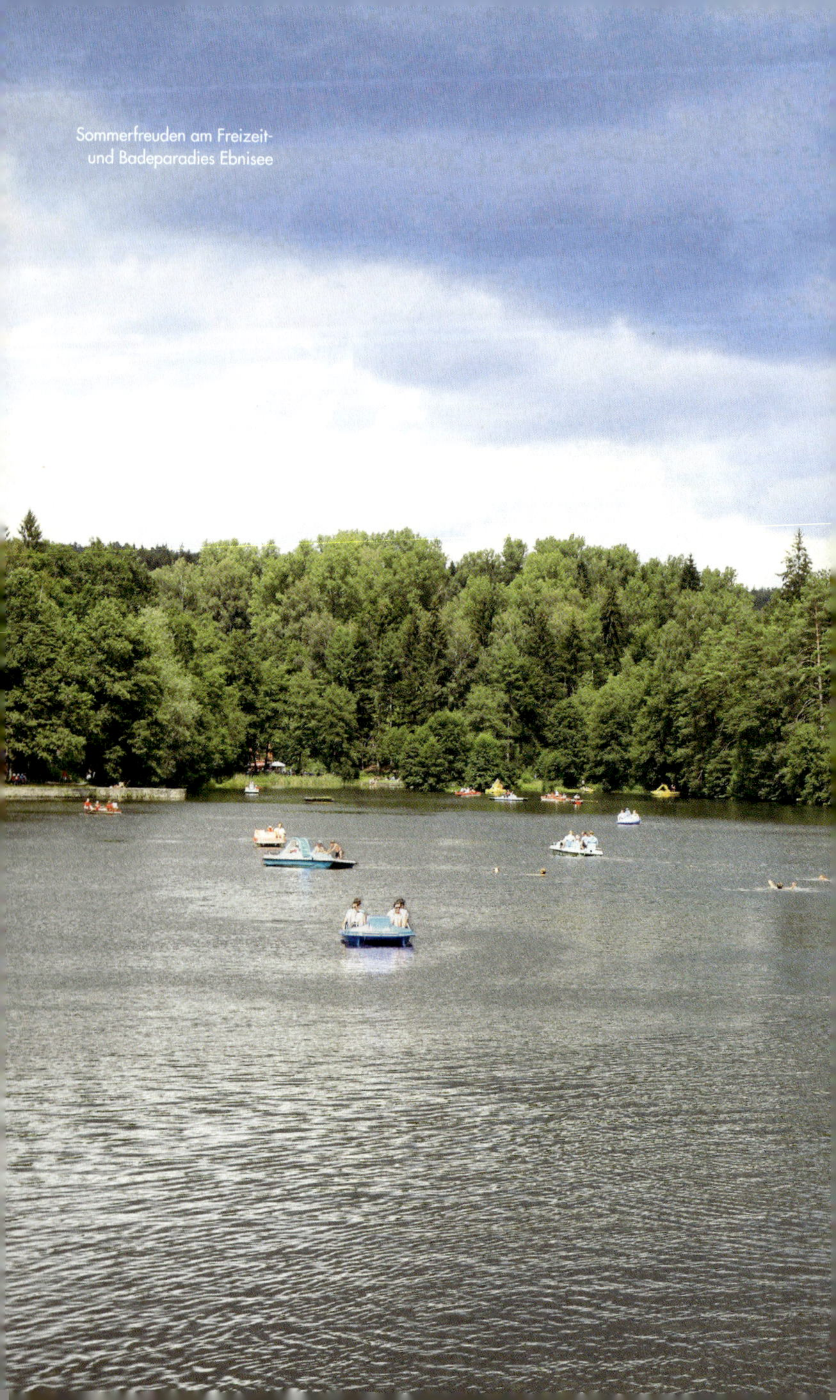

Sommerfreuden am Freizeit- und Badeparadies Ebnisee

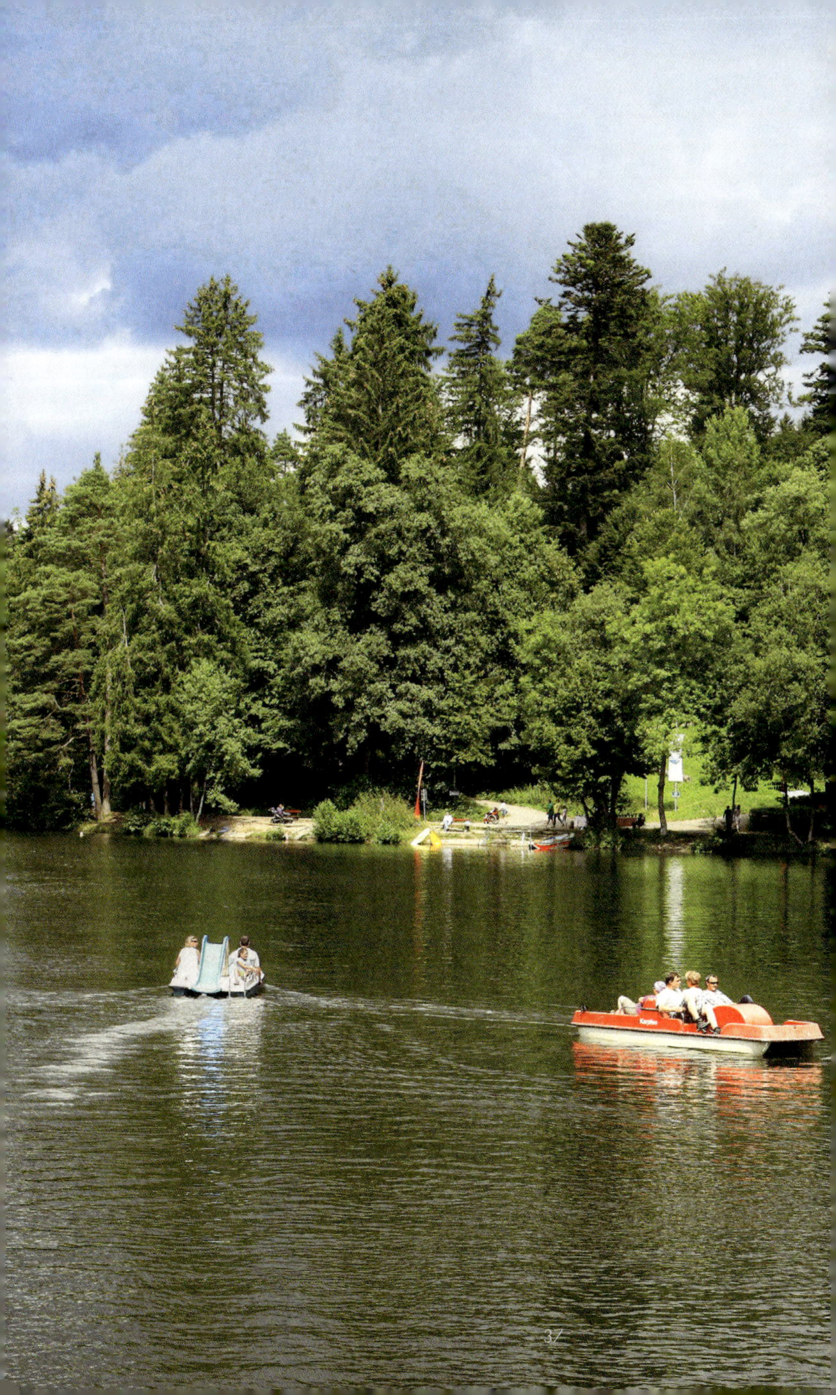

4 Auf den Hagbergturm

Aussicht auf bewegte Landschaft

Leicht | 7,5 km | 190 Hm | 2 Std.

Tourencharakter: Wir wandern bis auf ein kurzes Stück auf festen Wegen. Ausweichparkplätze gibt es beim Vogelhof – hier muss man allerdings einen Anstieg in Kauf nehmen – und nach Neumühle.

Tourenverlauf: Gschwend/Sturmhof – Hagbergturm – Horlachen – Vorderes Breitenfeld – Neumühle – Pfeiferhof – Haghof – Sturmhof

Ausgangspunkt: Gschwend (Sturmhof an der Straße nach Horlachen)

Anfahrt: Auto: B 14 und B 29 nach Schorndorf, weiter über Welzheim und danach auf der L 1080 bis kurz vor Gschwend, dort links ab Richtung Horlachen, GPS: 48.936503, 9.715188

Einkehr: Hagbergturm, Heimatmuseum Horlachen

Karte: Wanderkarte W219 Murrhardt, 1:25 000, Landesamt für Geoinformation und Landentwicklung Baden-Württemberg (LGL) in Zusammenarbeit mit dem Schwäbischen Albverein e.V.

Mit dem Hagbergturm besteigen wir einen Aussichtsturm auf einer Höhe, die ohnehin die Umgebung übertrifft. Deshalb hat man von hier aus eine prächtige 360-Grad-Rundumsicht über das Gebiet des Schwäbisch-Fränkischen Waldes: Wälder, Wiesen, Dörfer und Einzelgehöfte, alles liegt gleich einer Spielzeugeisenbahnlandschaft vor einem.

Wir wandern vom Parkplatz aus nach Nordwesten und erreichen nach rund einem halben Kilometer den **Hagbergturm** (1), der schon von der Ferne durch seine an eine chinesische Pagode erinnernde Form auffällt.
Noch vor dem Turm nehmen wir den links abzweigenden Weg, der mit dem roten Balken markiert ist.

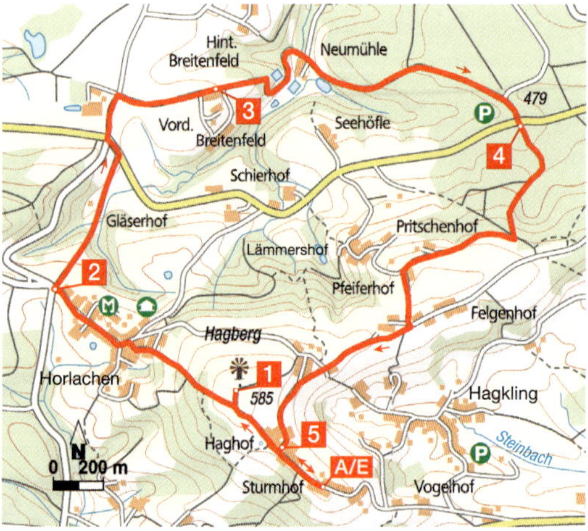

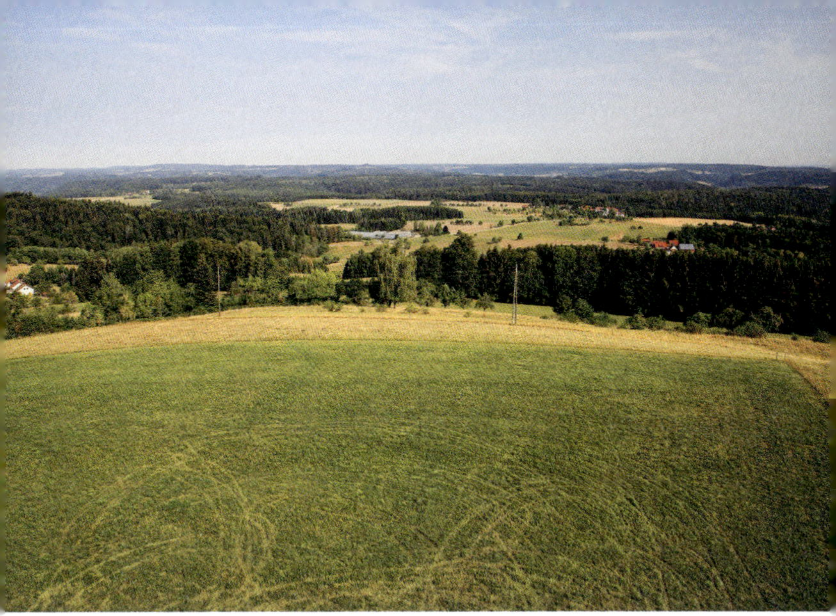

Weiter Blick vom Hagbergturm

Er bringt uns steil hinab nach **Horlachen** 2. Wir durchqueren das Dorf, wobei wir zu bestimmten Zeiten das Heimatmuseum besuchen können.

Das Heimatmuseum Gschwend wurde 1987 im alten Schul- und Rathaus Horlachen eingerichtet. Man sieht Exponate über die ortstypischen Handwerke und die Lebens- und Wohnverhältnisse der Landbevölkerung in früherer Zeit. Zudem gibt es Sonderausstellungen und ein Café (Öffnungszeiten: 1. Sonntag im Monat, 14–17 Uhr).

Danach stoßen wir auf die K 3254. Vor ihr biegen wir mit dem Wanderzeichen rechts ab in Richtung »Eichenkirnberg«. Wir wandern am Schützenhaus vorbei, anschließend treffen wir auf die L 1150. Wir gehen etwas nach links, dann zweigen wir rechts ab. Nach der Gärtnerei nehmen wir den nächsten rechts abgehenden Weg. Er führt uns an der Ansiedlung **Vorderes Breitenfeld** 3 vorbei, danach geht es im Wald hinab zur Neumühle, dahinter steigt es wieder an. Nun folgen wir dem Wanderzeichen blaues Kreuz.

Nach einem Parkplatz überqueren wir die **L 1150** ❹ und wandern dahinter weiter im Wald. An einer Rechtskurve müssen wir aufpassen, denn das Zeichen weist uns vom Schotterweg nach links auf einen unbefestigten Weg. Steil ansteigend erreichen wir einen Querweg vor dem Waldrand. Nun orientieren wir uns mit dem Zeichen blauer Balken rechts. Nach dem Wald wandern wir durch Wiesen und Weiden. Es geht am Pritschenhof vorbei, danach zieht das Sträßchen nach links.

Bald treffen wir auf eine Querstraße zwischen Felgenhof und Pfeiferhof. Wir halten uns rechts und wandern zum **Haghof** ❺. Etwas weiter links finden wir unseren Ausgangspunkt.

Hagbergturm

Der Hagbergturm liegt im Welzheimer Wald in exponierter Lage, nämlich an dessen Nordabfall, wo es zum Rot- und Kochertal hinabgeht. Er ging aus einem Vermessungsgerüst zur Landvermessung hervor. Danach folgte ein 23 Meter hoher Turm mit zwei pagodenähnlichen Aufsätzen; zur Finanzierung wurde unter anderem eine Lotterie veranstaltet. Er kam 1936 an den Schwäbischen Albverein. Im Zweiten Weltkrieg hat man die obere Pagode abgetragen. Nach einer umfangreichen Renovierung wurde er 1949 wieder der Öffentlichkeit zugänglich gemacht. 1973 hat man ihn wegen Baufälligkeit geschlossen, 1979/80 in seiner ursprünglichen Form, aber mit einem Stahlbetonfundament, wieder neu erbaut.

Man sieht nach Westen über das dicht bewaldete Gebiet zum Kaisersbacher Wasserturm, rechts von ihm befindet sich der Murrhardter Wald, dahinter erheben sich die Löwensteiner Berge und rechts davon der Mainhardter Wald. Markant ist die Hohe Brach. Nördlich des Turmes liegt das breite Rottal. Von Nordost nach Ost sieht man das eingeschnittene Kochertal mit der Kochertalbrücke, die Limpurger Berge, und im Süden das Tal der Schwarzen Rot. Dahinter entdecken wir die Schwäbische Alb mit Vokmarsberg, Hohenstaufen, Teck, Hohenneuffen, Achalm, Roßberg und Hohenzollern, aber auch Schloss Baldern, die Kapfenburg, Rosenstein und der Fernsehturm bei Stuttgart sind zu sehen.

Öffnungszeiten: Ab dem dritten Sonntag im April bis Ende Oktober geöffnet, So & Fei 9.30–18 Uhr. Ansonsten kann man den Schlüssel bei Klaus Frank, Wasserhof 6, Tel. (07972) 91 19 23 holen (neueres Wohnhaus mit Landwirtschaft, ca. 400 Meter östlich vom Turm). Im Turm kann man Getränke, kleine Vesper und Kuchen erwerben.

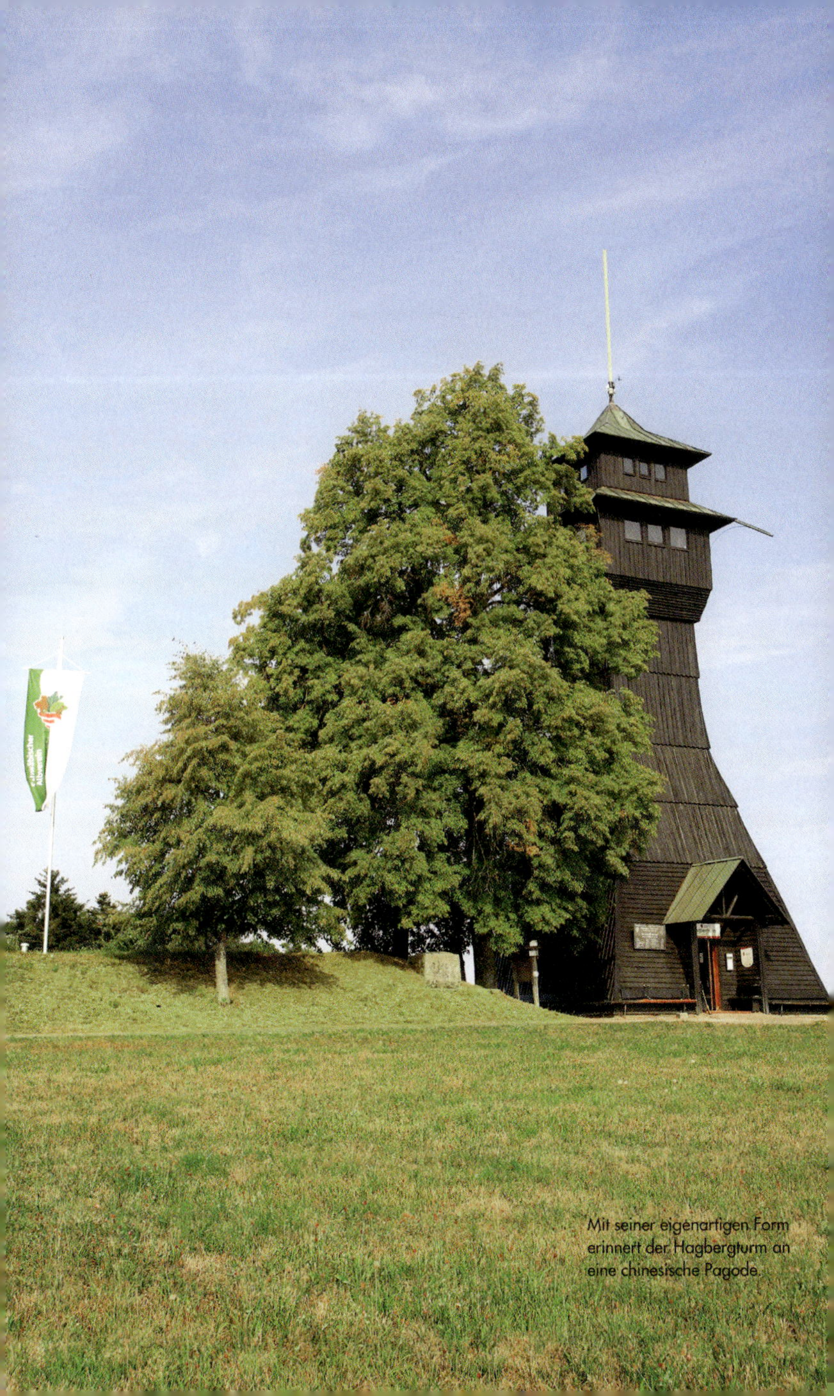

Mit seiner eigenartigen Form erinnert der Hagbergturm an eine chinesische Pagode.

5 Zwei der schönsten Klingen

Brunnen- und Hägelesklinge

Mittel | 10 km | 160 Hm | 2,5 Std.

Tourencharakter: Der Weg durch die Klingen sollte bei Regen nicht begangen werden. Da es teils steil abwärts geht, sollte man schwindelfrei sein; danach auf festen Wegen. Den Parkplatz finden wir an der K 1892 in Täle, zwischen Kaisersbach und Hellershof.

Tourenverlauf: Kaisersbach/Täle – Brunnenklinge – Hägelesklinge – Ebersberg – Menzlesmühle – Naturschutzgebiet Wiesentäler – Brandhöfle – Täle

Ausgangspunkt: Kaisersbach, Täle

Anfahrt: ÖPNV: Bahn bis Waldhausen, weiter mit dem Bus;
Info: www.vvs.de;
Auto: B 14 und B 29 nach Schorndorf, dann über Welzheim nach Kaisersbach, GPS: 48.923117, 9.664197

Einkehr: Keine; Grillmöglichkeit: Ausgangspunkt

Karte: Wanderkarte W219 Murrhardt, 1:25 000, Landesamt für Geoinformation und Landentwicklung Baden-Württemberg (LGL) in Zusammenarbeit mit dem Schwäbischen Albverein e.V.

Zwei der schönsten und markantesten Klingen im Schwäbischen Wald werden bei dieser Wanderung besucht; sie sind sowohl geologisch wie auch historisch interessant. Für Kinder sind sie zudem ein wunderbarer Abenteuerspielplatz.

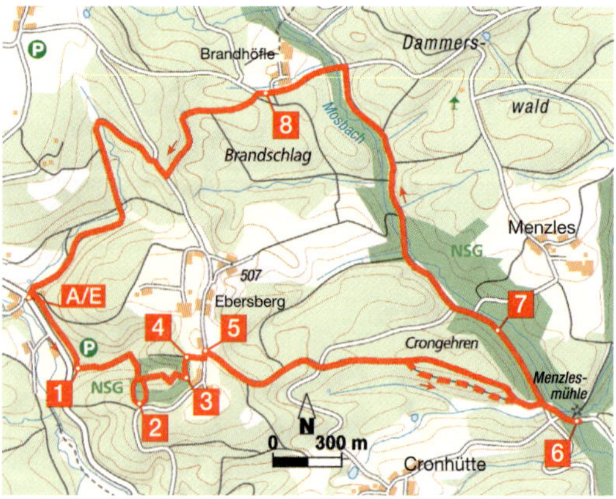

Wir wandern vom Parkplatz aus kurz an der Straße entlang in Richtung Hellershof. Dann biegen wir bei nächster Gelegenheit mit dem Wanderzeichen roter Punkt links ab ❶, »Hägelesklinge« ist bereits angeschrieben. Nach ein paar Minuten stehen wir vor einer großen Tafel mit einer Erklärung zu den Klingen.
Jetzt geht es nach rechts, es beginnt ein steiler Anstieg auf einem stufigen Pfad. Kurz danach kann man einen Abstecher nach rechts in die **Brunnenklinge** ❷ machen. Zurückgekehrt wandern wir weiter und erreichen nach ein paar Minuten die **Hägelesklinge** ❸.

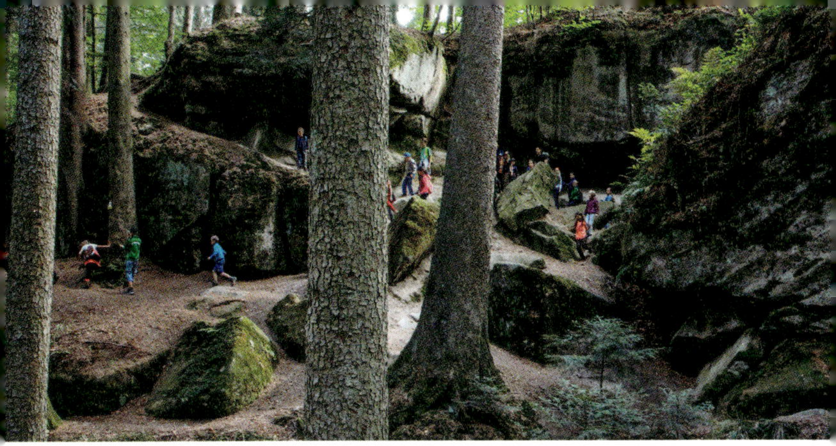

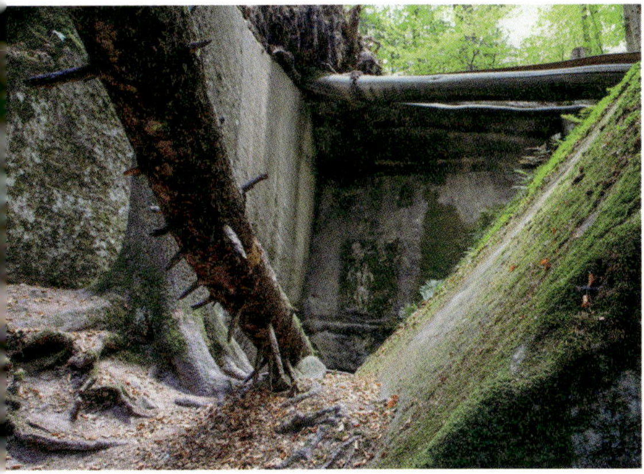

Oben: Die Hägeles- und die Brunnenklinge gehören zu den wildesten und eindrucksvollsten Felsformationen im Schwäbischen Wald.

Unten: Auch Totholz trägt zum wilden Charakter der Schluchten bei.

Nach den beiden Klingen folgen wir dem Weg noch ein wenig, dann kommen wir zum **Waldrand** 4. Wer – zum Beispiel mit Kindern – nur die Klingen ansehen wollte, folgt hier dem Weg, der links abgeht und im Wald wieder hinabführt.

Ansonsten spazieren wir nach rechts über die Wiese zum **Ebersberger Forsthaus** 5. Nach der querenden Straße wandern wir mit dem roten Punkt geradeaus weiter in den Wald. Es geht immer geradeaus bergab bis zu einer Querstraße, wo wir rechts die **Menzlesmühle** 6 sehen. Man kann aber auch vorher die

Straße zumindest ein Stück weit umgehen, indem man rechts in den Wald abzweigt; später trifft man dann wieder auf die Straße.
Wer die Menzlesmühle (siehe Tour 13) nicht kennt, sollte im Tal etwas nach rechts gehen, sie sich ansehen und die Informationstafel lesen. Ansonsten biegen wir links ab, nun wandern wir ein Stück im Tal des Mosbachs. Der Mosbach vereinigt sich bei der Menzlesmühle mit dem Hagbach zur Schwarzen Rot.
Wir wandern nun durch das Naturschutzgebiet »Wiesentäler bei der Menzlesmühle«, wobei wir immer wieder einen schönen Blick in das **idyllische Wiesental** 7 haben. Bei einer Kreuzung biegen wir links ab und steigen auf einem Asphaltsträßchen bergauf. Kurz danach sehen wir rechts einen alten Grenzstein,

Hägelesklinge und Brunnenklinge

Die enge, spaltartige Hägelesklinge war einst der hintere Teil einer wesentlich größeren Klinge, deren vorderer Teil eingestürzt ist. Ihren Namen hat sie von Johannes Hägele (1806–1859) aus Ebersberg, der aus Furcht vor einer Militärstrafe desertierte und sich hier vor den Landjägern versteckte. Er war der Sohn eines Söldners und machte zuerst eine Lehre als Weber. Ab 1827 verdingte er sich aber gegen Geld als »Einsteher« für Söhne begüterter Familien, konnte aber vermutlich den Drill beim Militär nicht mehr aushalten. Wohl bedingt durch das harte Leben starb er dann an Auszehrung in Ebersberg.
Die Brunnenklinge ist eine hohe, halbkreisförmige Sandsteingrotte, umgeben von bizarren Felsformationen, Nischen, Simsen und kanzelartigen Vorsprüngen, die durch die sprengende Wirkung des Frostes und des nachfolgenden Auftauens in den Fels gegraben wurden. Die verstreut liegenden großen Felsbrocken stürzten vor Zeiten ab und verstärken noch die unheimliche Atmosphäre.
Beide Klingen nehmen eine Fläche von 5,4 Hektar ein und sind seit 1969 geschützt. Sie liegen wie die Mehrzahl der anderen Grotten im bis zu 40 Meter mächtigen Oberen Stubensandstein, auch Höhlensandstein genannt. Er bildet große Grotten, Klüfte, gewaltige Felsbrocken und wie moderne Skulpturen geformte Felsgebilde. Der Höhlensandstein ist zwar einheitlich gekörnt, besitzt aber unterschiedlich harte Lagen. Die Nischenbildung entsteht durch Frostsprengung: Die Rückwand unter dem harten Deckgestein besteht aus weicherem Material. Dieses wird durchfeuchtet und durch den Frost im Winter werden die Sandkörner gelockert, sodass sie herausfallen.

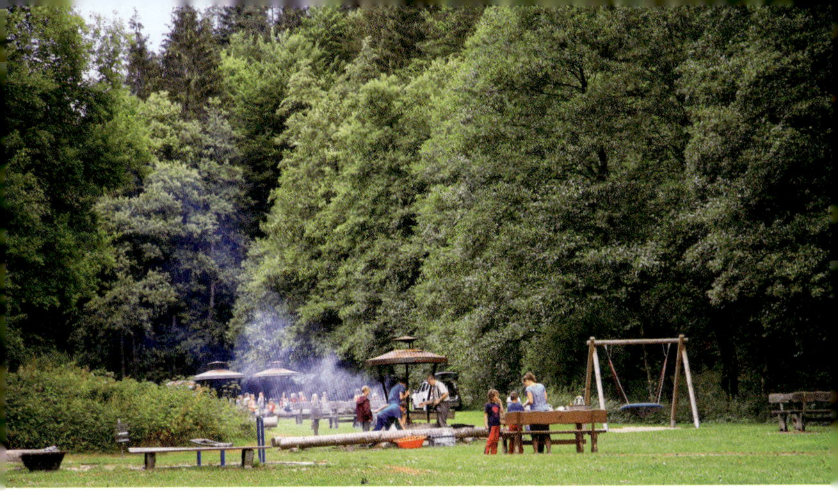

auf dem wir die Hirschstangen der Württemberger erkennen.

Die Ansiedlung **Brandhöfle** 8 lassen wir rechts liegen, zweigen gleich danach aber mit dem roten Punkt in den zweiten Weg von links (Rankweg) ab. Er bringt uns hinauf zu der nach Ebersberg führenden Straße. Unterwegs verstehen wir angesichts der mächtigen Fichten, warum der Schwäbische Wald auch »der kleine Bruder des Schwarzwalds« genannt wird – die Szenerie erinnert an manch streng wirkenden Wald im nördlichen Schwarzwald.

Hier halten wir uns kurz rechts, dann zweigen wir links in den Naßgeigenweg ab. Der Weg beschreibt bald eine scharfe Linkskurve und führt uns hinab zum Ausgangspunkt.

Oben: Nahe dem Ausgangspunkt kann man grillen.

Unten: Die schöne Menzlesmühle

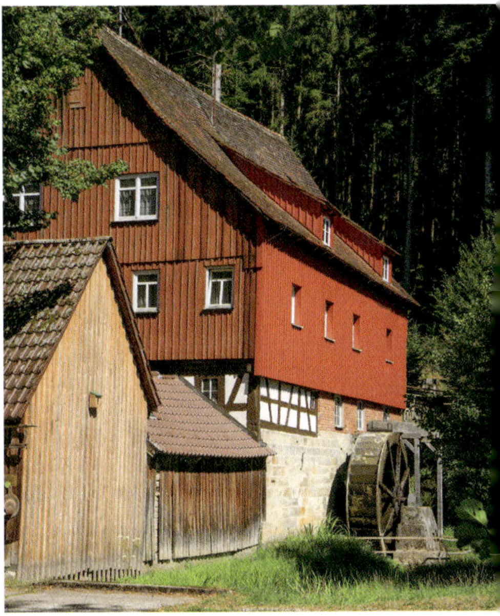

6 Durch das wilde Strümpfelbachtal

Plätschern, Wasserfälle und Kaskaden

Schwer | 9,5 km | 250 Hm | 3 Std.

Tourencharakter: Wir wandern auf festen Wegen, teilweise auch auf Pfaden, vor allem durch das Strümpfelbachtal.

Tourenverlauf: Rudersberg-Klaffenbach/Parkplatz – Igelsbachtal – Althütte – ehemalige Nonnenmühle – Strümpfelbachtal – Parkplatz

Ausgangspunkt: Rudersberg-Klaffenbach, an der L 1119 zwischen Klaffenbach und Althütte am Waldrand

Einkehr: Althütte, Klaffenbach; Grillmöglichkeit: kurz nach dem Ausgangspunkt

Karte: Wanderkarte W220 Welzheim, 1:25 000, Landesamt für Geoinformation und Landentwicklung Baden-Württemberg (LGL) in Zusammenarbeit mit dem Schwäbischen Albverein e.V.; Wanderkarte mit Radwegen Backnang Murrhardter Wald Blatt 54-542, 1:25 000, NaturNavi

Das Strümpfelbachtal zählt zu den wilden Tälern im Schwäbischen Wald, von denen es ja mehrere gibt. Unser Weg führt auf Pfaden, über Brücken und von Wasserfall zu Wasserfall – kurzum ein Erlebnis der Sonderklasse. Auch der erste Teil des Weges durch das Igelsbachtal ist schön; historisch interessierte Wanderer und Eisenbahnfreunde werden sich an den beiden Viadukten der Waldbahn erfreuen.

Wir gehen vom Parkplatz aus zurück zur Straße und folgen dort dem steil abwärts führenden Pfad. Er ist mit dem Wanderzeichen blauer Punkt markiert. Später geht er in einen schmalen asphaltierten Weg über und bringt uns hinab zu einem Rastplatz mit

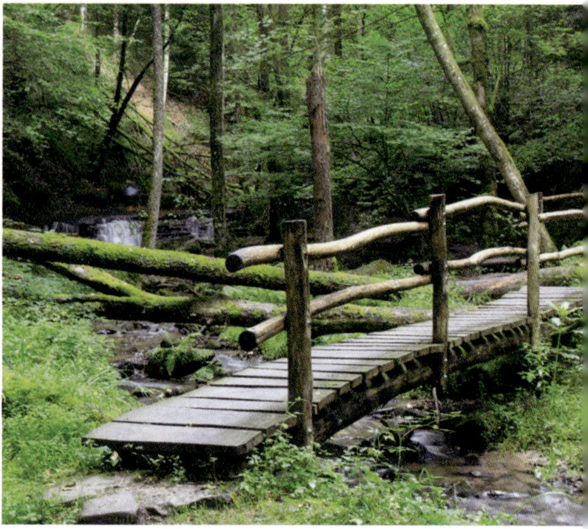

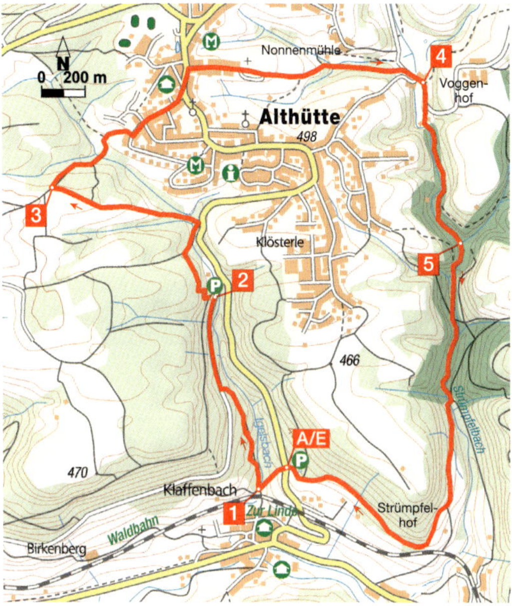

Grillstelle. Hier befinden wir uns vor dem **Igelsbach-Viadukt der Waldbahn** ❶. Wir biegen rechts ab, weiterhin mit dem blauen Punkt, nun in Richtung »Althütte«.

Linke Seite: Bachüberquerungen gestalten die Wanderung im Strümpfelbachtal interessant.

Wir überqueren den Bach je nach Wasserstand im Bachbett oder auf dem Igelsbachbrückle. Nun steigt es sanft an, zunächst auf einem schmalen Pfad. Rechts unten hören wir den Igelsbach rauschen. Nach einem Steilaufschwung erreichen wir einen Schotterweg. Ihm folgen wir nach rechts.

Vor der **Kläranlage bzw. der Straße** ❷ führt uns der markierte Wanderweg auf Stufen und recht steil nach links hinauf. Danach halten wir uns rechts

Anfahrt

ÖPNV: S-Bahn bis Schorndorf, Bahn bis Rudersberg-Oberndorf, weiter mit Bus oder Bahn, oder aber S-Bahn bis Backnang, Bus bis Althütte, dann die Tour dort beginnen; Info: www.vvs.de; Auto: B 14 und B 29 bis Schorndorf, dann auf der L 1080 durch das Wieslauftal über Rudersberg bis zum Abzweig der L 1119 in Richtung Klaffenbach, GPS: 48.900681, 9.576503

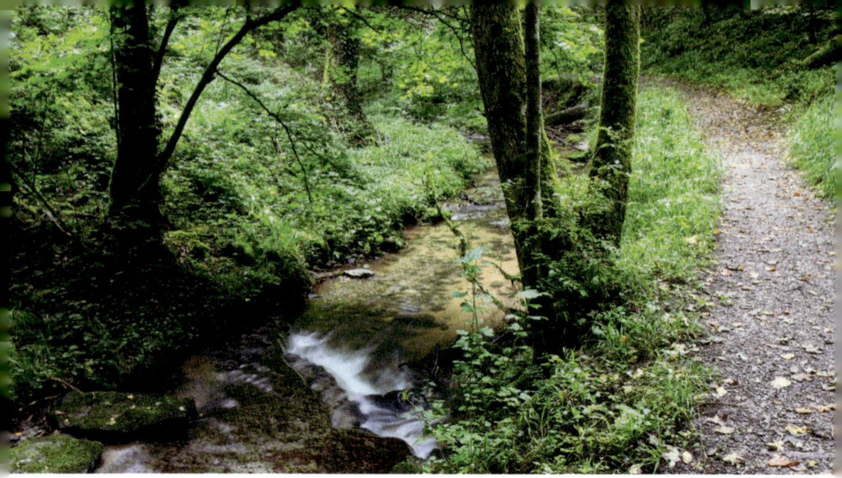

Immer erholsam ist es, neben einem still plätschernden Bach zu wandern.

und tasten uns – vorsichtig – direkt am Steilabfall hinab zur Kläranlage und weiter bis zu einem querenden Weg. Dort wenden wir uns mit dem blauen Punkt nach rechts. Am nächsten Querweg nach dem Bach biegen wir links, gleich danach am Waldrand und unterhalb der Häuser von Althütte noch einmal links ab.

Nun wandern wir im Wald aufwärts, danach ein Stück durch Streuobstwiesen. Wo der Schotterweg in einen Asphaltweg übergeht, biegen wir mit dem Zeichen roter Strich des Georg-Fahrbach-Wegs rechts ab 3. Wir gehen hinab zu einem Bach, danach wieder bergauf. Vor dem Ort wechselt unser Zeichen in das rote Kreuz. Kurz darauf erreichen wir die ersten Häuser von Althütte.

Dort biegen wir an der ersten querenden Straße (Theodor-Heuss-Straße) links ab und gelangen zur Hauptstraße. Nun zweigen wir links, kurz danach rechts in die Friedhofstraße ein.

Bald erreichen wir den Friedhof; hier sollten wir die beiden riesigen Mammutbäume beachten. Anschließend geht es auf Pfaden weiter, erst durch die Wiesen hinab zum Waldrand, dann durch den Wald bis zu einem **querenden Sträßchen** 4. Dort biegen wir

mit dem blauen Punkt rechts ab in Richtung »Klaffenbach«. Wir kommen am Platz der ehemaligen Nonnenmühle vorbei, danach verzweigt sich der Weg. Wir halten uns rechts in Richtung »Strümpfelbachtal«. Nach dem Haus kommen wir wieder in den Wald und wandern nun eine Zeitlang durch das immer wilder werdende **Strümpfelbachtal** 5.
Nach einiger Zeit kommen wir am Pumpenhaus der Lambach-Pumpe vorbei, die auf einer Tafel erklärt ist. Jetzt folgt der vielleicht wildeste Teil des Strümpfelbachtals, auch einige Wasserfälle warten auf uns. Wir überqueren mehrmals den Bach auf Holzbrücken, und der Weg führt auch über einige Stege, damit man Hochwassern ausweichen kann.
Bei einer größeren, steinernen Brücke nehmen wir den rechten Weg und wandern am Waldrand entlang. Nach sanftem Anstieg beschreibt der Weg eine Rechtskurve. Hinter dieser hat man nach links einen schönen Blick zum Strümpfelbachviadukt.
Dem breiten Forstweg weiter folgend, erreichen wir bald wieder unseren Ausgangspunkt.

Naturschutzgebiet Strümpfelbach

Das Naturschutzgebiet Strümpfelbach ist ein romantisches Bachtal; besonders eindrucksvoll wirkt es im Frühjahr, wenn der Bach mächtig rauscht, oder im Winter, wenn die Wasserfälle zum Teil gefroren sind. Geologisch ist es mit dem Wieslauftal vergleichbar. Die roten Flecken auf manchen Steinen im Bach stammen von einer der wenigen Rotalgenarten, die im Süßwasser leben. In manchen Seitenklingen sieht man noch recht malerische Felsszenerien. Wegen der geologischen Aufschlüsse und Felsbildungen, den bemerkenswerten erdgeschichtlichen Erscheinungen und der Pflanzen- und Tiergesellschaften, die hier in der Keuperklinge noch naturnahe Lebensräume haben, sind im Strümpfelbachtal 40 Hektar unter Schutz gestellt.

7 Zum Aichstruter Stausee

Badesee und römische Ruine

Leicht | 10,5 km | 70 Hm | 2,5 Std.

Tourencharakter: Wir wandern auf festen Wegen. Bademöglichkeit im Aichstruter Stausee, im Winter kann man hier Schlittschuh laufen.

Tourenverlauf: Welzheim – Aichstruter Stausee – Gausmannsweiler – Eckartsweiler – Kastell Rötelsee – Welzheim

Ausgangspunkt: Welzheim

Einkehr: Aichstrutsee, Eckartsweiler, Welzheim; Grillmöglichkeit: Aichstrutsee

Karte: Wanderkarte W220 Welzheim, 1:25 000, Landesamt für Geoinformation und Landentwicklung Baden-Württemberg (LGL) in Zusammenarbeit mit dem Schwäbischen Albverein e.V.; Wanderkarte mit Radwegen Blatt 54-542 Backnang Murrhardter Wald, 1:25 000, NaturNavi

Neben dem Ebnisee ist der Aichstruter Stausee wohl das beliebteste Badegewässer im Schwäbischen Wald. Wir wandern erst durch das liebliche Leintal zu ihm, danach geht es zwischen den Feldern zurück. Am Schluss liegt das Kleinkastell Rötelsee auf dem Weg. Wer sich näher für die Geschichte der Römer im Land interessiert, sucht noch das nahe gelegene Ostkastell in Welzheim auf.

Wer will, kann vom Kreisverkehr aus entlang der Straße kurz nach Westen gehen, dort sieht man den **Fischweiher** 1, der mit den abgestorbenen Bäumen ein recht idyllisches Bild abgibt. Die Tour beginnt aber auf der Ostseite des Kreisverkehrs, wo wir das rechts abzweigende Sträßchen nehmen. Es bringt uns hinab zur Obermühle und nach ihr zur Gschwender Straße. Wir spazieren neben ihr nach links und unterqueren die L 1080 zu einem **Parkplatz** 2.
Rechts von diesem folgen wir parallel zur Lein dem Weg in Richtung »Aichstruter Stausee«. Bald geht es mit einem Rechts-links-Knick in derselben Richtung weiter, wir durchqueren die Aichstruter Sägemühle und erreichen den **Aichstruter Stausee** 3. Wer will, kann ihn jetzt umrunden, man kann im Sommer baden und im Winter Schlittschuh laufen. Auch eine Einkehrmöglichkeit gibt es.
Wir gehen nach links zu der kleinen Gaststätte und spazieren am Westufer entlang, bis wir kurz vor Ende des Sees dem Zeichen des Limeswanderwegs nach links folgen. Nun steigt es an bis kurz vor Eckartsweiler. Hier biegen wir scharf rechts ab. Es geht ein

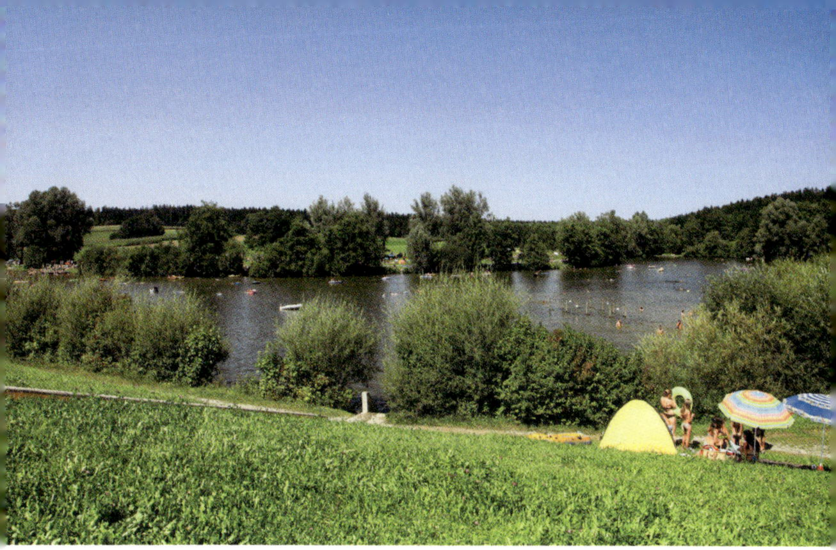

Der Aichstruter Stausee ist immer ein einladendes Ausflugs- und Wanderziel – besonders natürlich zur Badezeit.

Stück entlang des Waldes, dann müssen wir uns entscheiden ❹: Etwas länger und anstrengender ist es, wenn wir dem Limeswanderweg folgen. Er zieht schließlich nach links zur L 1150, wo auf der anderen Straßenseite die **Königseiche** ❺ steht. Von ihr aus müssen wir allerdings 1,5 Kilometer auf dem Gehweg entlang der L 1150 nach Süden wandern.

Wer das nicht möchte, biegt gleich links ab zur L 1150. Hier halten wir uns links und gehen neben der Landstraße nach **Eckartsweiler** ❻. Dort biegen wir rechts ab und gelangen zum Waldrand. Nun halten wir uns links, gehen erst am Waldrand entlang, durchqueren dann ein Stück Wald und wandern weiter nach Süden, bis wir nach links zum **Eierhof** ❼ gehen können.

Auf der anderen Seite der Landstraße geht es jetzt nach Süden. Bald können wir nach dem eingezäunten Grundstück einen Abstecher nach links zum Kleinkastell Rötelsee machen.

Anfahrt

ÖPNV: S-Bahn oder Bahn bis Schorndorf, weiter mit dem Bus bis Haltestelle Welzheim Oberer Wasen; Info: www.vvs.de; Auto: B 14 und B 29 nach Schorndorf, dann nach Welzheim. Der Parkplatz befindet sich am Kreisverkehr an der Umgehungsstraße am nördlichen Ortsrand, wo sich die L 1080 und die aus dem Ort kommende Murrhardter Straße kreuzen, GPS: 48.884465, 9.631573

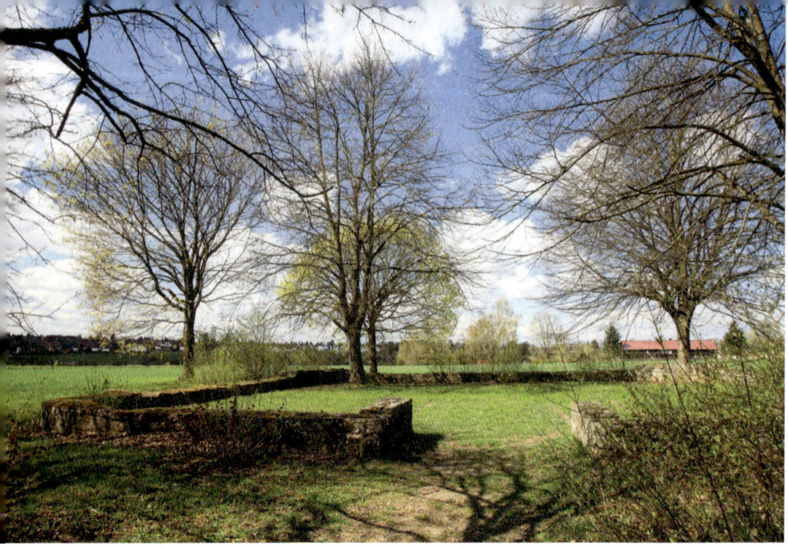

Vom römischen Kleinkastell Rötelsee wurden niedrig gehaltene Umfassungsmauern rekonstruiert.

Das **Kleinkastell Rötelsee** 8, eine Feldwache, gehörte zu den kleinsten Anlagen am obergermanischen Limes; es existierte vom späten 2. bis Mitte des 3. Jahrhunderts. Seine Umfassungsmauer ist noch sichtbar und konserviert. Die Anlage wurde 1974 durch das Landesdenkmalamt als erstes Kleinkastell

Aichstruter Stausee

Der Aichstruter Stausee wurde als Hochwasser-Rückhaltebecken erbaut. Er ist rund vier Hektar groß und bis zu drei Meter tief, die Dammhöhe beträgt elf Meter. Der See hat ein Einzugsgebiet von 5,8 Quadratkilometern.

Während das Ostufer überwiegend naturbelassen blieb, ist der übrige Bereich eher der Sonne ausgesetzt und dient dem Freizeitvergnügen. Der Parkplatz ist gebührenpflichtig. Man findet eine große Liegewiese und einen teilweise rollstuhlgerechten Zugang zum See, außerdem Duschen und WC. Für das leibliche Wohl sorgt ein Kiosk, der auch den Zeltplatz betreibt. Für Kinder gibt es einen Sandstrand sowie einen abgetrennten Nichtschwimmerbereich mit einer Wasserrutsche. Spielgeräte sind im Uferbereich zu finden. Für die Größeren sind ein Beachvolleyballfeld, Tischtennisplatte und ein Bouleplatz vorhanden. Hunde sind an der Leine zu führen und dürfen nicht ins Wasser. Es gibt Grillstellen, aber auch das Mitbringen eines eigenen Grills ist an ausgewiesenen Stellen erlaubt. Der See wird am Wochenende von der DLRG überwacht.

des Obergermanischen Limes mitsamt seinen Innenbauten ausgegraben. Die Innenfläche des mit zehn bis 20 Soldaten besetzten Kastells betrug rund 320 Quadratmeter. Der Eingang lag im Osten in Richtung des Limes, der unterhalb des heutigen Weges verlief. Hier war der rund zwei Meter breite Wehrgraben unterbrochen. Innerhalb der Umfassungsmauern befanden sich um einen gepflasterten Hof hölzerne Bauten mit je zwei oder drei Räumen samt einem zum Hof überdachten Gang.

Zurückgekehrt zur Landstraße, folgen wir ihr nach links zum Kreisverkehr. Rechts von diesem liegt unser Parkplatz.

Im Fischweiher sieht man eine fast urzeitlich wirkende Natur.

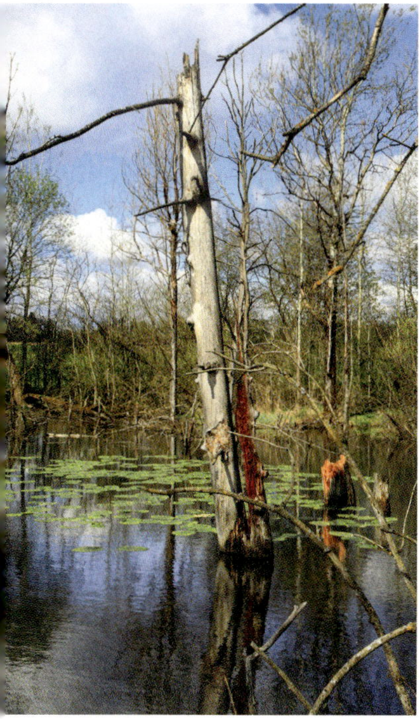

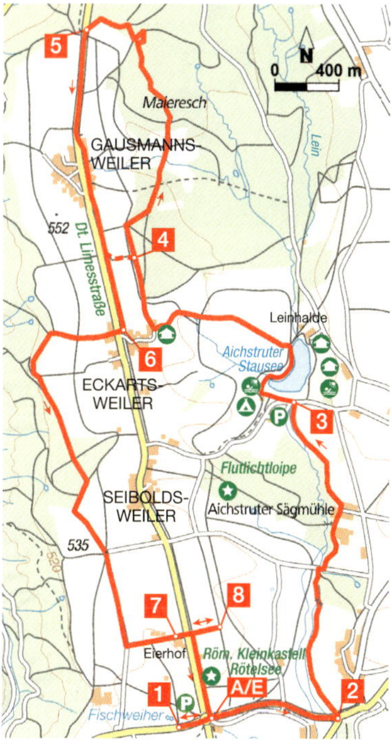

8 Durch das urige Wieslauftal zum Ebnisee

Mächtige Klinge und ein Badesee

Mittel | 12 km | 150 Hm | 3,5 Std.

Tourencharakter: Wir wandern meist auf festen Wegen, nur durch die Geldmacherklinge auf einem schmalen Pfad.

Tourenverlauf: Welzheim/Laufenmühle – Wieslauftal – Geldmacherklinge – Schmalenberg – Ebni – Ebnisee – Wieslauftal – Laufenmühle

Ausgangspunkt: Welzheim, Laufenmühle

Anfahrt: ÖPNV: S-Bahn oder Bahn bis Schorndorf oder Rudersberg-Oberndorf, weiter mit dem Bus; Info: www.vvs.de; Auto: B 14 und B 29 nach Schorndorf und weiter nach Welzheim. Von der Umgehungsstraße links ab auf die L 1080 in Richtung Rudersberg, GPS: 48.882150, 9.605530

Einkehr: Laufenmühle, Ebni, Ebnisee

Karte: Wanderkarten W219 Murrhardt und W220 Welzheim, 1:25 000, LGL; Wanderkarte Backnang Murrhardter Wald Blatt 54-542, 1:25 000, NaturNavi

Nach einem gemütlichen Anfang auf einem nur sanft ansteigenden Weg durch das idyllische Wieslauftal steigen wir, vorbei an der wilden Geldmacherklinge, hinauf nach Schmalenberg. Ein aussichtsreicher Höhenweg führt uns nach Ebni und hinab zum beliebten Ebnisee. Hier gibt es jede Menge Unterhaltungsmöglichkeiten, einschließlich Wassersport an warmen Sommertagen oder Schlittschuhlaufen im Winter.

Beim Parkplatz am Ausgangspunkt befinden sich die **Wasserfälle bei der Laufenmühle** (siehe Tour 9); auch die markant gestaltete hölzerne Figur eines Flößers als Erinnerung an frühere Zeiten ist hier zu sehen.

Die Wanderung beginnt auf der anderen Straßenseite, wo wir die interessante **Anlage EINS+ALLES** ❶ nur durchqueren. Hier kann man auch einkehren.

Nun marschieren wir durch das Wieslauftal. Der Bach hat sich tief in die Klinge eingeschnitten und der schmale Talgrund wird von hohen Wäldern umgeben. Das Gewässer mäandert durch das Tal und kommt dem Weg immer wieder nahe.

Es geht an einem rechts liegenden kleinen Weiher vorbei, etwas später zweigen wir mit dem **Wanderzeichen blaues Kreuz** ❷ in Richtung »Geldmacherklinge Schmalenberg« links ab. An der Rechtskurve müssen wir uns entscheiden: Wer lieber gemütlich auf dem festen Weg wandert, folgt dem Forstweg weiter (gestrichelte Variante). Schöner und interessanter ist es allerdings, wenn wir mit dem Wanderzeichen links in Richtung »Geldmacherklinge« abzweigen.

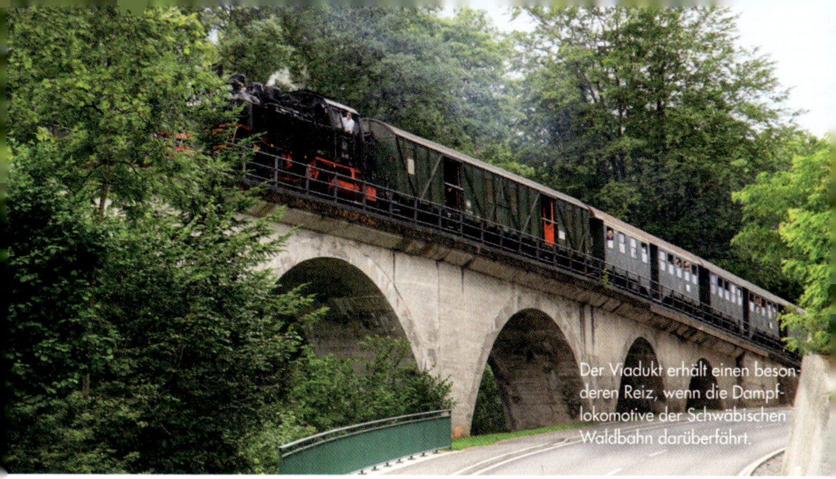

Der Viadukt erhält einen besonderen Reiz, wenn die Dampflokomotive der Schwäbischen Waldbahn darüberfährt.

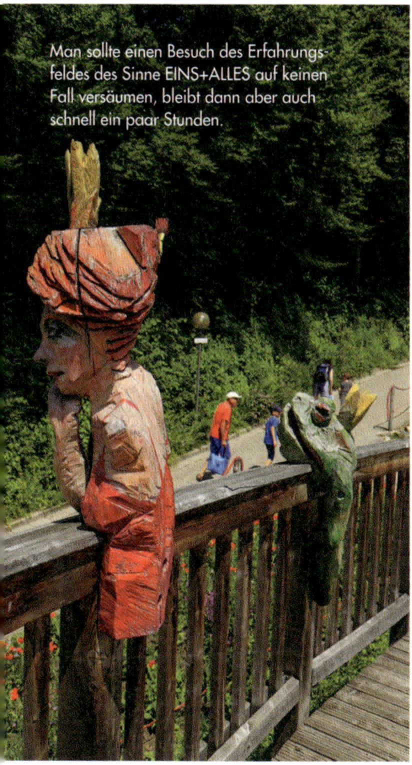

Man sollte einen Besuch des Erfahrungsfeldes des Sinne EINS+ALLES auf keinen Fall versäumen, bleibt dann aber auch schnell ein paar Stunden.

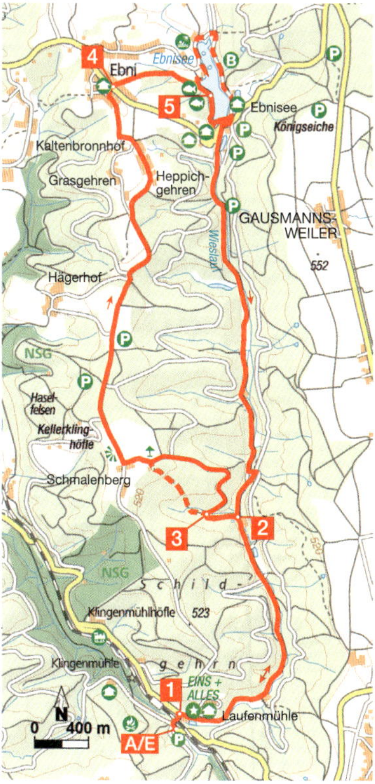

Bei der **Geldmacherklinge** ❸ rinnt das Wasser zwar nur spärlich, trotzdem hat sie ihre Entstehung den Kräften des Wassers zu verdanken. Ein mächtiges Felsgebilde mit Wasserfall riegelt als halbrunder Talschluss die Klinge ab, einige Meter daneben liegt die kleine, eventuell künstlich geschaffene Höhle des Geldmachers. Das Wasser verliert sich in der kleinen nachfolgenden Klinge, die ausnehmend steil zur Wieslauf hin ausläuft. Woher sie ihren Namen hat, kann man sich denken: Hier hat angeblich ein Geldfälscher sein Handwerk ausgeübt.

Oben am Waldrand trifft der Pfad wieder auf den breiten Weg. Wir folgen ihm zum Hofgut Schmalenberg und biegen nach der Ansiedlung rechts in das

Erfahrungsfeld der Sinne EINS+ALLES

Der Landart- und Sinnespark mit dem Café-Restaurant Molina gehört zur Christopherus Lebens- und Arbeitsgemeinschaft. Er besteht seit 2007 und greift Impulse von Hugo Kükelhaus und Rudolf Steiner zum Thema Wahrnehmung auf. In der Sozialeinrichtung leben und arbeiten rund 130 Menschen mit geistigen Behinderungen, die hier in den Werkstätten oder der Gastronomie einen Arbeitsplatz gefunden haben. Es gibt einen rund 4,5 Kilometer langen Sinnespfad, auf dem viele Landart- und Sinnesstationen auf den Wanderer warten. Weitere Attraktionen sind die Rote Achse, Aktionsplatz und Dunkelgang, mongolische Jurte, Feuerzelt, TierOase und Weidenkathedrale; in allem kann man seine Sinne spielen lassen: tasten, sehen, riechen, hören, schmecken, entdecken. Man kann die in der Anlage lebenden Tiere wie Lamas, Ziegen, Schafe, Esel und Kaninchen hautnah kennenlernen, bei Lama- und Eselwanderungen mitmachen und auch bei der täglichen Fütterung zusehen. Die außergewöhnliche Gastronomie und der Spielplatz sind kostenlos, für das Erkunden der sonstigen Spiel- und Sinnesstationen, wie den Wunderweg, die LandArt-Stationen und das Aktionshaus, wird Eintritt erhoben; Kinder bis vier Jahre sind frei. Im Winter gelten ermäßigte Preise. Im Aktionshaus findet man auch einen kleinen Shop. Zu erwerben sind unter anderem Kaffee aus der hauseigenen Rösterei und handwerkliche Arbeiten der Bewohner. Zudem kann man bei den Führungen mitmachen und es gibt an vielen Wochenenden und in den Ferien ein reichhaltiges Programm. In der angeschlossenen »Rösterei Laufenmühle« kann man live einen Röstvorgang erleben und Kaffee verkosten. Die Aufzählung der Attraktionen ist sicherlich nicht vollständig, denn es gibt immer wieder etwas Neues. Weitere Infos unter: www.eins-und-alles.de.

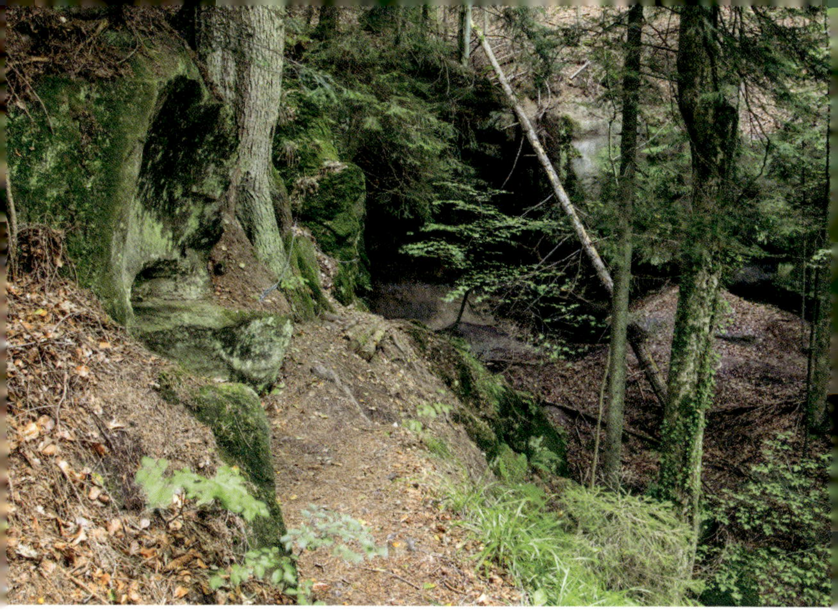

Ein besonderes Erlebnis ist ein Besuch der Geldmacherklinge.

querende Sträßchen ab. Nach links haben wir nun immer wieder einen schönen weiten Blick ins Tal und zu den Dörfern. Danach wechseln sich Waldstücke und Freiflächen ab. Nach Heppichgehren erreichen wir **Ebni** 4.

Dort gehen wir auf der anderen Seite der Winnender Straße nach rechts erst durch Wiesen, dann durch den Wald hinab zum **Ebnisee** 5 (siehe Tour 3). Dort haben wir verschiedene Möglichkeiten: Wir können baden, Tretboot fahren, im Winter Schlittschuh laufen, einkehren, einfach nur den See umrunden oder uns am Strand ausruhen.

Danach gehen wir zur Südseite des Sees. Auf der anderen Seite der Straße geht das Wieslauftal ab. Ihm folgen wir mit dem Wanderzeichen roter Balken. Immer sanft bergab gehend erreichen wir schließlich den vom Anfang der Tour her bekannten **Abzweig** 2 zur Geldmacherklinge, später die **Anlage EINS+ALLES** 1 und schließlich unseren Parkplatz und damit das Ende der Tour.

9 Durch die Wieslaufschlucht

Durch die wilde Schlucht auf die Höhe

Mittel | 12,5 km | 300 Hm | 4 Std.

Tourenverlauf: Welzheim/ Laufenmühle – Wieslauftal – Steinbach – Edelmannshof – Laufenmühle

Ausgangspunkt: Welzheim, Laufenmühle

Anfahrt: ÖPNV: S-Bahn oder Bahn bis Schorndorf oder Rudersberg-Oberbernberg, weiter mit dem Bus;
Info: www.vvs.de;
Auto: B 14 und B 29 nach Schorndorf und weiter nach Welzheim. Von der Umgehungsstraße links ab auf die L 1080 in Richtung Rudersberg, GPS: 48.882150, 9.605530

Einkehr: Laufenmühle, Klingenmühle, Edelmannshof; Grillmöglichkeit: kurz nach dem Parkplatz

Karte: Wanderkarte W220 Welzheim, 1:25 000, Landesamt für Geoinformation und Landentwicklung Baden-Württemberg (LGL) in Zusammenarbeit mit dem Schwäbischen Albverein e.V.; Wanderkarte Backnang Murrhardter Wald Blatt 54-542, 1:25 000, NaturNavi

Das Wieslauftal, dem wir hier anfangs folgen, ist ein wildes, naturbelassenes Tal. Man kommt am Anfang an einem Wasserfall vorbei, wandert danach zwischen umgestürzten, bemoosten Baumstämmen und sieht den einen oder anderen Gesteinsaufschluss. Danach führt uns die Tour durch Streuobstwiesen zum Edelmannshof, anschließend durch den Wald wieder zurück.

Wir folgen gleich am Parkplatz dem mit dem roten Kreuz markierten Weg in Richtung »Klingenmühle«. Kurz darauf liegt links ein Grillplatz, etwas später folgen wir dem **nach rechts abzweigenden Pfad** (1) zur »Klingenmühle«.

Es geht sehr steil abwärts zur Wieslauf, die wir auf einer Brücke überqueren. Rechts sehen wir die **Klingenmühle** (2). Sie ist eine der romantischsten Mühlen im Schwäbisch-Fränkischen Wald und liegt recht geheimnisvoll in einer dunklen Schlucht. Hier lebte von 1812 bis 1815 der Arzt und Dichter Justinus Kerner (1786–1862) und schrieb unter anderem das später vertonte und zum Volkslied gewordene Gedicht »Der Wanderer in der Sägemühle«: »Dort unten in der Mühle saß ich in stiller Ruh, und sah dem Räderspiele und sah den Wassern zu.« Die Mühle selbst wurde 1786 als Mahl- und Sägemühle erbaut. Das Mühlrad ist noch vorhanden, die Mahlanlage jedoch nicht mehr.

Vor der Mühle sehen wir Wasserfälle, und als Erinnerung an die Flößerei befindet sich in der Sandsteinbank im Bach eine vom Floßholz eingeschliffene Rinne.

Etwas später verzweigt sich der Weg; hier kann man nach links hinab zum Wasserfall gehen. Kurz danach kommen wir an einem verfallenen Haus vorbei. Anschließend wandern wir auf schmalem Pfad leicht auf und ab durch das Wieslauftal.

»Wildromantisch« ist ja eine etwas abgegriffene Umschreibung, mit der manchmal jeder Bachlauf bezeichnet wird, der nicht schnurgerade verläuft. Aber bei der Begehung der **Wieslaufschlucht** 3, einem der sehenswertesten Talsysteme des Schwäbisch-Fränkischen Waldes, kommt einem dieser Begriff unwillkürlich in den Kopf. Durch die hohe Luftfeuchtigkeit wächst in der Schlucht eine ganz eigene – fast urwaldartige – Vegetation.

Tourencharakter

Der Weg durch die Wieslaufschlucht sollte nicht unterschätzt werden. Wir wandern auf einem Naturpfad und müssen mit über dem Weg liegenden Baumstämmen rechnen, auch kann dieser durch Erosion abgerutscht und verlegt worden sein. Vor allem am Anfang beim steilen Abstieg und zwischendurch an heiklen Stellen kann es rutschig sein, man sollte also geeignetes Schuhwerk anhaben. Bei Nässe, Eis und Schnee ist diese Strecke nicht zu empfehlen.

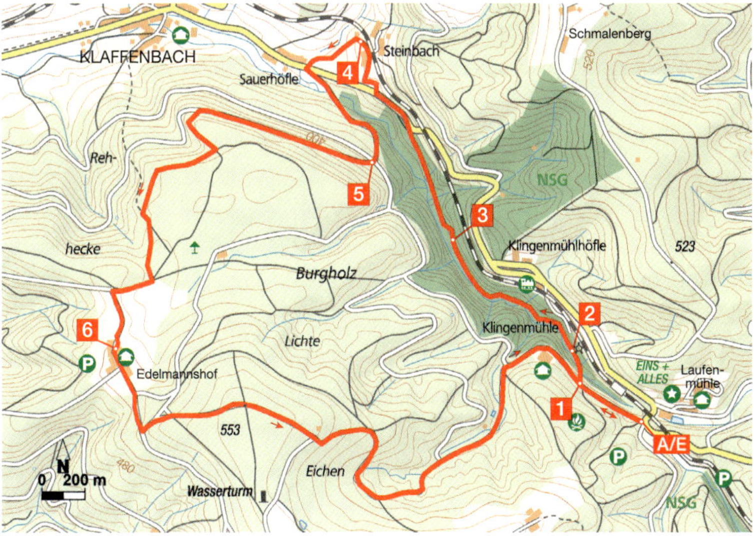

Es liegen überall umgestürzte Baumstämme herum, die langsam vermodern und von Moosen überzogen und mit Baumpilzen bewachsen sind, denen es hier in der feuchten Atmosphäre besonders gut gefällt. Die tief eingeschnittene Schlucht wurde mit einer Fläche von 53 Hektar zum Bannwald erklärt, in dem sich der »Urwald von morgen« entwickeln soll. Es handelt sich um das bedeutendste Bannwaldgebiet im Buchen-Tannen-Gebiet des Keuperberglandes. Durch die Feuchtigkeit wächst hier ein urtümlicher Schluchtwald, der Vögeln wie dem Zaunkönig, der Wasseramsel und der Gebirgsstelze Lebensraum bietet. Auch den Feuersalamander sieht man. Insgesamt sind in der Wieslauf- und der Edenbachschlucht 42 Hektar als Naturschutzgebiet ausgewiesen.

Nach einiger Zeit wird die Umgebung weniger dramatisch, und bald verlassen wir den Wald. Nun halten wir uns links der L 1080, folgen aber kurz da-

Wilde Natur in der Wieslaufschlucht

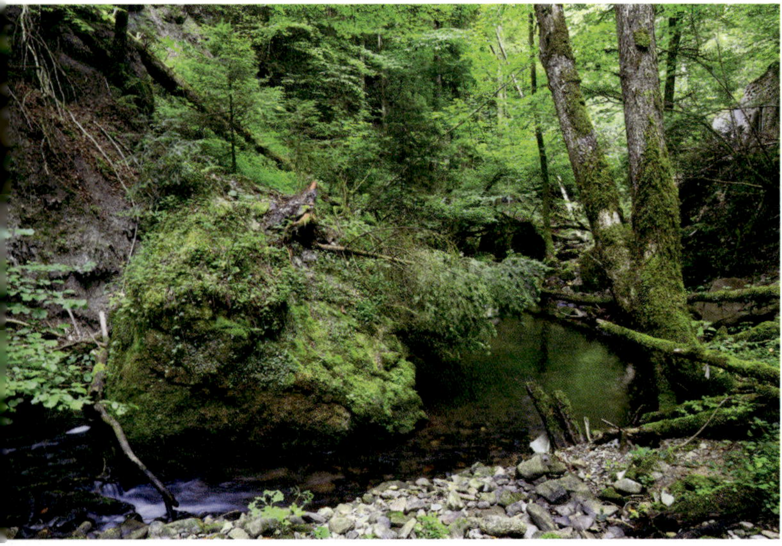

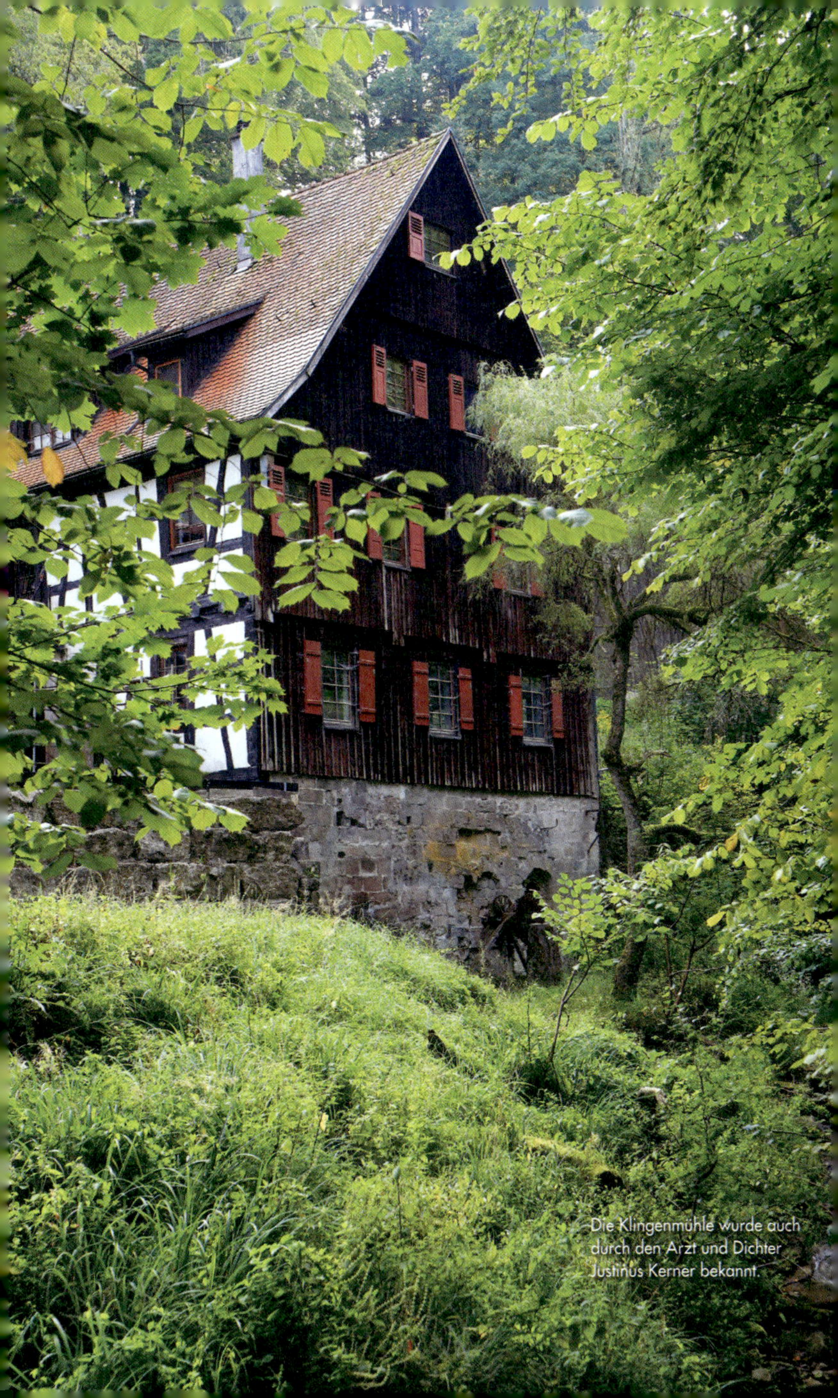

Die Klingenmühle wurde auch durch den Arzt und Dichter Justinus Kerner bekannt.

Wasserfälle an der Laufenmühle

An der Laufenmühle bilden die Wieslauf und der Edenbach Wasserfälle. Beim Edenbachwasserfall stürzt der Bach erst in freiem Fall, dann kaskadenartig zehn Meter über die harten Bänke des kalkhaltigen Unteren Stubensandsteins (Fleins). Das darunterliegende weichere Gestein wurde ausgespült, und die unterspülten Felsbrocken stürzten im Laufe der Zeit ab. So entstand der hufeisenförmige Kessel, in dem man große Sandsteinbrocken und abgestürzte Bäume sieht. Der Edenbach fließt dann in die Wieslauf. Der Wasserfall der Wieslauf liegt gegenüber unter der Straße.

nach dem Wegweiser nach rechts nach »Steinbach«. Wir gehen durch **Steinbach** ④ hindurch bis vor die Bahnlinie. Vor dieser biegen wir links ab und spazieren hinab zu ein paar Häusern, die unterhalb des beeindruckenden Strümpfelbach-Viadukts stehen. An ihnen vorbei begeben wir uns zur Landstraße bei Sauerhöfle.

Dort überqueren wir die Straße und gehen auf der anderen Seite kurz nach links. Der Burgholzweg bringt uns in den Wald, wo wir die Wieslauf überqueren. Nun steigt es wieder an. An einem von Bäumen bestandenen **Wegdreieck** ⑤ biegen wir rechts ab, halten uns aber gleich links in den weiter ansteigenden Waldensteiner Weg.

Ihm folgen wir, bis es wieder eben wird. Hier richten wir uns nach links in Richtung »Edelmannshof«. Nach einer Linkskurve quert der Äckerlesweg. Er bringt uns nach rechts zu einem Querweg, dem wir mit dem Wanderzeichen blauer Punkt nach links

Dem alten Gewerbe der Flößerei wurde bei der Laufenmühle ein Denkmal gesetzt – »passenderweise« unter dem Eisenbahnviadukt, dessen Betrieb den Beruf überflüssig machte.

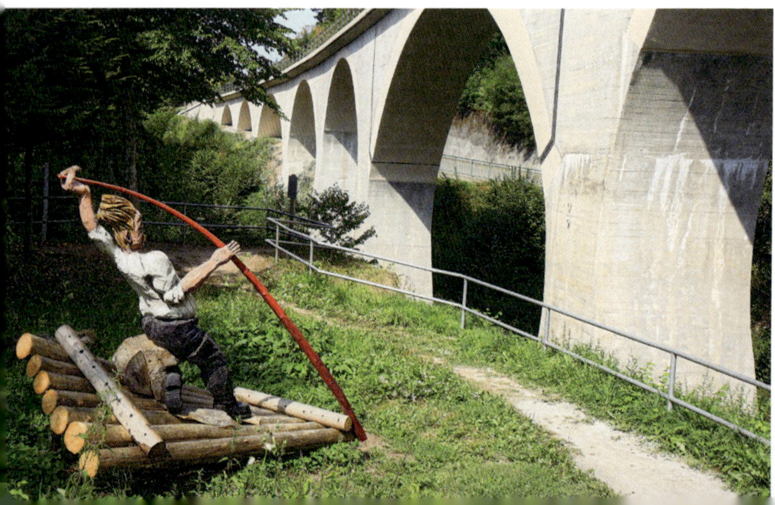

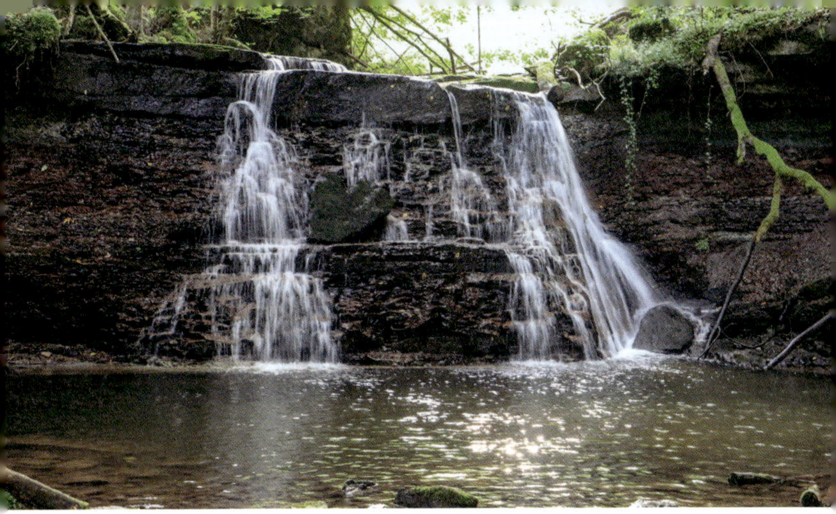

Wasserfall bei der Klingenmühle

hinauf folgen. Bald haben wir den Waldrand erreicht. Hier biegen wir mit dem roten Kreuz rechts ab, etwas später halten wir uns an dem Sträßchen links zum **Edelmannshof** 6. Wir durchqueren diese Ansiedlung und wandern zum Waldrand. Dort spazieren wir mit dem blauen Punkt geradeaus auf dem Asphaltsträßchen weiter.

Nach einiger Zeit geht der Weg in einen Schotterweg über. Hier biegen wir links in den Drei Birken Weg ein. An der gleich danach folgenden Verzweigung halten wir uns rechts. Wir überqueren den Gasleitungsweg, danach steigt es etwas an. Nun wandern wir immer geradeaus, später wieder abwärts. Nach einiger Zeit passieren wir eine links liegende Hütte. Später sehen wir rechts einen ehemaligen Stubensandsteinbruch, ehe wir links eine weitere Hütte vorfinden, danach folgen einige Fischweiher.

Anschließend treffen wir auf den Himmelreichweg. Er bringt uns nach links zurück zum Ausgangspunkt. Hier sollte man sich die Wasserfälle, die einschließlich einer großen Flößerskulptur aus Holz auf dem Weg zur Laufenmühle mit der Einrichtung EINS+ALLES (siehe Tour 8) liegen, ansehen.

10 Alpenfeeling im Schwäbischen Wald

Steiler Abstieg zur Grotte, danach zum Paradies für die Sinne

Mittel 8,5 km 140 Hm 2,5 Std.

Tourenverlauf: Welzheim/ Laufenmühle – vor Breitenfürst – Taubenhof – Sternwarte – Kesselgrotte – Laufenmühle

Ausgangspunkt: Welzheim, Laufenmühle

Anfahrt: ÖPNV: Bahn oder S-Bahn bis Schorndorf oder Rudersberg-Oberndorf, weiter mit dem Bus, oder über Schorndorf nach Breitenfürst und dort starten;
Info: www.vvs.de;
Auto: B 14 und B 29 nach Schorndorf, weiter nach Welzheim, von der Umgehungsstraße links ab auf die L 1080 in Richtung Rudersberg, GPS: 48.882150, 9.605530

Einkehr: Breitenfürst, Laufenmühle

Karte: Wanderkarte W220 Welzheim, 1:25 000, Landesamt für Geoinformation und Landentwicklung Baden-Württemberg (LGL) in Zusammenarbeit mit dem Schwäbischen Albverein e.V.; Wanderkarte mit Radwegen Blatt 54-542 Backnang Murrharder Wald, 1:25 000, NaturNavi; Wanderkarte mit Radwegen Blatt 54-540 Schorndorf Göppingen, 1:25 000, NaturNavi

Eine kurze, aber abwechslungsreiche Tour: Zuerst wandert man durch eine wilde Klinge, danach kann man sich im Planetenweg der Sternwarte Welzheim in die Geheimnisse der Planeten einlesen. Es folgt die raue Kesselgrotte, ehe beim Landart- und Sinnespark EINS+ALLES jede Menge außergewöhnliche Spielmöglichkeiten für Kinder warten – und zudem eine hervorragende Einkehrmöglichkeit.

Wir parken auf den Parkplätzen bei der Laufenmühle, heute Erfahrungsfeld der Sinne EINS+ALLES (siehe Tour 8). Den Besuch dieser fantasievollen Anlage nebst einer eventuellen Einkehr heben wir uns allerdings für das Ende der Wanderung auf.
Zuerst durchqueren wir im Müllersgehrenweg den Parkplatz. Danach steigt es etwas an und wir kommen zum Abzweig eines Pfades nach links Richtung »Breitenfürst«. Nun geht es auf einem schmalen Pfad weiter.
Hier befinden wir uns im Tal des **Edenbachs** 1. Dieser Bach gebärdet sich teilweise recht zahm. Das Tal weist jedoch auch überaus wilde und urige Stellen auf, sodass man zeitweise an die Wutachschlucht im Schwarzwald oder an den einen oder anderen Tobel in den Alpen erinnert wird. Da liegen umgestürzte bemooste Baumstämme quer im Bachbett, es gibt steile Prallhänge und Passagen mit kleinen Steilabhängen, die sogar mit Drahtseilen gesichert sind – Natur pur sozusagen.
Schließlich endet diese wilde Passage in einem breiten Forstweg. Ihm folgen wir nach links aufwärts. Bald

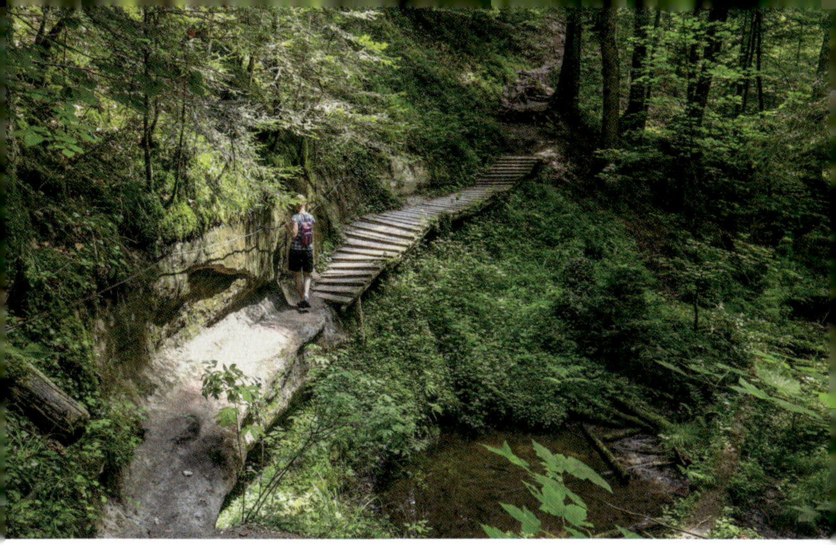

Die Begehung der Edenbachschlucht erfordert manchmal ein bisschen Mut.

zweigen wir in den nach rechts mit einem Radwegschild markierten **Rübländerweg** ❷ ab. Nun wird der Weg nicht nur von einem kleinen Bächlein, sondern auch von zahlreichen Himbeerbüschen flankiert.

Nach einiger Zeit kommen wir an einem Brunnen vorbei, danach knickt der Weg scharf rechts ab. Wir ignorieren den bald darauf links abgehenden Stöckweg in Richtung »Breitenfürst«, kurz danach zieht unser Weg aber auch nach links.

Etwas später halten wir uns an einer Verzweigung rechts in den Taubenhofweg. Ihm folgen wir bis zu einem **querenden Sträßchen** ❸. Auf ihm gehen wir nach rechts. Nach dem Wald wandern wir durch die Wiesen, vorbei am rechts liegenden Taubenhof bis zu einer **Verzweigung** ❹. Hier richten wir uns nach rechts in Richtung »Sternwarte«. Etwas später erreichen wir den Parkplatz der Sternwarte. Nach ihm biegen wir links ab und stoßen nach kurzer Zeit auf die Sternwarte selbst.

Tourencharakter

Der Weg ab der Laufenmühle bis vor Breitenfürst ist unbefestigt und teilweise recht wild, hier empfiehlt sich gutes Schuhwerk. Auch um die Kesselgrotte herum ist der Weg schmal und es fällt steil ab; hier sollte man gut auf die Kinder aufpassen. Bei feuchtem Wetter, Schnee oder Eis empfiehlt sich die Wanderung nicht. Ansonsten wandert man auf festen Wegen.

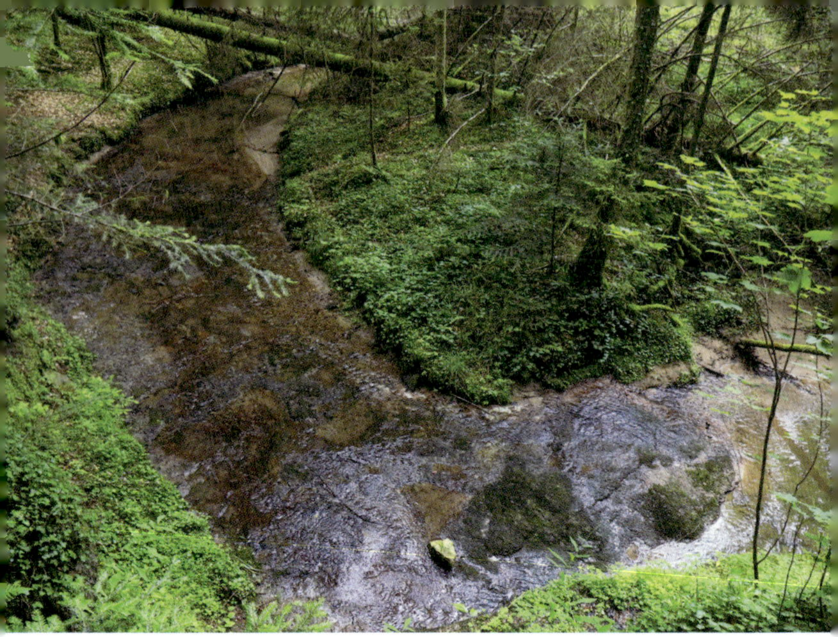

Urwaldatmosphäre am Edenbach

Die zum Planetarium in Stuttgart gehörende **Sternwarte Welzheim** 5 ist zwar nur nachts zu bestimmten Zeiten und nur bei klarem Wetter »in Betrieb«, der rechts vor der Sternwarte beginnende Planetenweg ist aber immer zu begehen (Info: www.sternwarte-welzheim.de). Nach einer Einführung in den Weg sehen wir das Schild zur Sonne, danach folgen Tafeln mit ausführlichen Beschreibungen zu Merkur und Venus, dann die nahe beieinander stehenden Erde und Mond. Anschließend stoßen wir auf eine Straße, der wir nach rechts folgen. Nach einem Schild zum Aussichtspunkt Lettenstich wandern wir durch die gleichnamige Ansiedlung. Es folgt ein Schild zum Jupiter, wir gehen am letzten Haus vorbei und erreichen den Waldrand. Dort steht eine Tafel zum Saturn.

An der Kreuzung der Waldwege wandern wir mit dem Wanderzeichen blaues Kreuz auf einem Pfad geradeaus weiter. Kurz darauf dürfen wir nicht verpassen, dass unser markierter Wanderweg rechts abgeht.

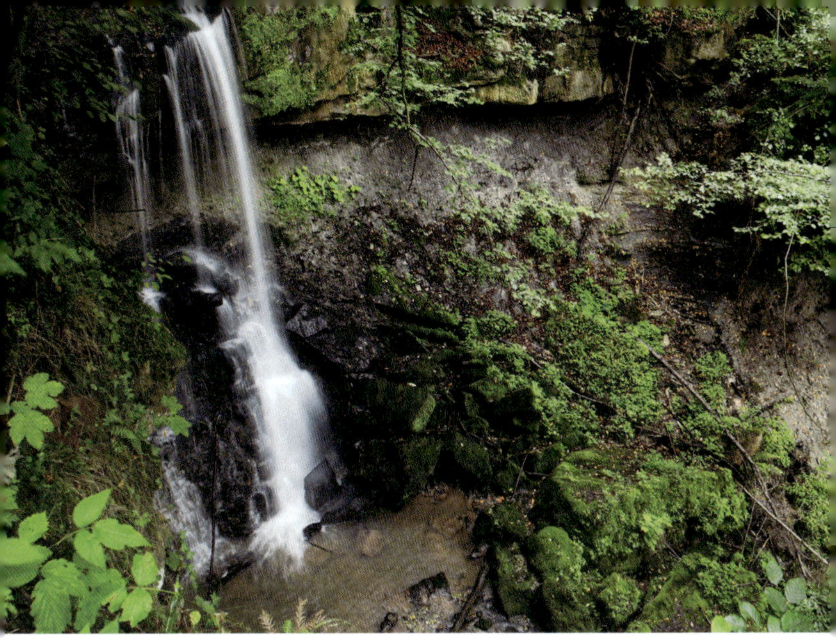

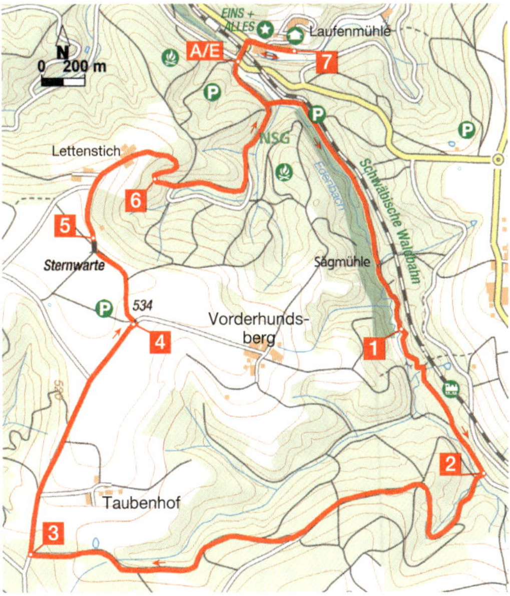

Die Tour hat auch einen Wasserfall zu bieten.

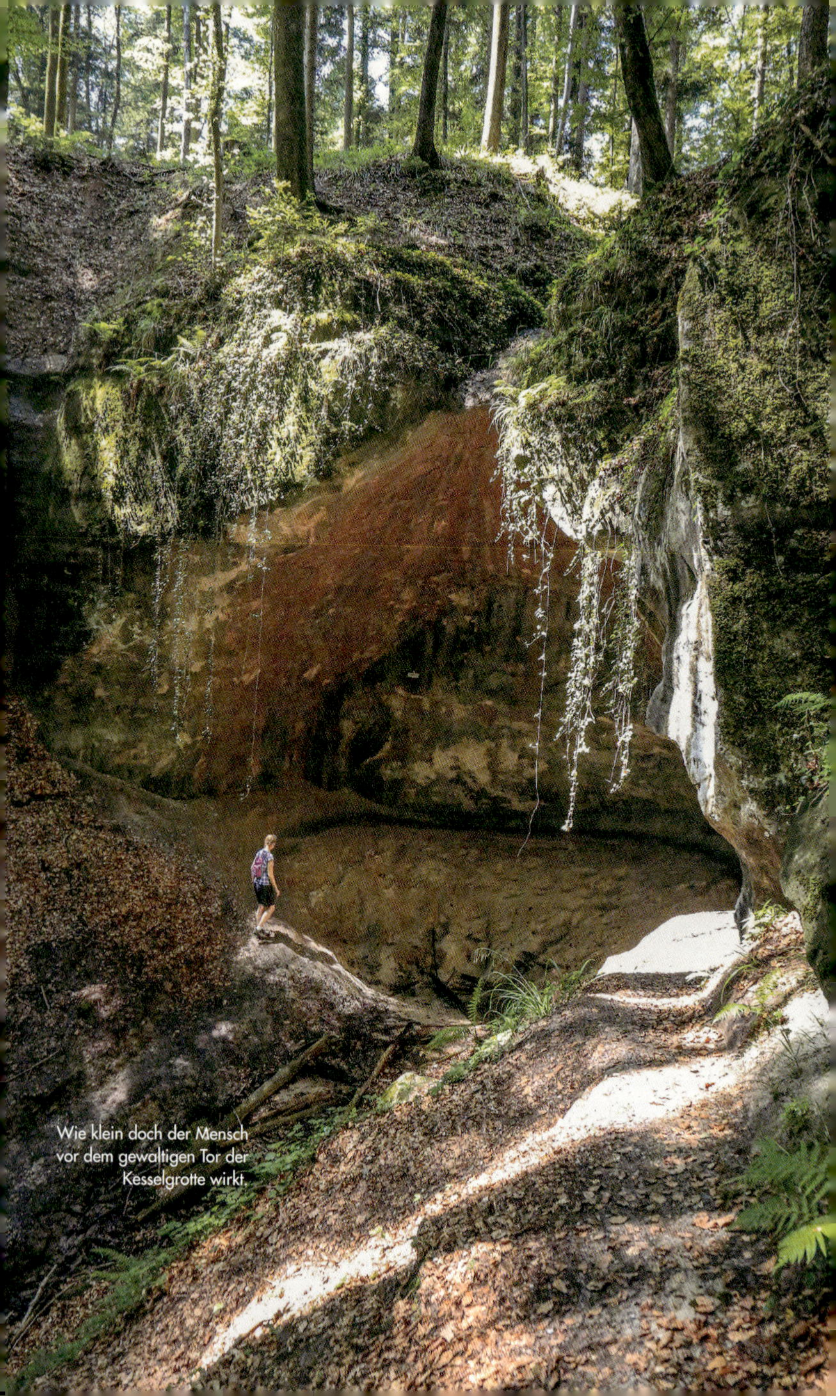

Wie klein doch der Mensch vor dem gewaltigen Tor der Kesselgrotte wirkt.

Er bringt uns zur mächtigen **Kesselgrotte** 6. Sie ist eine der beliebtesten Grotten im Schwäbischen Wald. Wie in einem Geister- und Elfenreich hängen von der baldachinartigen Wölbung die Efeutriebe herab. Ein besonderes Erlebnis ist ein Besuch an trüben Tagen, am besten nach Regen. Dann glänzen die Pflanzen in einem intensiven Grün, und auch das herabrieselnde Wasser bietet mehr als in Trockenperioden. Im Winter ist die Grotte ebenfalls ein Erlebnis, denn dann gefriert das Wasser zu einem imposanten, mehrere Meter hohen Eiszapfen.

Nach der Kesselgrotte folgen wir dem blauen Kreuz, halten uns links, kommen an der Tafel zum Planeten Uranus vorbei und wandern schließlich bergab zu unserem Parkplatz. Hinter diesem stoßen wir auf die L 1080. Links stürzen die Wasserfälle bei der Laufenmühle (siehe Tour 9) hinab; besonders beeindruckend ist der Edenbachwasserfall, insbesondere nach starken Regenfällen oder der Schneeschmelze.

Im Landart- und Sinnespark EINS+ALLES wird man durch viele kleine Besonderheiten überrascht.

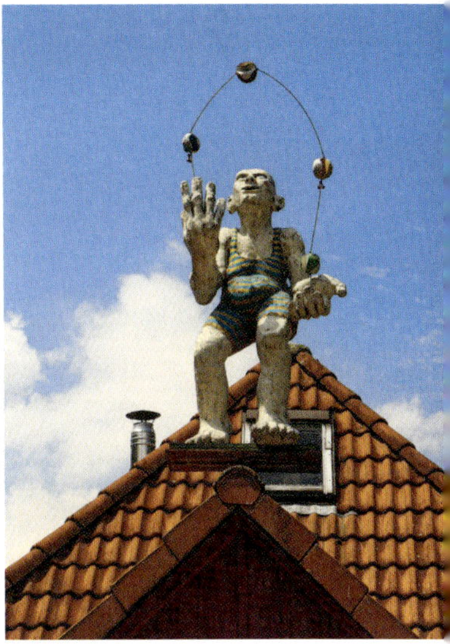

Über den Viadukt, der die Straße überquert, fährt die Schwäbische Waldbahn; ist man an Betriebstagen unterwegs, ist die mächtig schnaubende Dampflokomotive ein eindrucksvolles Erlebnis für die Kinder.

Auf der anderen Seite des Viadukts sehen wir den Sinnespark **EINS+ALLES** 7 (siehe Tour 8, separater Eintritt). Hier kann man nicht nur einkehren, sondern die Kinder finden so viele fantasievolle Spieleinrichtungen im Gelände und in den Gebäuden, dass der Rest des Tages fast zu kurz ist. Zudem leben hier zahlreiche Tiere, denen man sogar bei der Fütterung zusehen kann.

11 Spaziergang zu den Römern

Ein Heimatmuseum und Erinnerungen an die Römer

Leicht | 5 km | 100 Hm | 1,5 Std.

Tourencharakter: Wir wandern meist auf festen Wegen, nur rund um und nach dem Waldweiher bis zum Göckelersturm auf einem Pfad.

Tourenverlauf: Welzheim/ Freilichtmuseum – Göckelersturm – Stadtpark – Freilichtmuseum

Ausgangspunkt: Welzheim Freilichtmuseum Ostkastell

Anfahrt: ÖPNV: S-Bahn oder Bahn bis Schorndorf, weiter mit dem Bus; Info: www.vvs.de; Auto: B 14 und B 29 bis Schorndorf, weiter nach Welzheim, im Ort der Beschilderung durch die Schloßgartenstraße, dann der Heckenstraße zur Südseite des Freilichtmuseums folgen, GPS: 48.870931, 9.641826

Einkehr: Welzheim, Freilichtmuseum Südseite

Karte: Wanderkarte W220 Welzheim, 1:25 000, Landesamt für Geoinformation und Landentwicklung Baden-Württemberg (LGL) in Zusammenarbeit mit dem Schwäbischen Albverein e.V.; Wanderkarte mit Radwegen Blatt 54-540 Schorndorf Göppingen, 1:25 000, NaturNavi

Das in Art eines Freilichtmuseums teilweise rekonstruierte römische Ostkastell ist eine weithin bekannte Sehenswürdigkeit. Das Gelände ist jederzeit frei zugänglich, zahlreiche Infotafeln erklären die Geschichte des Kastells und des Limes ausführlich. Etwas später bei diesem Spaziergang kommen wir noch an den Resten eines Limesturms vorbei.

Wir sollten uns auf jeden Fall das römische Ostkastell ansehen, ob wir das vor oder nach dem Spaziergang machen, bleibt jedem selbst überlassen. Den Spaziergang beginnen wir am unteren Parkplatz, wo ein Sträßchen entlang der Kläranlage hinab in Richtung des Waldes führt. Bald sehen wir links hinter dem Zaun einen **See** (1).

Am Waldrand gehen wir über eine Brücke, danach zweigen wir rechts ab auf einen breiten, geschotterten Weg. Er steigt vorerst an und zieht dann nach links. Auf der Höhe verlassen wir den Wald und spazieren am **Friedhof** (2) entlang. Nach diesem ignorieren wir, dass das Wegzeichen zum »Ostkastell« nach links zeigt – hier kommen wir auf dem Rückweg wieder her. Kurz danach biegen wir links ab in den Göckelersweg, der uns wieder in den Wald führt.

Wir gehen an einer Kreuzung geradeaus weiter (Lange Linie). Der Weg bringt uns nun hinab zu einem einsamen Waldweiher. Gleich nach diesem biegen wir rechts ab. Nun geht es kurzzeitig auf einem Pfad weiter. Nach kurzem Anstieg stoßen wir auf den **Göckelerturm** (3); bei ihm finden wir auch einen Tisch und Bänke zum Rasten.

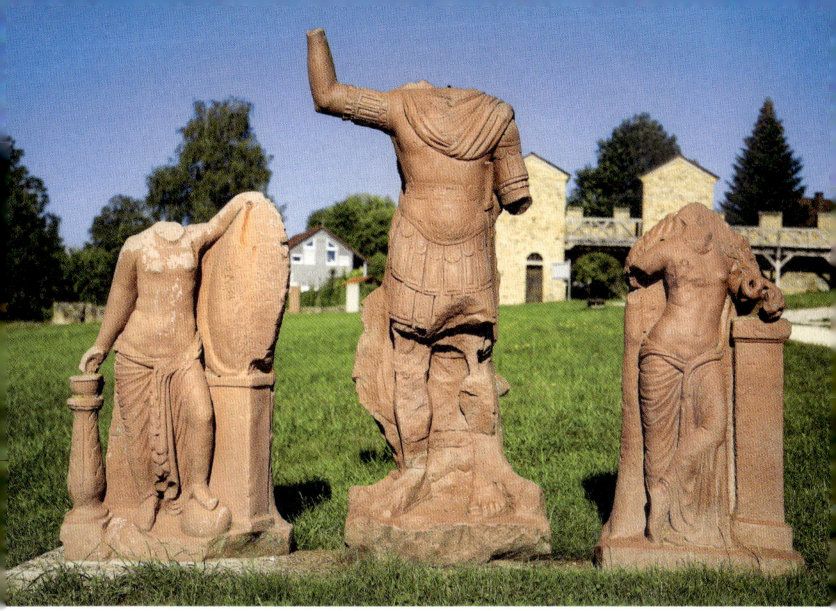

Im Freilichtmuseum Ostkastell geben zahlreiche Skulpturen und Informationstafeln Einblick in das Leben der Römer.

Der Göckelerturm ist der Rest eines Wachturmes des Limes, genauer der 134. Wachposten (WP 9/134) in diesem Limesabschnitt. Der Sage nach kräht in der Neujahrsnacht auf der Turmruine ein Hahn, und wer ihn hört, wird im nächsten Jahr Glück haben – so erhielt der Turm seinen Namen. Der quadratische Turm besitzt eine Seitenlänge von 4,7 Metern und ist etwa 50 Meter vom Limesgraben entfernt. Dieser ungewöhnliche Standort ist vermutlich darauf zurückzuführen, dass er auf einem Bergvorsprung steht und man von hier oben den Limes und die Umgebung besser beobachten konnte.

Hier biegen wir links ab und spazieren wieder auf einem breiten Schotterweg zum Waldrand. Der Weg zieht nun nach rechts. Kurz danach sehen wir rechts eine Schutzhütte und finden auch einen Tisch und Bänke. Wir

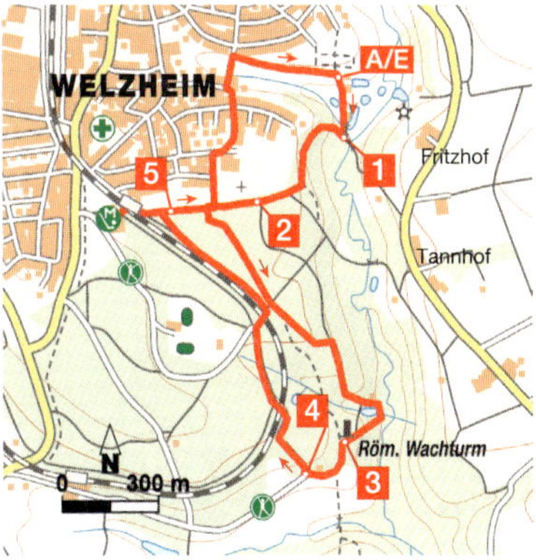

biegen nun rechts ab in den **Ropbachweg** 4, der uns bis vor die Bahnlinie der Schwäbischen Waldbahn bringt. Dort halten wir uns rechts in den Bahnweg. Wir überqueren bald die Gleise. Etwas später halten wir uns an einem querenden Weg rechts, überqueren gleich noch einmal die Gleise und biegen dahinter links ab in Richtung »Stadtpark«, immer noch im Bahnweg. Am **Waldrand** 5 werden wir nach rechts zum »Ostkastell« verwiesen. Wer mag, hält sich aber hier links: Man kommt zu einem großen Erlebnisspielplatz, dessen Bauten an das Ostkastell erinnern, auch eine Einkehrmöglichkeit und einen Minigolfplatz gibt es hier. Wer zu den Wellingtonien möchte, folgt einfach der Beschilderung. Anschließend gehen wir aber wieder zurück zum Abzweig am Waldrand.

Auf der Wanderung kommt man an der Ruine des Göckelerturms, eines römischen Wachturms, vorbei.

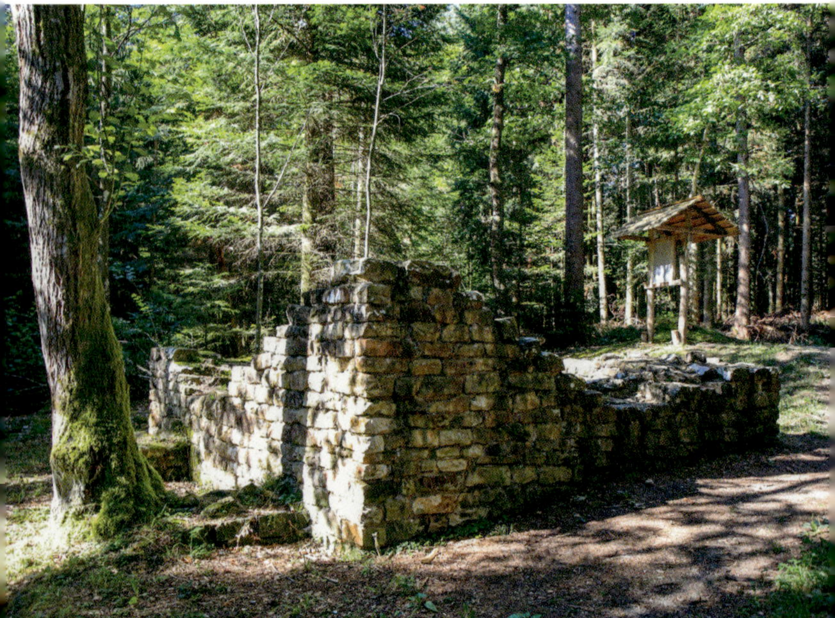

Dort spazieren wir entlang der Bebauung bis zum rechts abgehenden Göckelersweg und dem Schild zum »Ostkastell«, das wir noch vom Beginn unseres Spaziergangs kennen. Nun folgen wir ihm nach links am Friedhof entlang.
Nach dem Friedhof zieht die Straße nach rechts zu einem Parkplatz. Dort biegen wir links ab in einen anfangs schmalen Weg. Er geht in eine Wohnstraße über, dann halten wir uns nach einer Linkskurve rechts (Heckenstraße) hinab zu einem Sportplatz. Anschließend gehen wir auf dem rechts abgehenden Weg zurück zum Ostkastell. Nun hat man Zeit, sich intensiv mit den Römern im Land, ihrer Geschichte, ihrer Religion und ihren Baulichkeiten und Hinterlassenschaften zu beschäftigen.

Ostkastell

Welzheim gehört zu den wenigen Orten am Limes, die zwei Kastelle besaßen – die Gründe hierfür sind nicht bekannt. Es gab in der Nähe sogar noch ein drittes Kastell, das Kleinkastell Rötelsee (siehe Tour 7). Während das Westkastell mittlerweile überbaut ist, kann man das Freiluftgelände des Ostkastells mit einem Archäologischen Park besichtigen. Das 1,6 Hektar große Ostkastell besaß wie üblich vier Tore, wobei das Westtor mit den beiden Türmen rekonstruiert ist. Die Zugänge waren durch Straßen verbunden. Die Mauer war bis zu 1,4 Meter stark und von zwei Spitzgräben umgeben, innen befand sich noch ein hölzerner Wehrgang. Die vier Ecken des Kastells waren mit Türmen gesichert, die aber vermutlich nachträglich erbaut wurden. Das Ostkastell ist das einzige nicht überbaute römische Lager am obergermanischen Limes in Württemberg. Hier war vielleicht ein »numerus« stationiert, ein kleiner, gemischter Truppenverband, der zur Unterstützung der eigentlichen Grenztruppen für Wach- und Aufklärungsdienste diente. Diese etwa 150 Mann zählenden »numeri« waren oft mit dem Namen der Nation versehen, aus der die Soldaten kamen. Im Kastell befanden sich zwei Brunnen. In einem hat man außer Resten von Gemüse, Obst und Nüssen etwa 100 Lederschuhe gefunden, die einen guten Einblick in die damalige »Schuhmode« geben. In einem anderen Brunnen lagen hölzerne Verteidigungsgegenstände und Reste eines eisernen Gesichtshelmes. Zu sehen sind außerdem noch römische Steindenkmäler. Die Geschichte der Anlage ist auf Tafeln ausführlich erklärt.

12 Zwei Stauseen und ein riesiges Mühlrad

Über die Meuschenmühle zu Leineck- und Eisenbachsee

Mittel | 10,5 km | 130 Hm | 2,5 Std.

Tourencharakter: Wir wandern auf festen Wegen. Einen Ausweichparkplatz finden wir am Leinecksee.

Tourenverlauf: Alfdorf/Eisenbachsee – Rienharz – Meuschenmühle – Brend – Leinecksee – Eisenbachsee

Ausgangspunkt: Alfdorf, Eisenbachstausee

Anfahrt: Auto: B 14 und B 29 bis Schorndorf, dann weiter in Richtung Welzheim. In Breitenfürst auf der L 1155 bis Pfahlbronn, dort links ab in die Rienharzer Straße, GPS: 48.851236, 9.676408

Einkehr: bei den Stauseen

Karte: Wanderkarte W220 Welzheim, 1:25 000, Landesamt für Geoinformation und Landentwicklung Baden-Württemberg (LGL) in Zusammenarbeit mit dem Schwäbischen Albverein e.V.; Wanderkarte mit Radwegen Blatt 54-540 Schorndorf Göppingen, 1:25 000, NaturNavi

Zwei unterschiedliche Attraktionen besuchen wir auf dieser Wanderung: Zum einen zwei Stauseen, die beide so schön in die Landschaft eingewachsen sind, dass man sie für natürliche Gewässer halten könnte – denkt man sich die Staumauer weg, und zum anderen können wir die Meuschenmühle mit ihrem riesigen Mühlrad bewundern.

Wir gehen am Eisenbachstausee vom Parkplatz aus hinauf auf die Staumauer. Dort orientieren wir uns am Wanderzeichen rotes Kreuz in Richtung »Rienharz«. Dazu gehen wir zum rechten Ufer und folgen ihm. Nach dem See halten wir uns links und wandern

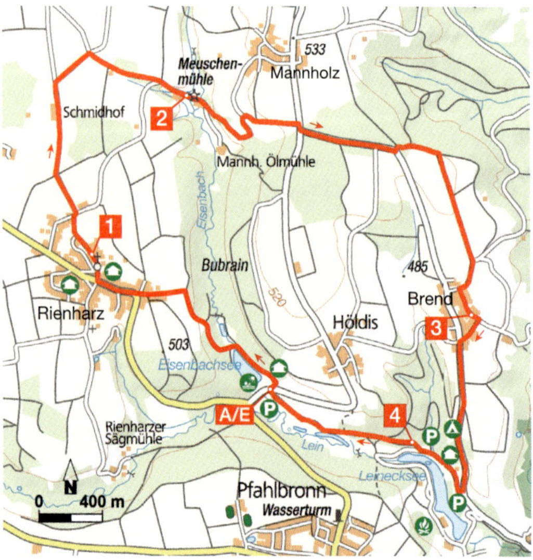

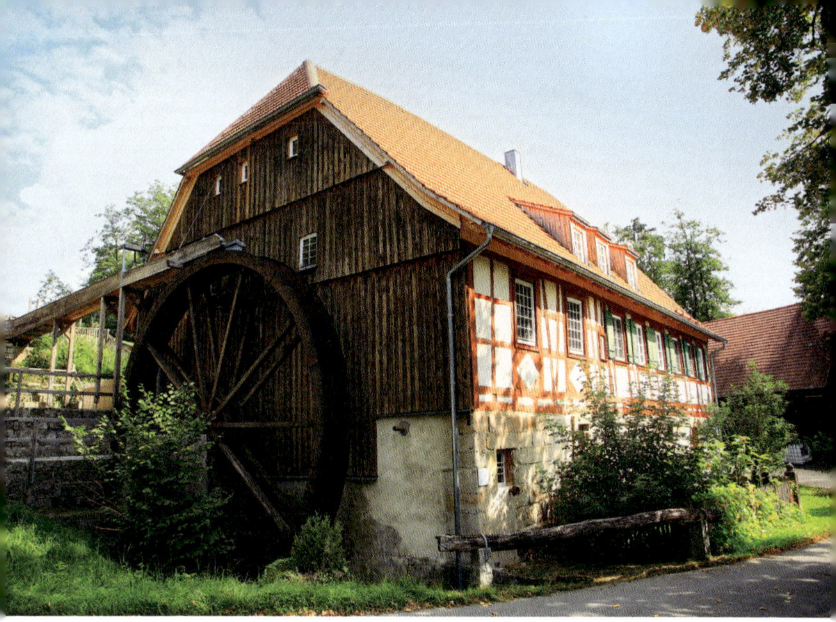

erst durch den Wald, dann über die Felder zur K 1887. Sie bringt uns in Gehrichtung nach **Rienharz** (1).
Wir durchqueren den Ort, bis rechts die Murrstraße in Richtung »Friedhof« abzweigt. Es geht an der Kirche vorbei, dann verlassen wir das Dorf. Nach dem Schmidhof zweigen wir rechts ab, auch gleich danach halten wir uns an der Kreuzung rechts. Durch ein Wäldchen geht es nun hinab zur **Meuschenmühle** (2).
Diese recht romantisch und einsam in einem Bachtal gelegene, 1271 erstmals genannte Mühle besitzt eine vollständig erhaltene Mahlanlage. 1553 nannte man sie »Nibelgau der Mühlen« und 1600 »Nibelgaumühle«. Die Herkunft des seit etwa 350 Jahren verwendeten heutigen Namens ist unbekannt. Die Mühle besitzt ein oberschlächtiges Mühlrad, welches mit sieben Metern Durchmesser das größte im Schwäbischen Wald ist. Es ist mit 60 Wasserschaufeln versehen und leistet neun PS.
Danach wandern wir wieder bergauf. Wir stoßen auf die K 1888 und gehen etwas nach rechts versetzt in Geh-

Die romantisch gelegene Meuschenmühle

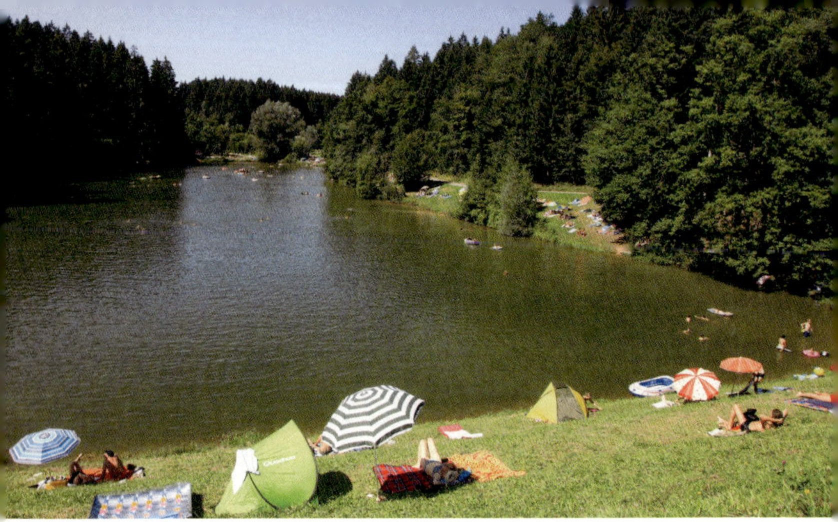

Sommerfreuden am Eisenbachsee

richtung auf der K 1889 weiter. An ihrer Rechtskurve zweigen wir links ab auf den Nestrainweg. Wir folgen ihm kurz durch den Wald, dann am Waldrand entlang. Bald zieht der Weg nach rechts und wir wandern durch die Felder bis zum rechts liegenden **Brend** 3. Dort gehen wir erst am Ortsrand entlang, dann biegen wir rechts ab und stoßen wieder auf die K 1889.

Leinecksee

Der 1961 erbaute Leinecksee sammelt Wasser aus einem Einzugsgebiet von 31,9 Quadratkilometern. Sein Dauerstauraum beträgt 70 000 Kubikmeter bei einer Dauerstaufläche von 4,9 Hektar, der Gesamtstauraum sogar 2 180 000 Kubikmeter bei einer Hochwasserstaufläche von 35 Hektar. Die hier aufgestaute Lein selbst ist das prägende Gewässer im südlichen Schwäbischen Wald. Sie fließt noch, anders als Rems und Kocher, in die alte Richtung nach Osten, früher zur Brenz und zur Donau. Nach dem Einbruch des Rheingrabens wurde die Fließrichtung des Kochers umgelenkt, und so mündet die Lein bei Abtsgmünd jetzt entgegen der Fließrichtung in den Kocher. Sie hat extrem wenig Gefälle und mäandert stark. Viele Bereiche des Leintals sind noch unbebaut und stehen deshalb unter Naturschutz.

Nun wandern wir neben dieser her. Rechts liegt bald ein Campingplatz, danach geht es abwärts. Wir halten uns rechts in Richtung »Leinecksee« bzw. der Gaststätte. Wer will, kann den **Leinecksee** 4 umrunden, ansonsten folgen wir dem rechten Ufer. Nach dem See spazieren wir entlang der Lein zurück zum Eisenbachsee.

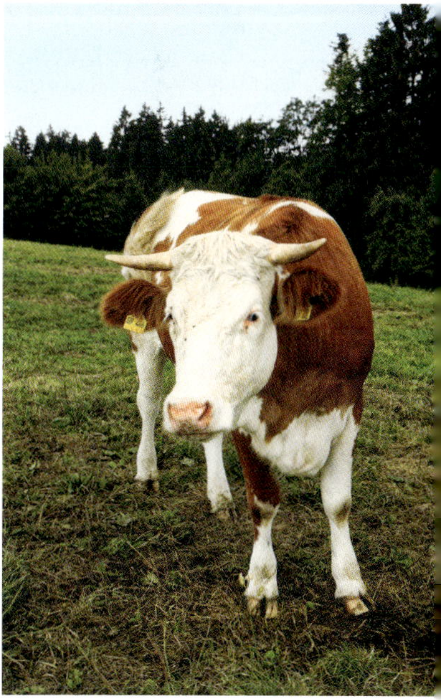

Tierische Begegnung unterwegs

Der etwa 3,5 Meter tiefe Eisenbachsee gehört zu den Hochwasserrückhaltebecken des Wasserverbandes Kocher-Lein, die die Hochwassergefahr im Leintal beseitigen und im mittleren Kochertal vermindern sollen. Es wurde 1959 bis 1961 erbaut. Sein Wasserspiegel liegt 451,5 Meter hoch, seine Dammhöhe beträgt 13,5 Meter. Die Dauerstauseefläche ist 1,65 Hektar groß bei einem Dauerstauraum von 40 000 Kubikmetern. Der Hochwasserstauraum beträgt 580 000 Kubikmeter bei einer Staufläche von 11 Hektar. Das Einzugsgebiet des Sees ist 7,4 Quadratkilometer groß. Der Eisenbachsee kann eine Wassertemperatur von bis zu 24 °C aufweisen. Essen und Trinken gibt es am Kiosk. Steigt man vom Kiosk hinauf zum Ostufer des Sees, findet man einen schmalen Streifen Liegewiese, im hinteren Bereich bietet sich eine größere Fläche an. Am Westufer wächst zum Teil Wald. Das Ufer ist überwiegend steil abfallend, insbesondere an der Staumauer, und daher wenig kindergeeignet. Ein WC gibt es beim Kiosk. Der See wird teilweise von der DLRG überwacht. Hunde sind im Wasser verboten, Grillen ist erlaubt. Der Zugang zum See ist auch mit Rollstuhl möglich.

13 Zwei Seen und drei Mühlen

Welzheimer Wald vom Feinsten

Mittel | 9,5 km | 60 Hm | 2,5 Std.

Tourencharakter: Wir wandern auf festen Wegen. Parken kann man auch nach dem Hüttenbühlsee und vor der Heinlesmühle.

Tourenverlauf: Alfdorf/Hagerwaldsee – Cronhütte – Menzlesmühle – Heinlesmühle – Vaihinghofsägmühle – Hüttenbühlsee – Hagerwaldsee

Ausgangspunkt: Alfdorf, Hagerwaldsee

Anfahrt: Auto: B 14 und B 29 nach Schorndorf, weiter nach Welzheim und auf der Umgehungsstraße L 1080 weiter in Richtung Gschwend. Davor noch rechts ab in die Stauseestraße in Richtung Alfdorf, GPS: 48.890306, 9.700650

Einkehr: Heinlesmühle, Hagerwaldsee; Grillmöglichkeit: beim Hagerwaldsee

Karte: Wanderkarten W219 Murrhardt und W220 Welzheim, 1:25 000, LGL

Wir wandern an zwei Stauseen vorbei, die beide einen recht natürlichen Eindruck erwecken. Durch Wald und Wiesen führt uns dann der Weg zur Menzlesmühle, zur Heinlesmühle und zur Vaihinghofsägemühle, einst auch Hummelgautsche genannt. So erleben wir einige der Attraktionen, die den Schwäbischen Wald so anziehend machen.

Wir gehen vom Parkplatz vor dem Hagerwaldsee zur Staumauer und dort hinauf. Nun können wir rechts oder links des Sees wandern. Das **Hochwasserrückhaltebecken Hagerwald** (1) wurde von 1967 bis 1969 erbaut. Der bis zu vier Meter tiefe See, der mittlerweile recht naturnah in die Landschaft eingewachsen ist, besitzt ein Einzugsgebiet von 14 Quadratkilometern und eine Dauerstauseefläche von 3,1 Hektar, die

Heinlesmühle

Die Heinlesmühle ist ein prächtiges Fachwerkhaus und war früher eine sehr bedeutende Mühle und Schildwirtschaft, zeitweise sogar die »Schultheisserei« für Vordersteinenberg sowie der wichtigste Steuerzahler der Gemeinde. Sie gehörte bis 1553 der Stadt Gmünd. Angeblich wurde in ihr bereits im 12. Jahrhundert gemahlen. Die ehemalige Getreideschüttmühle besitzt auch eine heute noch funktionsfähige Säge und wurde durch zwei oberschlächtige Wasserräder angetrieben. Das zweite Wasserrad wurde 2001 erneuert. Schildwirtschaft bedeutet, dass hier im Gegensatz zu reinen Speisegaststätten auch Beherbergungen und die Ausrichtung von Hochzeiten und Taufen u.ä. erlaubt waren.

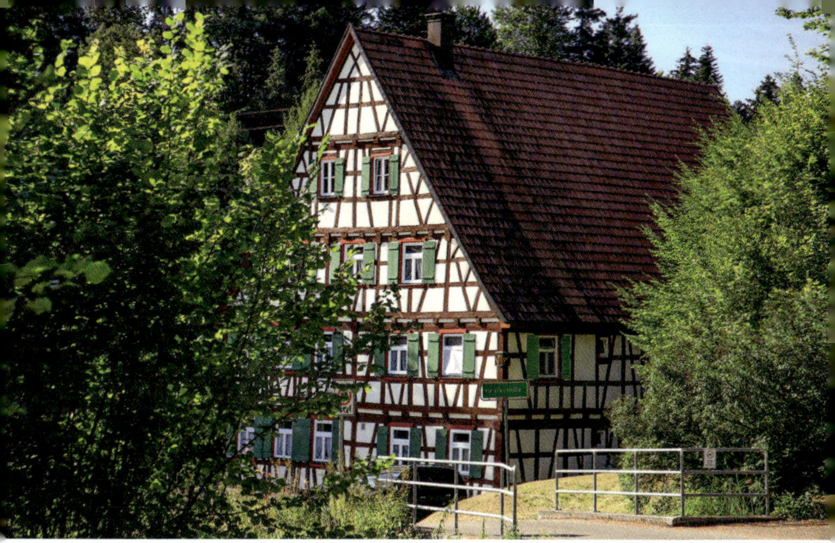

Die Heinlesmühle ist ein hübsches Fachwerkhaus.

bei Hochwasser auf 18 Hektar ausgeweitet werden kann. An seinem Ufer gibt es einen Campingplatz mit Gaststätte, außerdem ist der See bei Anglern beliebt. An seinem nördlichen Ende folgen wir dem Weg durch das Tal der Finsteren Rot. Nach einiger Zeit sehen wir links das idyllische Gsondheitsbrünnele. Etwas später verzweigt sich der Weg, wir nehmen den rechten, der etwas ansteigt und uns hinauf zu einem Parkplatz vor der L 1080 bringt. Dahinter wandern wir im Wald weiter und stoßen auf die K 1892. Ihr folgen wir nach links. Kurz danach zweigen wir rechts ab nach »Cronhütte«. Gleich darauf halten wir uns rechts in Richtung »Menzlesmühle«. Nun geht es hinauf und in der Straße Im Brunnen durch **Cronhütte** ② hindurch. Bald zweigen wir rechts ab in das Ledergäßle, danach biegen wir rechts ab in den Kronweg. Auf ihm wandern

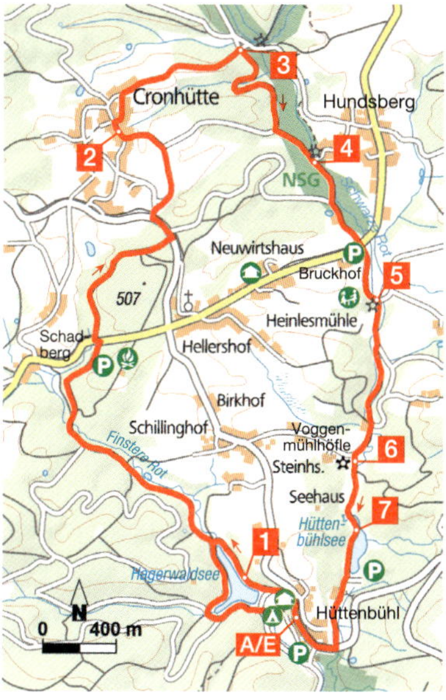

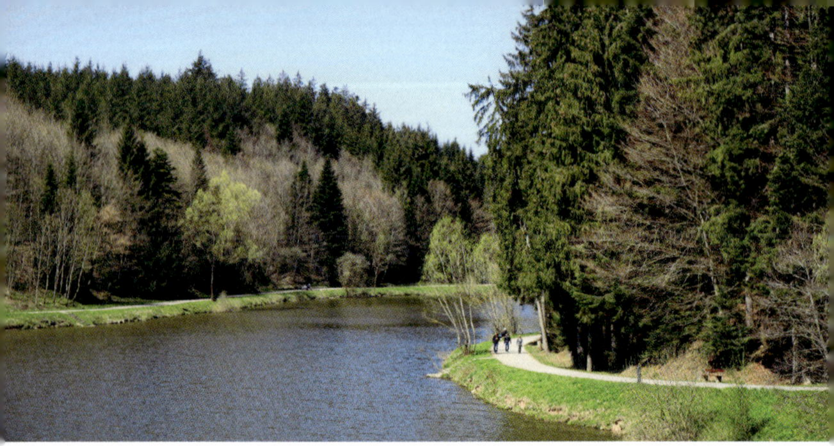

Am Hagerwaldsee

wir, erst durch die Wiesen, dann durch den Wald, hinab zur **Menzlesmühle** ❸.

Die aus dem 14. Jahrhundert stammende Menzlesmühle ist eine ehemalige Getreiderückschüttmühle und Sägemühle und besitzt vier Mühlräder, davon drei oberschlächtige, die vom Hag- und Gauchhauserbach angetrieben werden. Von 1365 bis 1682 war sie nach dem nahegelegenen Ort Cronhütte als Cronmühle bekannt. 1721 brannte sie durch ein Großfeuer ab, wurde aber wiederaufgebaut. Seit 1980 ist sie außer Betrieb.

Noch vor der Mühle halten wir uns erst rechts, dann gleich wieder links auf einen Waldweg. Etwas später werden wir nach links auf einen Pfad verwiesen. Er bringt uns zum Waldrand, danach gehen wir durch die Wiese zur **Hundsberger Sägemühle** ❹.

Sie wurde zwischen 1500 und 1600 als Stampfmühle für Getreide erbaut und später als Gemeinschaftsmühle genutzt. Mit Wasserkraft wurde sie bis etwa 1935 betrieben, danach verfiel in den 1960er-Jahren das Mühlrad. Es wurde 1980 und 2005 ersetzt.

Nun halten wir uns rechts. Ein von Schilf gesäumter Bohlenweg führt uns über den feuchten Untergrund. Bald haben wir wieder die L 1080 erreicht. Vor und nach ihr finden wir Parkplätze. Wir gehen geradeaus weiter und kommen zur **Heinlesmühle** ❺.

Gleich nach dem Mühlengebäude biegen wir mit dem roten Balken rechts ab. Etwas später verweist uns das Wanderzeichen nach rechts auf einen Pfad. Wir wandern nun durch eine idyllische Landschaft zwischen Wald und Wiesen neben der Schwarzen Rot bis zur **Vaihinghofsägmühle** 6.

Bei der Mühle vereinigt sich der Pfad wieder mit dem breiten Weg. Diesem folgen wir, ignorieren den Abzweig nach rechts nach Voggenmühlhöfle und kommen bald zum **Hüttenbühlsee** 7.

Der 1959 fertiggestellte Hüttenbühlsee besitzt ein Einzugsgebiet von 15,5 Quadratkilometern und einen Dauerstauraum von 35 000 Kubikmeter bei einem Gesamtstauraum von 550 000 Kubikmetern. Die Hochwasserstaufläche beträgt 13 Hektar, die Dammhöhe 11,2 Meter. Der See ist vier Meter tief, bei Hochwasser bis zu sieben Meter.

Wir wandern an ihm vorbei, kommen danach zu einem Parkplatz und zur K 1892. Auf ihr gehen wir nach rechts, halten uns an der bald folgenden Verzweigung links und erreichen wieder unseren Ausgangspunkt.

Vaihinghofsägmühle

Die 1835 erbaute Vaihinghofsägmühle, eine ehemalige Sägemühle, bekam ihren volkstümlichen Namen Hummelgautsche von der benachbarten Weide (Hummelwiese) des Gemeindebullen, des »Hummels« oder »Hommels«, und deswegen, weil das Sägegatter so »gautschte«. Sie ist die letzte von fünf Gemeinschaftsmühlen von freien Bauern im Welzheimer Wald und wurde im 14. Jahrhundert bei einem Verkauf an das Kloster Lorch erwähnt. Sie besitzt einen Einblatt-Hochgang und wird durch ein unterschlächtiges Wasserrad angetrieben. 2016 bis 2018 wurden das Mühlrad erneuert und das Gebäude renoviert. Bei der Mühle finden wir auch Rastmöglichkeiten mit Tischen und Bänken, einen Spielplatz und eine Grillstelle.

14 Grotten und Schlösser im Schwäbischen Wald

Hohler Stein und Schillergrotte, danach zu den Alfdorfer Schlössern

● Schwer | 16 km | 520 Hm | 5 Std.

Tourencharakter: Wir wandern auf festen Wegen und Pfaden. Der Abstecher nach Alfdorf ist zusätzlich einen Kilometer lang.

Tourenverlauf: Lorch-Bruck/Parkplatz – Schillergrotte – Brucker Sägemühle – Großdeinbach – Alfdorf – Hohler Stein – Schillergrotte – Parkplatz

Ausgangspunkt: Lorch-Bruck

Anfahrt: ÖPNV: Bahn bis Lorch, Bus bis Lorch Skilift; Info: www.vvs.de; Auto: B 14 und B 29 bis Lorch, dann auf der L 1154 in Richtung Alfdorf. Der Parkplatz liegt nördlich von Bruck, GPS: 48.821977, 9.701962

Einkehr: Alfdorf, Haselbach

Karte: Wanderkarte W220 Welzheim, 1:25 000, Landesamt für Geoinformation und Landentwicklung Baden-Württemberg (LGL) in Zusammenarbeit mit dem Schwäbischen Albverein e.V.

Der Schwäbische Wald gilt nicht nur als der »kleine Bruder des Schwarzwalds«, sondern er ist vor allem auch für seine Naturdenkmale bekannt. Insbesondere Grotten, Höhlen und Felsmassive findet man in ihm ohne Zahl. Zwei davon wollen wir bei dieser Tour besuchen. Dazwischen wandern wir durch die für das Gebiet typischen tiefen Wälder und schmalen wiesengesäumten Bachtäler.

Nördlich von Bruck liegt links der Straße ein Parkplatz. Hier gehen wir rechts der Straße mit dem Wanderzeichen roter Strich hinab in den Wald. Unten finden wir die rechts des Pfades liegende **Schillergrotte** ❶. Nach einer Besichtigung gehen wir kurz weiter und zweigen mit dem Wanderzeichen des Schwäbischen Albvereins rechts ab. Wir wandern auf einem Pfad hinab und treffen auf einen **Forstweg** ❷. Hier halten wir uns links, gleich darauf zieht der Forstweg nach rechts und bringt uns ins Brucker Tal zum Mühlbach.

Schillergrotte

Die Schillergrotte ist eigentlich keine Grotte, sondern der felsige obere Teil einer Schlucht mit meist wasserfreien, 25 Meter langen Felsenflügeln und flankiert von zahlreichen zum Teil riesigen, mit Moos und Efeu bewachsenen Felsbrocken. Sie besteht aus zwei Teilen, wobei der obere Teil neuer und noch nicht so tief ausgehöhlt ist. Insgesamt weist die ganze Umgebung einen recht wilden Charakter auf. Der Name entwickelte sich erst Ende des letzten Jahrhunderts, vielleicht weil Friedrich Schiller als Kind einige Jahre im nahen Lorch lebte.

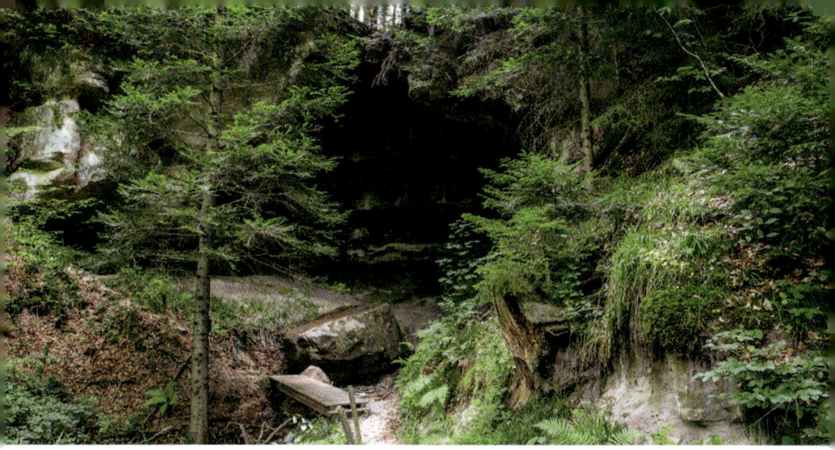

Später kommen wir, entlang von Wiesen gehend, zu der Ansiedlung **Brucker Sägmühle** ③, hier biegen wir links ab in Richtung »Haselbach«. Wo das Sträßchen den Bach überquert, folgen wir dem Wanderzeichen nach rechts in den Wald. Nach kurzem Anstieg treffen wir auf einen querenden Waldweg, in den wir links einbiegen. An der nächsten Verzweigung weist uns das Zeichen nach rechts.

Die große Halle des Hohlen Steins entstand durch Auswaschung.

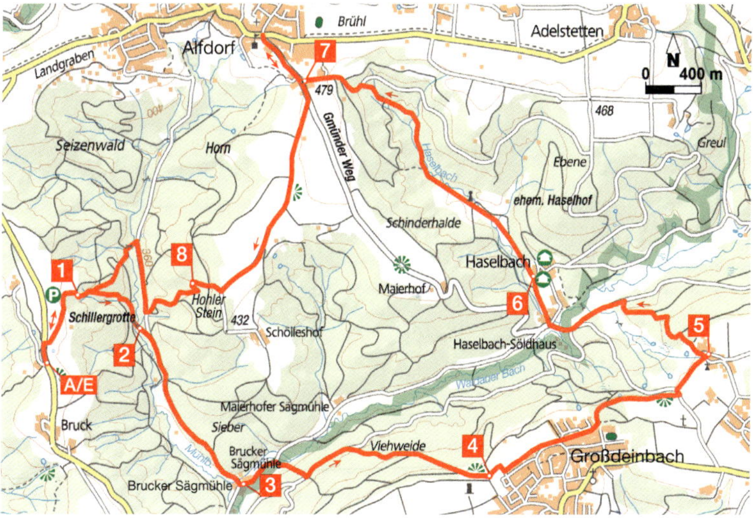

Nun steigt es an, schließlich verlassen wir den Wald und kommen vor die ersten Häuser von **Großdeinbach** ❹. Hier werden wir erst nach links verwiesen, kurz darauf geht es nach rechts direkt vor die Häuser. Wir wandern nach links weiter, immer geradeaus, vorbei an den großen Wohnblöcken, bis wir vor dem Sportplatz nach links zum Wald verwiesen werden. Es geht nach rechts in ihn hinein, dann wandern wir aber am Waldrand weiter. Später überqueren wir ein Sträßchen und gehen noch geradeaus bis **Waldau** ❺. Hier biegen wir bei der kleinen Kapelle links ab und halten uns gleich darauf vor dem Haus wieder links. Nun geht es steil hinab in den Wald. Rechts sehen wir den großen Hügel der ehemaligen Burg.
Im Wald zieht der markierte Weg an einem Querweg nach links und fällt steil ab. Im Tal halten wir uns an einem Querweg links und spazieren durch die Wiesen bis zu dem Sträßchen, das uns nach rechts nach **Haselbach** ❻ bringt. Bei den ersten Häusern zweigen wir rechts ab. Vor den letzten Häusern halten wir

Alfdorf

Alfdorf wurde 1143 erstmals als Alechtorf erwähnt. 1327 gehörte es zum Kloster Lorch, 1554 kam es an Württemberg. Das Rittergut wurde 1640 von Georg Friedrich vom Holtz erworben. 1616/1619 wurde Alfdorf von den Herren von Neuhausen an Württemberg verkauft. Die Stefanuskirche – sie wurde schon als die schönste Kirche des Umkreises bezeichnet – wurde 1776 im Spätbarock erbaut und besitzt ein wertvolles Altarkreuz, das 1688 vom Bildhauer Grünewald aus Stuttgart erschaffen wurde, und eine schöne Stuckdecke. Im Ort stehen zwei Renaissanceschlösser der Herren von Neuhausen, das Untere (1550) und das Obere Schloss (1602). Im Oberen Schloss ist die Gemeindeverwaltung untergebracht, hier befindet sich über dem Eingang eine Schrifttafel mit der Inschrift: »Nach der Geburt Christi Jar/Diß new Adelich Haus Erbaut War/In Gottes Namen durch den Edlen/Philips von Und ZU Neuhausen«. Am Unteren Schloss sind über dem Torbau die Wappen der Freiherrn vom Holtz mit der Jahreszahl 1642 angebracht. Ein schönes Ensemble bildet das Neue Schloss zusammen mit dem Park, der Stephanuskirche und der tausendjährigen Linde in der Ortsmitte.

uns mit dem Wanderzeichen links und wandern erst durch ein schönes Waldtal, danach immer ansteigend im Wald. Das Wanderzeichen führt uns sicher durch den Wald, danach nach links durch Weiden bis zu einem **Sträßchen** 7. Hier können wir nach rechts einen kurzen Abstecher nach Alfdorf machen, kehren aber wieder hierher zurück.

Ansonsten biegen wir am Sträßchen links ab, zweigen aber gleich darauf rechts ab in Richtung »Schölleshof«. Am Waldrand werden wir mit dem Wanderzeichen nach rechts zum »Hohlen Stein« verwiesen. Es geht steil hinab zu diesem Naturdenkmal.

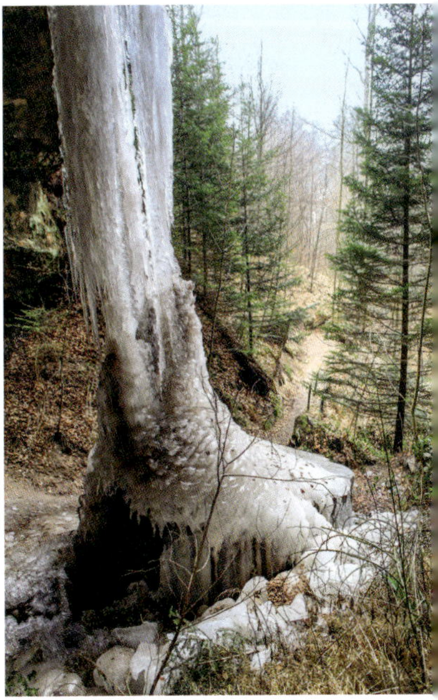

Im Winter kann der sonst so kleine Wasserfall am Hohlen Stein zu einer mächtigen Eissäule gefrieren.

Der als Naturdenkmal ausgewiesene **Hohle Stein** 8 besitzt ein weit vorspringendes Dach und ist wie andere ähnliche Formationen durch Auswaschung entstanden. Er besteht aus Stubensandstein, der früher zum Putzen und Fegen genutzt wurde. Um die etwa acht Meter hohe, rund sechs Meter tiefe und bis zu 15 Meter breite Felsformation herum findet man kaum andere Felsen.

Dann steigen wir hinab ins Brucker Tal, wo wir nach rechts abbiegen. Nach ein paar Minuten werden wir mit den Wanderzeichen nach links verwiesen (»Bruck Schillergrotte«). Nun steigt es auf einem Pfad wieder steil an. Am zweiten querenden Forstweg halten wir uns links. Wo der Weg nach rechts abknickt, folgen wir dem Zeichen geradeaus und kommen schließlich wieder zur **Schillergrotte** 1. Ab hier kennen wir den Weg: Nach rechts steigen wir in wenigen Minuten hinauf zum Ausgangspunkt.

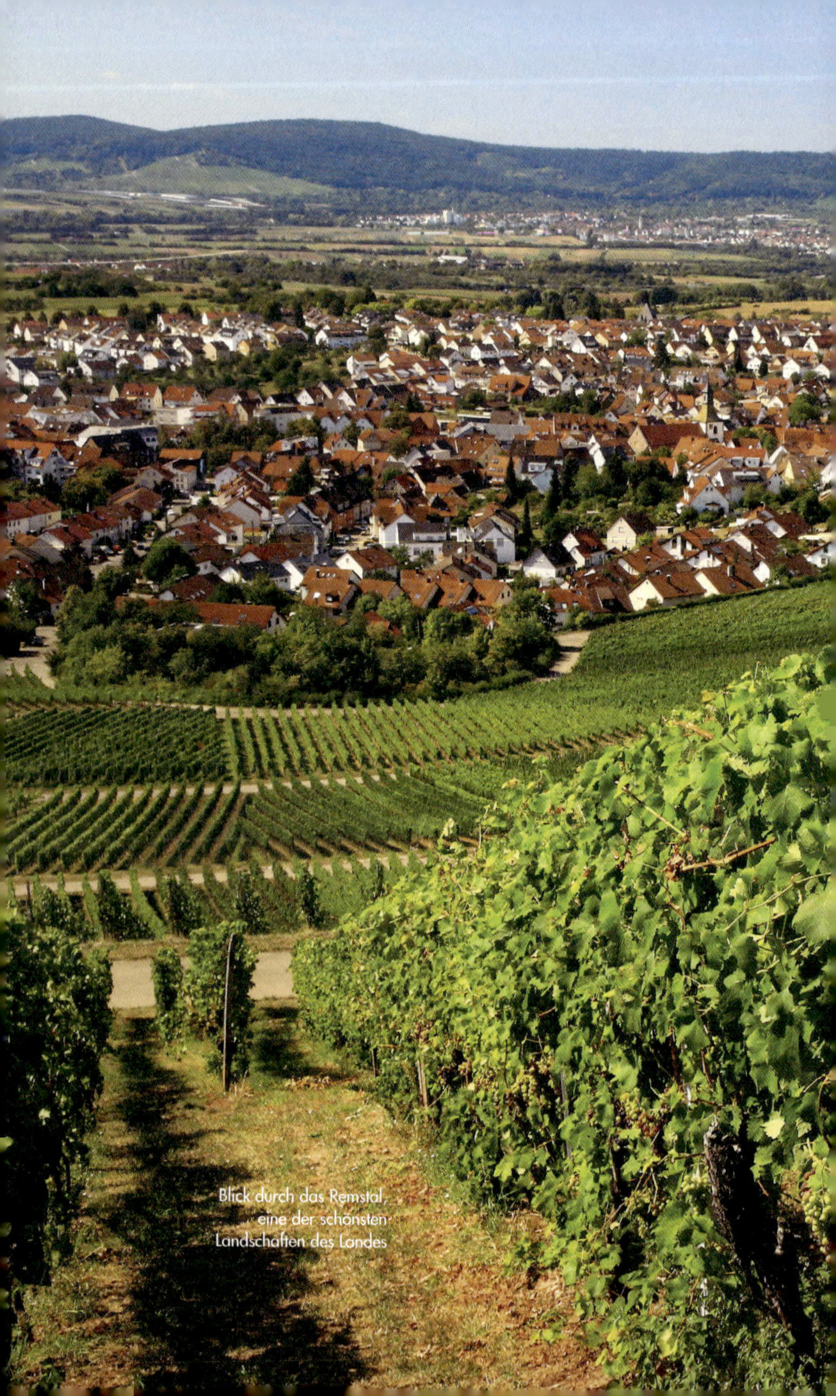

Blick durch das Remstal, eine der schönsten Landschaften des Landes

Das Remstal

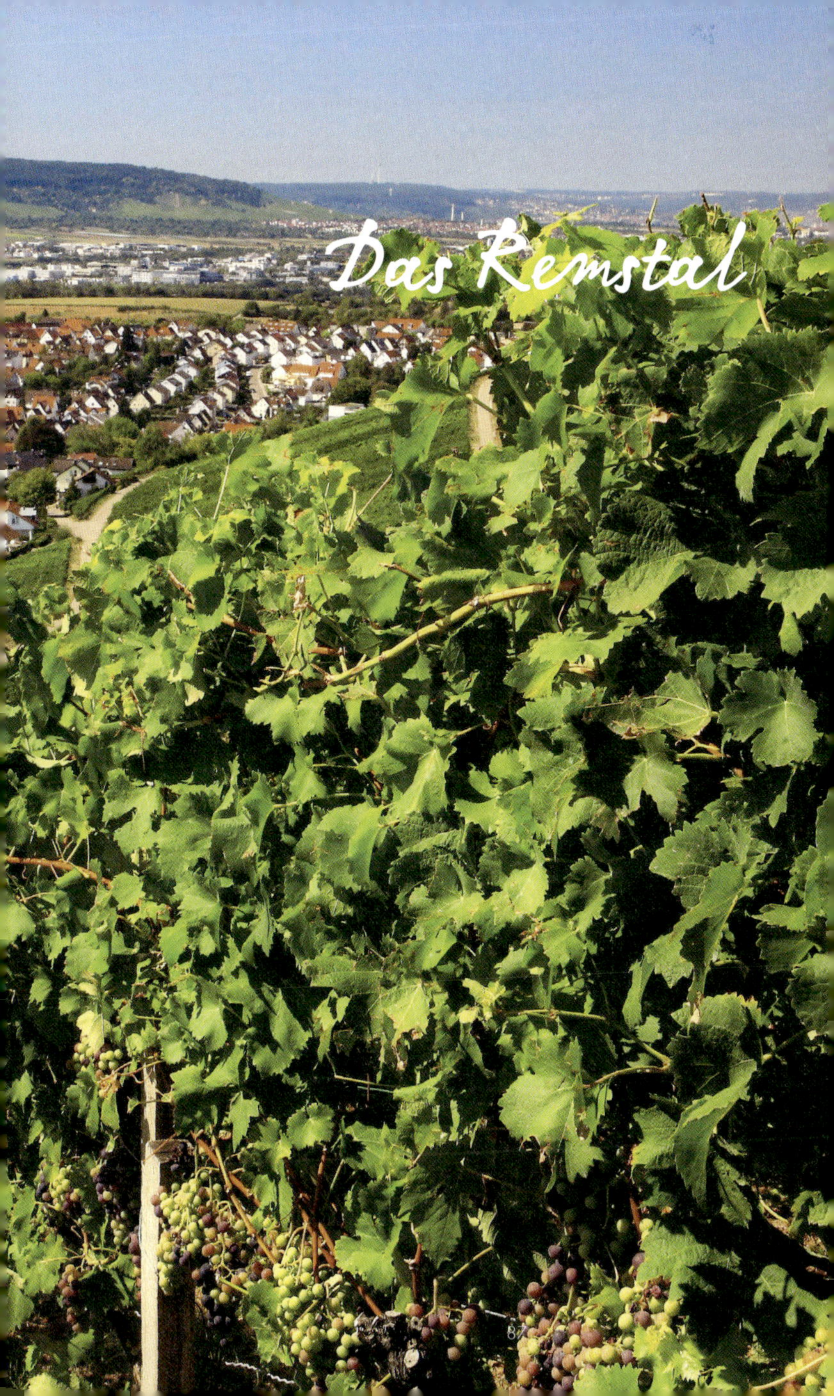

15 Entlang der Rems zu ihrer Mündung

Naturidylle am Ende der Rems

Mittel | 12,5 km | 20 Hm | 3 Std.

Tourencharakter: Wir wandern meist auf festen Wegen, im letzten Teil auf Naturpfaden. Beginnt man am Bahnhof, ist die Strecke etwa einen Kilometer länger.

Tourenverlauf: Waiblingen – Remstal – Hegnacher Wehr – Neckarrems

Ausgangspunkt: Waiblingen, Bahnhof

Anfahrt: ÖPNV: S-Bahn bis Bahnhof Waiblingen; Rückfahrt: Stadtbahn ab Neckarrems; Info: www.vvs.de; Auto: B14 bis vor Waiblingen, dann weiter über die Westumfahrung und die L1193, GPS 48.826457, 9.300850

Einkehr: Waiblingen, Neckarrems

Karte: Wanderkarte W220 Welzheim, 1:25 000, Landesamt für Geoinformation und Landentwicklung Baden-Württemberg (LGL) in Zusammenarbeit mit dem Schwäbischen Albverein e.V.; Wanderkarte Stuttgart Nordost Blatt 52-541, 1:25 000, NaturNavi

Nicht umsonst ist das Untere Remstal bis zur Mündung des Flusses in den Neckar als Naturschutzgebiet ausgewiesen – man wandert auf dieser Tour durch ein idyllisches Tal und kann sich an der mäandernden Rems erfreuen. Für Kinder interessant sind die beiden Sandstrände, die wir passieren. Zudem führt uns das letzte Stück der Tour durch eine wilde Natur, die an einen Dschungel denken lässt.

Ab dem Bahnhof hat man zwei Möglichkeiten: Entweder man wandert gleich los, oder man verkürzt den Weg durch die Stadt, indem man noch ein Stück mit dem Bus fährt.

Für zweiteres nimmt man den Bus zur Haltestelle Stadtmitte. Dann geht es wieder ein Stück zurück zur Haltestelle Marktgasse. Ab dort folgen wir der Langen Straße mit ihren verschiedenen Windungen durch die Altstadt.

Wer lieber zu Fuß gehen will, überquert nach dem Bahnhof die Dammstraße und folgt kurz der Bahnhofstraße. Bald biegt man links ab in die Weidachstraße, stößt wieder auf die Dammstraße und hält sich rechts. Nun orientiert man sich rechts in die Fronackerstraße und folgt dieser. Wo die Straßen Am Stadtgraben (links) und Alter Postplatz (rechts) queren, geht man noch kurz geradeaus weiter bis zur Langen Straße. In diese biegt man links ein.

Ab dieser Straße sind beide Varianten wieder gleich. Die Lange Straße zieht später nach rechts zum **Beinsteiner Tor** (1), nach diesem würde man die Rems überqueren. Wir halten uns aber vor dem Beinstei-

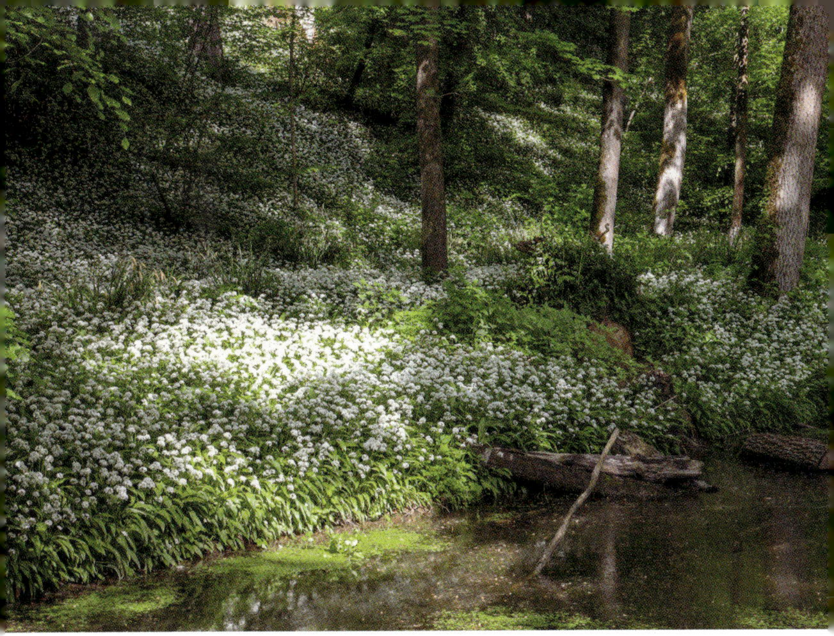

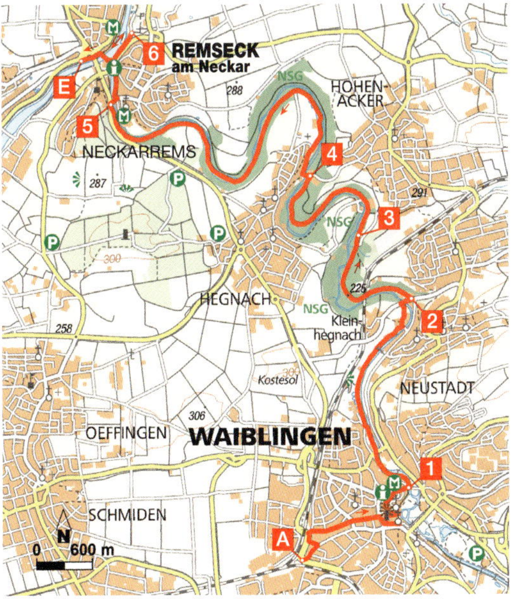

Im Frühjahr sind die Wälder um die Rems über und über mit Bärlauch bewachsen.

ner Tor links und spazieren in der Straße Weingärtner Vorstadt bis zur Galerie Stihl. Danach geht es im Waldmühleweg immer parallel zur Rems weiter.

An der querenden Klinglestalstraße (sie führt rechts nach Neustadt) überqueren wir den Fluss nach rechts, dann geht es in der **Unteren Badstraße** 2 links weiter. Bald quert links vom höher gelegenen Hohenacker der Erbach unseren Weg. Wir halten uns an der Kreuzung rechts, biegen aber gleich links ab und gehen durch die Wiese hinab zum **Hegnacher Wehr** 3.

Hier finden wir eine recht wilde Szenerie: Die Rems rauscht mächtig, außerdem finden wir auch einen kleinen Sandstrand. Für Kinder ist dies ein idealer Rastplatz – Wasser begeistert ja immer, und an einigen Stellen kann man auch direkt ans Wasser gelangen, um dort zu spielen. Da die Rems an manchen Abschnitten und zu gewissen Zeiten recht lebhaft fließt, sollte man auf kleinere Kinder allerdings aufpassen.

Wir gehen zurück zum Asphaltweg und folgen ihm nach links. Vorbei an ein paar Häusern kommen wir zur **Remsmühle** 4. Dort orientieren wir uns links, gehen am ehemaligen Backhäusle und dem Remswehr vorbei und folgen der Straße etwas aufwärts. Vor ihrer Linkskurve werden wir jedoch nach rechts verwiesen.

Nun wandern wir wieder im Remstal links des Flüsschens. Wir passieren eine Kläranlage, danach zwei idyllische Seen. Anschließend kommen wir in den Wald.

Das Remstal zeigt ab hier bis Neckarrems eine recht wilde ursprüngliche Natur. Der Weg geht bald in einen Naturpfad über, wir kommen in den Wald, gehen über Lichtungen

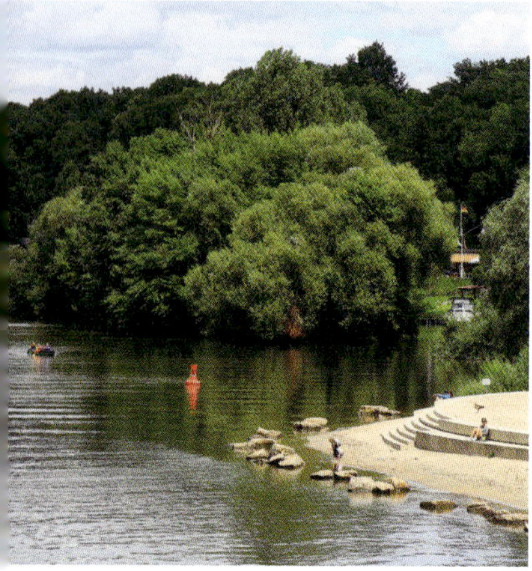

Auch an der Mündung der Rems in den Neckar kann man den Strand genießen.

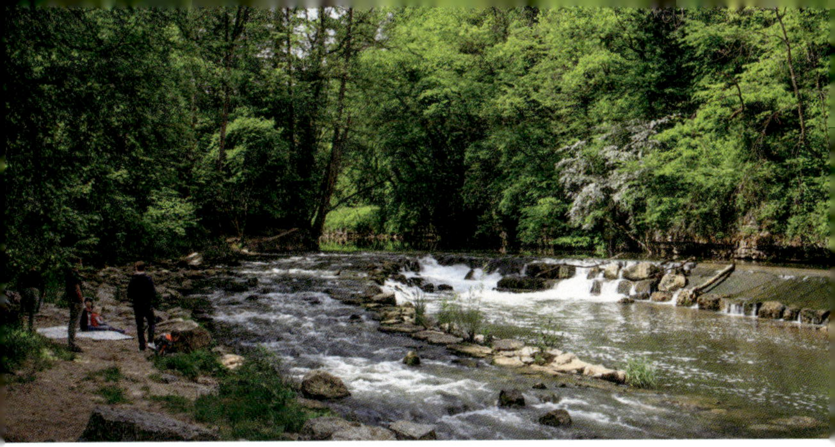

Am Hegnacher Wehr findet man einen der schönsten Plätze im unteren Remstal.

und wandern danach wieder im Wald. Am Weg und darüber liegend sowie in den Tümpeln finden wir oft bemooste Baumstämme, die umgestürzt daliegen, und in den Wasserstellen wachsen idyllisch wirkende Wasserlinsen – kurzum eine herrliche, wilde Natur.

Viel zu bald sehen wir rechts des Flusses Häuser. Nach der rechts liegenden Stahlbrücke gehen wir geradeaus weiter und stoßen bald auf die Straße. Kurz darauf überqueren wir die Rems auf einer **Brücke** 5 nach rechts und wandern dahinter direkt neben der Rems nach links weiter. Bald überqueren wir die Straße und gehen geradeaus weiter. Links der Treppen kommen wir zum **Sandstrand** 6; hier lässt sich gut ausruhen, die Kinder können spielen, man kann das Treiben am Strand und vielleicht das eine oder andere Schiff beobachten.

Der Mündungsbereich der Rems in den Neckar soll in den kommenden Jahren neu gestaltet werden . Wie das Gelände und der Wegverlauf dann aussehen werden, war bei Redaktionsschluss aber noch nicht bekannt.

Vom Strand aus steigen wir die Treppe hinauf, halten uns rechts und überqueren die Rems zum Hechtkopf zwischen Rems und Neckar. Zur Stadtbahnhaltestelle wandern wir geradeaus über die Neckarbrücke und halten uns danach links.

16 Über den Korber Kopf zum Hörnleskopf

Wald und Weinberge

Leicht | 7 km | 170 Hm | 2 Std.

Tourencharakter: Wir wandern auf festen Wegen. Der Abschnitt zum Korber Kopf umfasst etwa vier Kilometer und 80 Höhenmeter, zum Hörnleskopf geht man drei Kilometer und 90 Höhenmeter. Man benötigt jeweils eine Stunde.

Tourenverlauf: Korb/Wanderparkplatz Hanweiler Sattel – Korber Kopf – Parkplatz – Spielplatz – Hörnleskopf – Parkplatz

Ausgangspunkt: Korb, Wanderparkplatz Hanweiler Sattel

Anfahrt: Auto: B 14 nach Korb, dort weiter in Richtung Hanweiler/Winnenden, GPS: 48.849901, 9.378122

Einkehr: Schützenhaus; Grillmöglichkeit: Spielplatz nach Schützenhaus

Karte: Wanderkarte W220 Welzheim, 1:25 000, Landesamt für Geoinformation und Landentwicklung Baden-Württemberg (LGL) in Zusammenarbeit mit dem Schwäbischen Albverein e.V.; Wanderkarte mit Radwegen Blatt 52-541 Stuttgart Nordost, 1:25 000, NaturNavi

Wald, Weinberge und eine prächtige Aussicht sind die Themen dieser Wanderung. Vor allem an heißen Sommertagen ist man um den Schatten im Wald dankbar, dafür bietet sich uns auf den Streckenabschnitten durch die Weinberge eine herrliche Aussicht. Schön ist die Tour im Sommer, wenn die Weinberge in kräftigem Grün dastehen, sowie zur herbstlichen Farbenpracht.

Wir gehen vom Parkplatz am Hanweiler Sattel zurück zur Straße und nehmen den dort abgehenden Weg. Er zieht nach links zum **Waldrand** (1), dort halten wir uns an der Verzweigung mit dem Radwegschild nach »Winnenden« rechts. Nun wandern wir am Waldrand entlang, nach rechts haben wir schöne Blicke über die Kleingärten und Baumwiesen in Richtung Hanweiler. An der Verzweigung nach einer Rechtskurve weist das Radwegschild nach rechts, wir nehmen aber den mit dem roten Punkt markierten linken Weg, der in den Wald zieht (2). Wir ignorieren nach etwas Anstieg den links abgehenden Weg und wandern geradeaus weiter, nun etwas abwärts. An der **Kreuzung** (3) nach dem Wald halten wir uns links in Richtung »Korber Kopf«. Nun wandern wir durch Weinberge und mit prächtigem Blick nach rechts zu einer Wegspinne vor einem **Gehölz** (4). Hier biegen wir links ab.
Mit Blick auf Korb kommen wir wieder zurück zur Landstraße und zu unserem Parkplatz.
Wer will, kann nun die zweite Runde anschließen: Bei dieser besuchen wir den Hörnleskopf. Wir biegen dazu am Anfang des Parkplatzes rechts ab in Richtung

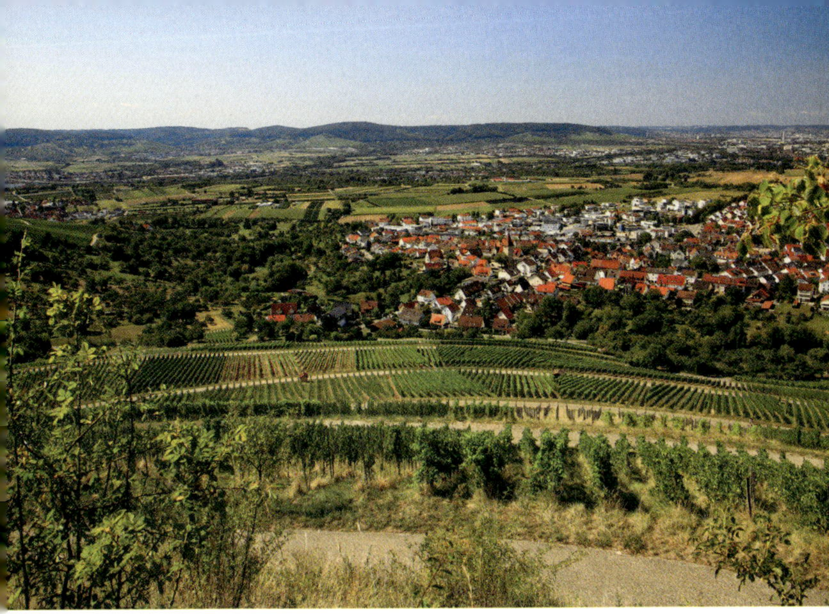

Blick vom Korber Kopf nach Westen

»Hörnleskopf«. Der Weg zieht sanft nach links und bringt uns zum **Schützenhaus** ❺. Nach diesem erreichen wir einen großen Spielplatz mit Grillstelle. Kurz danach werden wir nach links zum »Hörnleskopf« verwiesen. Wo sich der Wald öffnet, gehen wir nach links auf einem Pfad hinauf zu diesem **Aussichtspunkt** ❻.

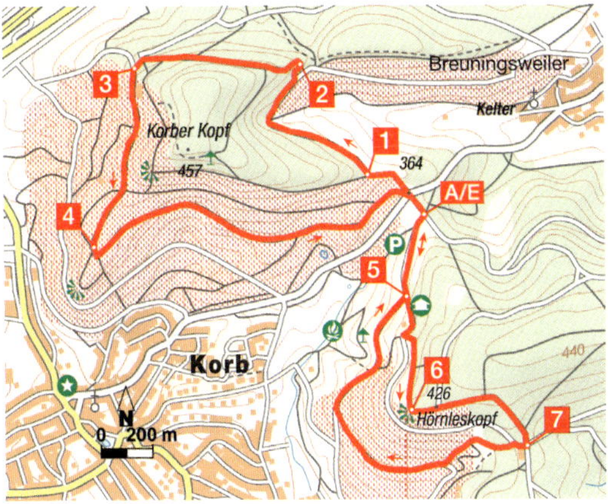

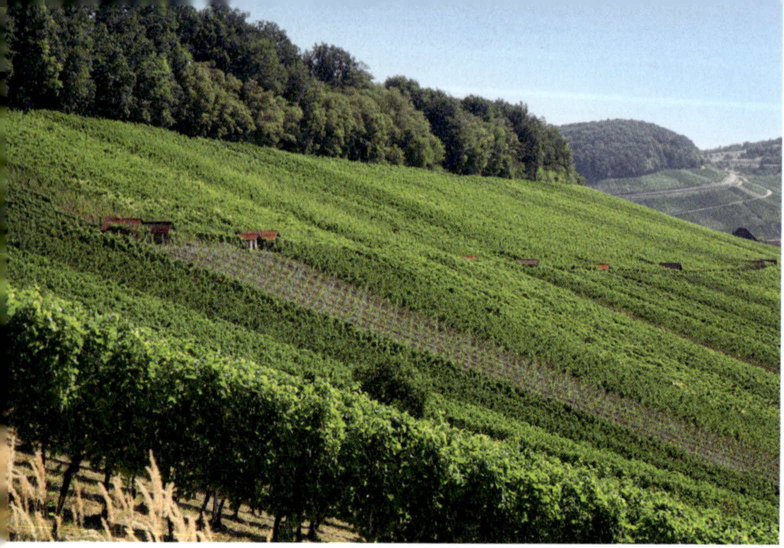

Blick über die Weinberglandschaft

Wir folgen nun weiter dem Pfad, einem richtigen Panoramaweg, wobei wir an einer Metalltafel vorbeikommen, auf der die Aussicht erklärt wird. Nach ein paar Minuten zieht der Pfad nach links in den Wald, dort halten wir uns gleich rechts in Richtung »Kleinheppacher Kopf«.

Nachdem von links ein Weg eingemündet ist, geht es bergab zu einer Wegspinne, wo wir auch einen pilzartigen Unterstand sehen. Hier biegen wir rechts ab. Etwas später verlassen wir den Wald und wandern, wieder mit prächtiger Aussicht, durch die Weinberge. Später treffen wir auf ein querendes Sträßchen. Hier biegen wir rechts ab und folgen dem zweiten Weg von rechts, der eben weiterführt. Nach einem kurzen Stück durch den Wald treffen wir auf das Sträßchen, das wir noch von Anfang her kennen – rechts liegt wieder das **Schützenhaus** 5. Nach links erreichen wir in wenigen Minuten unseren Ausgangspunkt.

Bei diesem Anblick läuft dem Obst- wie dem Weinliebhaber das Wasser im Mund zusammen.

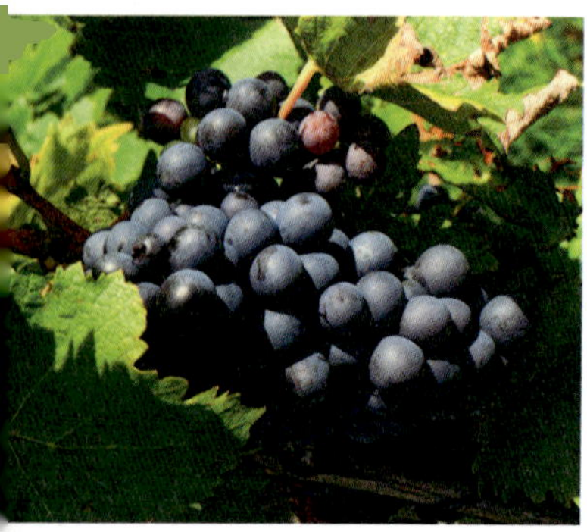

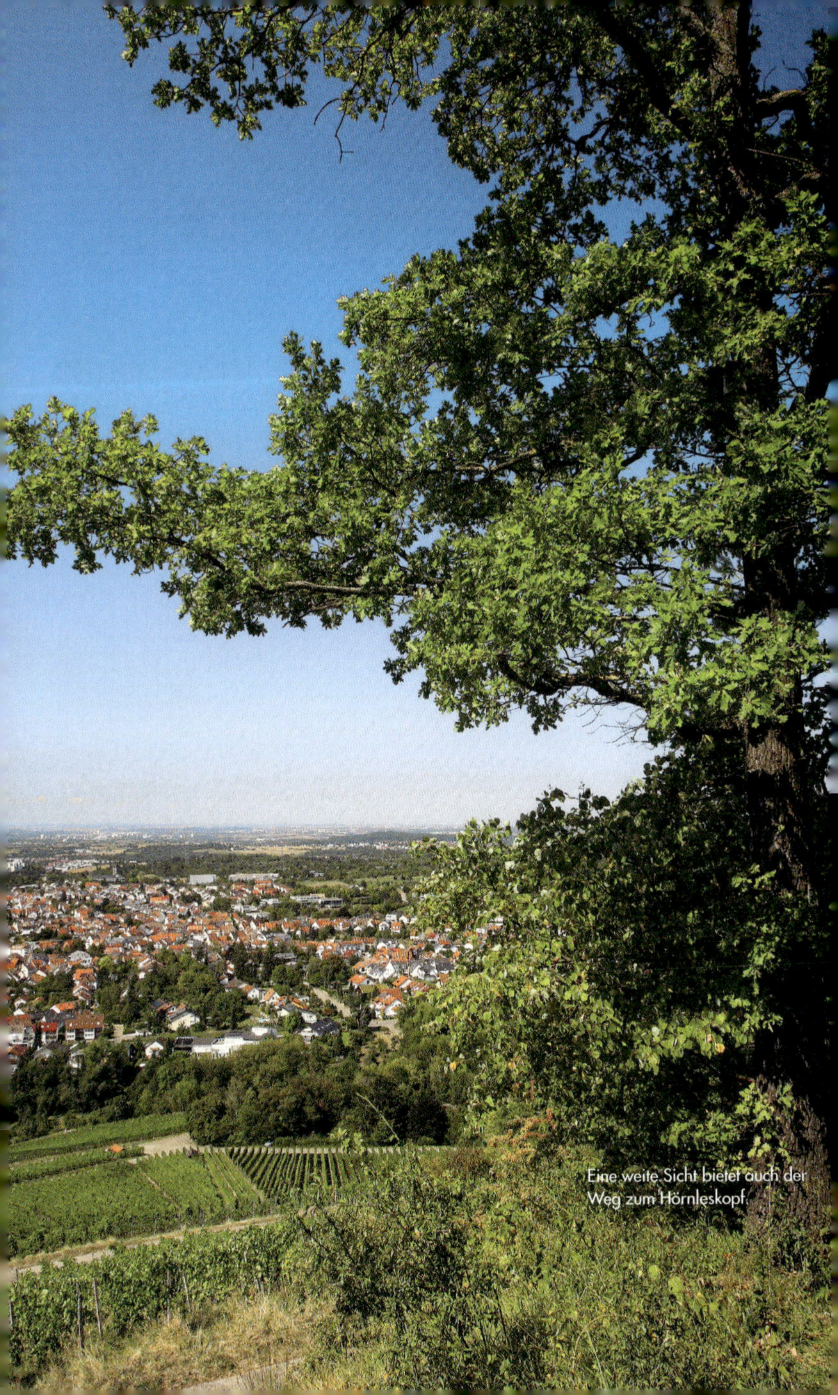

Eine weite Sicht bietet auch der Weg zum Hörnleskopf.

17 Über die Aussichtskanzel zum Kleinheppacher Kopf

Blick über die Weinberglandschaft

Mittel | 9 km | 290 Hm | 2,5 Std.

Tourenverlauf: Weinstadt-Gundelsbach – Sühnekreuz – Kleinheppacher Kopf – Freizeitanlage Beinsteiner Seele – Gundelsbach

Ausgangspunkt: Weinstadt-Gundelsbach, Gundelsbacher Straße/Burrisweg

Anfahrt: Auto: B 14 und B 29 bis Großheppach, weiter in der Schloßstraße und der Gundelsbacher Straße. Der Parkplatz liegt gleich am Ortseingang, GPS: 48.827451, 9.400624

Einkehr: Gundelsbach, Großheppach; Grillmöglichkeiten: Kleinheppacher Kopf, Freizeitanlage Beinsteiner Seele

Spielplätze: Beim Parkplatz und bei der Freizeitanlage

Karte: Wanderkarte W220 Welzheim, 1:25 000, Landesamt für Geoinformation und Landentwicklung Baden-Württemberg (LGL) in Zusammenarbeit mit dem Schwäbischen Albverein e.V.; Wanderkarte mit Radwegen Blatt 52-541 Stuttgart Nordost, 1:25 000, NaturNavi

Der erste Teil der Wanderung bis zum Kleinheppacher Kopf führt zwar ständig sanft bergauf, er bietet uns aber immer einen herrlichen Ausblick ins Remstal. Die schönsten Stellen sind die Aussichtskanzel in den Weinbergen und der Kleinheppacher Kopf. Zurück geht es dann durch den schattigen Wald.

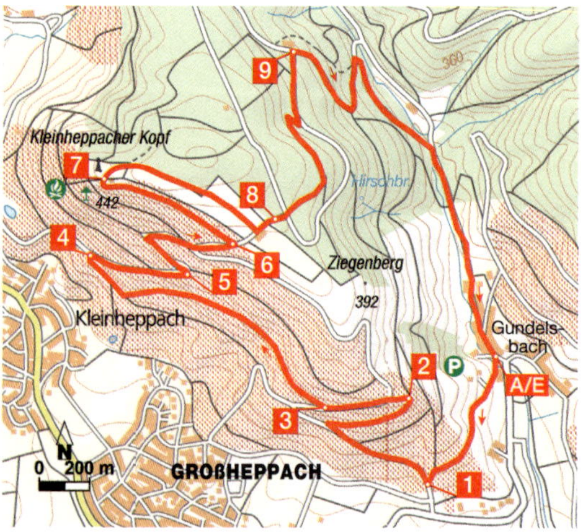

Wir nehmen am Parkplatz den Burrisweg, der mit dem blauen Kreuz in Richtung »Großheppach« markiert ist und gleich ansteigt. Unmittelbar nach dem Parkplatz liegt links ein Spielplatz. Etwas später zweigt der asphaltierte Weg nach rechts zu einem Haus ab, wir wandern aber auf dem Schotterweg geradeaus weiter.

Tourencharakter

Die Tour führt durch die Weinberge auf asphaltierten Wegen, zurück geht es durch den Wald auf Schotterwegen.

Es geht erst durch Baumwiesen, dann durch Weinberge bis zu einem querenden Weg. Hier gehen wir nach links hinab zu einem **Gedenkstein zur Rebflurbereinigung** 1, dort halten wir uns rechts. Nun steigt es sanft an. Der Weg beschreibt eine Linkskurve und wir kommen an einem Backsteinhäuschen vorbei. Bald sehen wir vor uns die Aussichtskanzel. Nun nehmen wir den scharf rechts abgehenden Weg, der uns hinauf zu einem **Sühnekreuz** 2 bringt. Dort biegen wir links ab und wandern etwas abwärts bis zu der **Aussichtskanzel** 3.

Weiter Blick über das Remstal

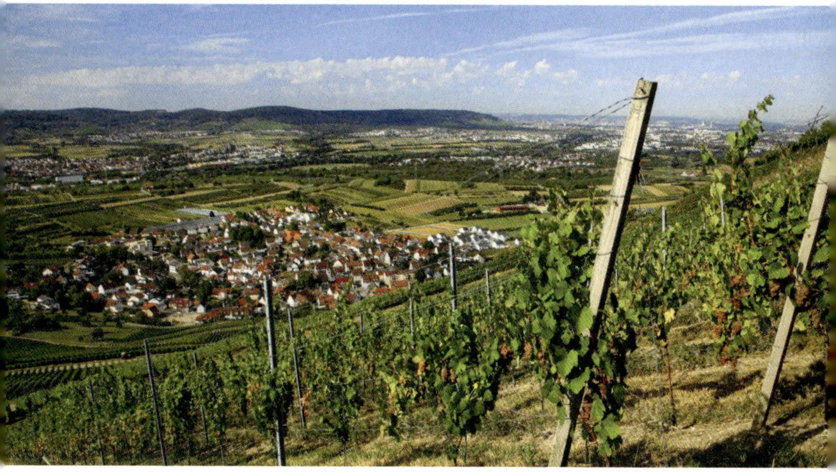

Die Aussichtskanzel bietet uns auf halber Hanghöhe eine prächtige Sicht über das Remstal zum Schurwald und nach Westen in Richtung Waiblingen und Stuttgart. Wir gehen rechts an der Kanzel vorbei und halten uns nach leichtem Bergab an einem querenden Weg rechts. Gleich danach geht es nach rechts wieder aufwärts. Danach sehen wir vor einem querenden

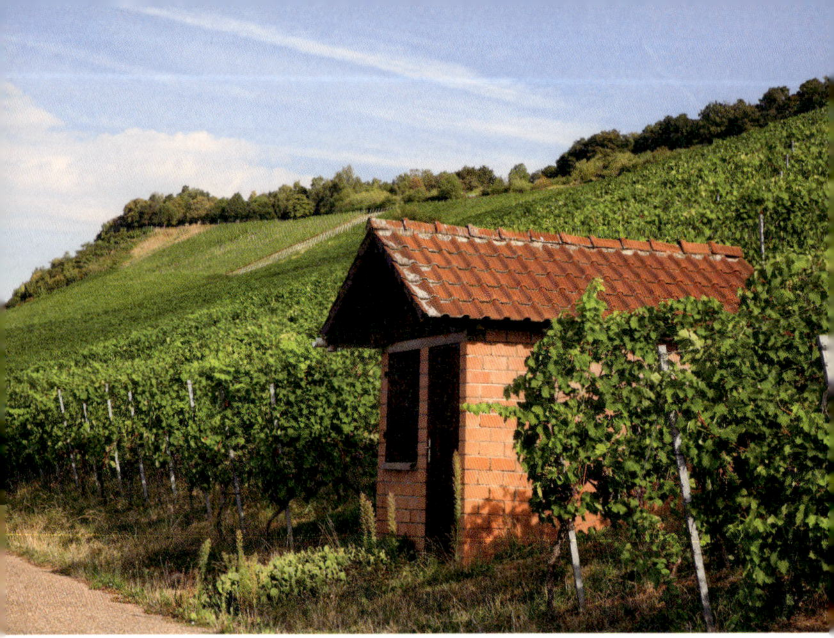

Kleine Weinberghäuschen sind Farbtupfer im einheitlichen sommerlichen Grün der Weinberge.

Weg einen **Markungsstein** **4**, der die Grenze der Gemeinden Groß- und Kleinheppach markiert. Hier orientieren wir uns rechts, nun mit der Markierung roter Balken des Georg-Fahrbach-Wegs.

Am zweiten links abgehenden Weg sehen wir wieder einen **Gedenkstein zur Rebflurbereinigung** **5**, hier orientieren wir uns links. Nach einem Weinberghäuschen zweigen wir am ersten rechts abgehenden Weg ab. Wir wandern über eine Kreuzung und biegen an einer weiteren **Kreuzung vor einer Bank** **6** links ab. Nun spazieren wir eben zum **Kleinheppacher Kopf** **7**.

Wir biegen rechts ab und wandern auf dem Kamm des Berges eben bis zu einem querenden Weg. Ihm folgen wir nach links und kommen nach einem Fachwerk-Unterstand in den **Wald** **8**. Dort ist bereits »Gundelbach Parkplatz« angezeigt.

Gleich danach überqueren wir einen Forstweg. Wir marschieren ein Stück bergab und treffen auf einen weiteren Forstweg, dem wir nach links folgen. Er führt uns zu einer Kreuzung.

Hier befindet sich mitten auf der Kreuzung ein Grillplatz, dahinter sehen wir die Freizeitanlage **Beinsteiner Seele** 9. Es gibt Bänke, einen kleinen See, Spielgeräte für Kinder und ein Wasserrad. Alles wurde über Jahrzehnte hinweg von den Bürgern erstellt, gepflegt und renoviert bzw. neu aufgebaut. Die Geschichte dieser Anlage ist auf einer Tafel zu lesen.

Wir gehen nach rechts bergab. Nach einer Linkskurve werden wir nach rechts verwiesen; dieser Weg geht bald in einen schmäleren Weg über und trifft später wieder auf einen breiten Forstweg. Ihm folgend verlassen wir den Wald und spazieren durch Gundelsbach zurück zum Parkplatz.

Kleinheppacher Kopf

Am Kleinheppacher Kopf haben wir die großartigste Aussicht dieser Tour. Nach links sieht man bei entsprechenden Sichtverhältnissen bis zur Schwäbischen Alb mit Rechberg, Hohenstaufen und Teck, hinter dem Remstal liegt der Schurwald und rechts kann man bis zur Solitude und zum Engelbergturm bei Leonberg sehen. Es gibt auch eine Grillstelle und einen Spielplatz.

Auch diese kleine Unterstandshütte ist eine Zierde in den Weinbergen.

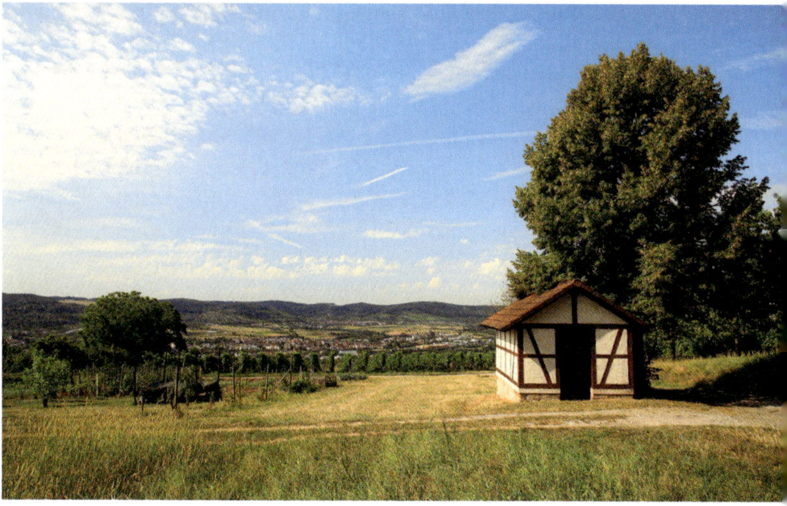

18 Über die Ybrug und das Käppele nach Strümpfelbach

Burgruine und Weinlandschaft

Mittel | 11 km | 110 Hm | 3 Std.

Tourencharakter: Wir wandern überwiegend auf festen Wegen, vor Stetten kurz auf unbefestigten Wegen.

Tourenverlauf: Weinstadt-Endersbach – Seemühle – Stetten – Yburg – Strümpfelbach – Käppele – Endersbach

Ausgangspunkt: Weinstadt-Endersbach, Bahnhof, Bahnhofstr. 21

Anfahrt: ÖPNV: S-Bahn bis Weinstadt-Endersbach; Info: www.vvs.de; Auto: B 14 und B 29 bis Weinstadt-Endersbach, dort zum Bahnhof, GPS: 48.813027, 9.370223

Einkehr: Endersbach, Stetten, Strümpfelbach

Karte: Wanderkarte W220 Welzheim, 1:25 000, Landesamt für Geoinformation und Landentwicklung Baden-Württemberg (LGL) in Zusammenarbeit mit dem Schwäbischen Albverein e.V.; Wanderkarte mit Radwegen Stuttgart Nordost Blatt 52-541, 1:25 000, NaturNavi

Auch wenn diese Wanderung auf festen Wegen verläuft, zeigt sie uns doch ein schönes Stück des wanderbaren Remstals. Wir erleben sehenswerte Orte mit historischen Gebäuden und wandern zwischen Gärten, Weinbergen und Baumwiesen. Dazu besichtigen wir eine Burgruine und haben von der Höhe einen herrlichen Blick auf die Orte und über das Remstal.

Wir folgen in Endersbach ab dem Bahnhof der Theodor-Heuss-Straße bis zur querenden Schafgasse. Hier halten wir uns rechts bis zur Traubenstraße, der wir mit dem Wanderzeichen roter Strich nach links fol-

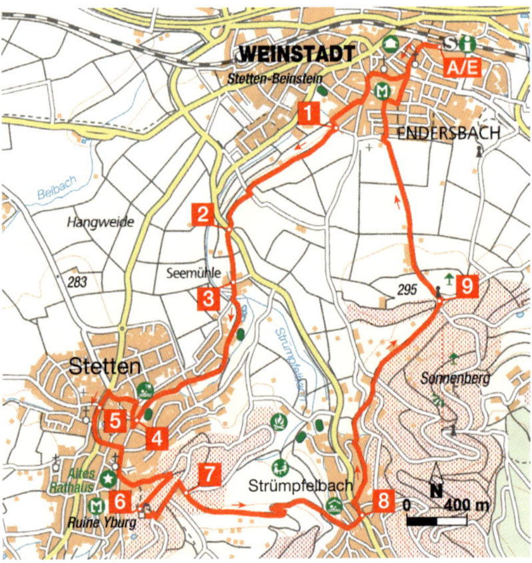

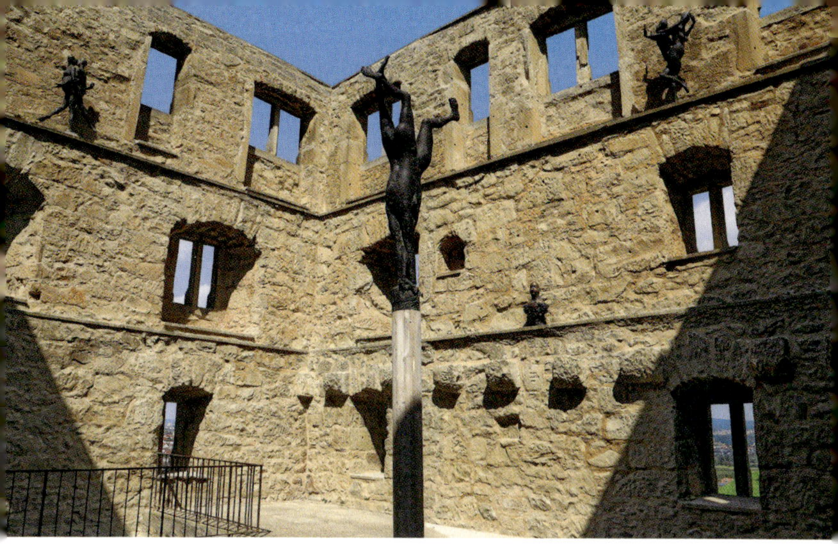

In der Ruine Yburg

gen. Gleich darauf weist uns das Wanderzeichen auf den Georg-Fahrbach-Weg nach rechts in die Auberlenstraße in Richtung »Stetten«; auch die Zeichen des Jakobswegs sehen wir ab und zu.

Gleich nach den Häusern halten wir uns links, nach dem Mühlbach rechts 1. Nun wandern wir neben dem Bach zu einem querenden Weg bei ein paar Scheunen, hier geht es etwas nach links versetzt in derselben Richtung weiter.

Wir überqueren die **L 1201** 2, danach geht es auf der anderen Seite mit den Wanderzeichen weiter, nun teilweise unbefestigt. Bald gehen wir an der **Seemühle** 3 rechts vorbei. Kurz danach biegen wir vor dem Bach links ab und wandern, vorbei an der Kläranlage, dann an Gärtnereien, bis zum links liegenden **Sportplatz** 4. Nach ihm biegen wir scharf rechts ab in die Kirchstraße, etwas später am Kreisverkehr halten wir uns links und kommen in die ausgedehnte Anlage der **Diakonie Stetten** 5. Wir gehen in der Straße Schlossberg am Besucherparkplatz vorbei, danach sollten wir vor dem Wildermuth-Haus (Nr. 32) nach links zum Stein des Gedenkens gehen.

Am Stein des Gedenkens finden wir, eingeschrieben in die großen Steinbrocken, die Namen der 1940 im Rahmen des Euthanasieprogramms ermordeten Heimbewohner.

Danach folgen wir weiter dem Weg bis zur querenden Schlossstraße. Wir überqueren sie und folgen ihr auf der anderen Seite nach links. Nun spazieren wir in der Schlossstraße und dann in der Klosterstraße noch etwas ortseinwärts, ehe wir der Klosterstraße nach links folgen. Hier finden wir die Bushaltestelle

Stetten

Stetten wurde 1229 erstmals genannt. Die heute bedeutende Weinbaugemeinde war seit dem 13. Jahrhundert als württembergisches Lehen bei den Herren von Stetten, die das Truchsessenamt der Grafen von Württemberg innehatten. 1507 wurde die Herrschaft vom württembergischen Erbmarschall Thumb von Neuburg gekauft, ehe sie 1664/66 wieder zurück an Württemberg kam. Das Schloss im Tal wurde von den Truchsessen erbaut und diente im 17. und 18. Jahrhundert zeitweise den Herzoginnen von Württemberg als Wohnsitz. Auch die berühmt-berüchtigte Wilhelmine von Gräfenitz, die Mätresse Herzog Eberhard Ludwigs, residierte 1712 bis 1731 hier in Stetten als Ortsherrin. Der Fürst soll hier mit seiner Geliebten und Freunden einmal sieben Wochen am Stück gefeiert haben, dabei seien 20 000 Liter Wein geflossen – so wird es zumindest erzählt.

Im Schloss war seit 1831 eine Erziehungs-, seit 1863 eine Kinderheil- und Pflegeanstalt untergebracht. Nach dem Zweiten Weltkrieg saß hier eine »Heil- und Pflegeanstalt für Schwachsinnige und Epileptische«. Aus ihr ging die heutige Diakonie Stetten hervor. Die Glockenkelter wurde 1582 erwähnt und 1785/86 mit einem freitragenden Dachstuhl und vier Kelterbäumen neu erbaut. Der Schlussstein ist mit den Buchstaben C.H.Z.W. 1786 (Carl Herzog zu Württemberg) versehen. 1828 wurde sie von der Hofkammer der Gemeinde überlassen. Das Gebäude, in dem das »Museum unter der Yburg« untergebracht ist, wurde 1600 vom Ortsherren Friedrich Thumb von Neuburg als Wohn- und Kanzleihaus errichtet. 1698 wurde es an die Herzogin-Witwe Magdalene-Sibylle verkauft und umgebaut. Nun wohnten Mitglieder ihres Hoftheaters darin, auch eine Küferei war hier untergebracht. Ab 1785 gehörte es Bürgern und wurde zu verschiedenen Zwecken genutzt. Im Museum sieht man Exponate aus dem früheren Alltagsleben, außerdem ist ein Raum dem Afrikaforscher Karl Mauch gewidmet. Von einer der Herzogswitwen stammt auch der Name des Weines Stettener Brotwasser: Sie wollte ihre Vorliebe für den Wein verbergen und tunkte nur ihr Brot in den Wein – und nannte es »ihr Brotwasser«.

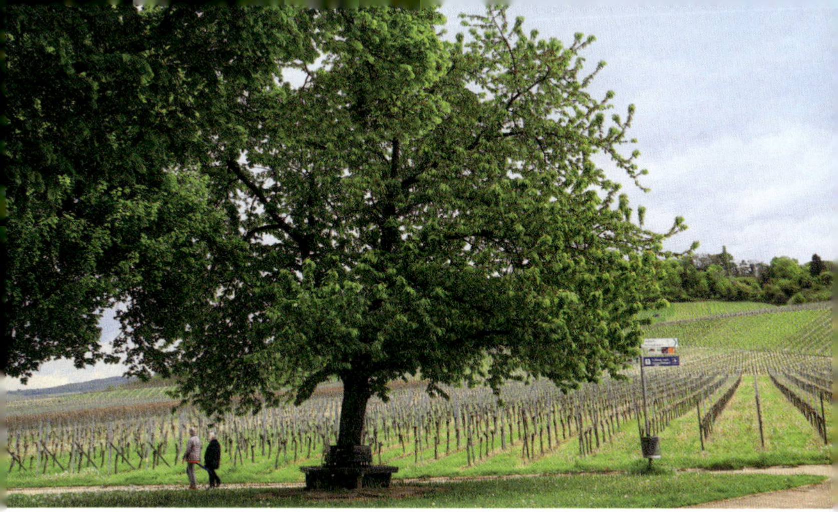

Landschaft zwischen Strümpfelbach und Endersbach

Stettener Bank. Am Kreisverkehr danach halten wir uns rechts und gehen bis zur Kirche.

Nach der Kirche biegen wir in Richtung »Strümpfelbach« links ab in die Steigstraße. Ihr folgen wir, vorbei am Bierkeller, aus dem Ort hinaus. Auf der Höhe, wo wir einen ersten schönen Ausblick auf den Ort und über das Remstal haben, zweigen wir rechts ab. Kurz danach erreichen wir die **Ruine Yburg** 6.

Die Ruine Yburg hat ihren Namen von der Eibe und hieß ursprünglich wohl Eibenberg. Es handelt sich um ein würfelförmiges Steinhaus mit ehemals vier Geschossen. Im Erdgeschoss sieht man zwei Räume mit einem Spitzbogeneingang. 1241 wird erstmals ein »Eberhardus dapifer de Stetin« (Truchsess von Stetten) genannt, der als Zeuge bei einem Kauf der Grafen Ulrich und Eberhard von Württemberg fungierte. 1355 wurden erstmals die Herren von Yburg erwähnt. Die Truchsessen von Stetten waren Ministerialen der Grafen von Württemberg. Nachdem 1384 bis 1387 im Tal eine Wasserburg erbaut wurde, verlor die Yburg an Bedeutung. Nach 1442 wurde sie nicht mehr bewohnt. 1490 verkauften die Herren von Yburg die Anlage an die Württemberger. Diese ließen scheinbar

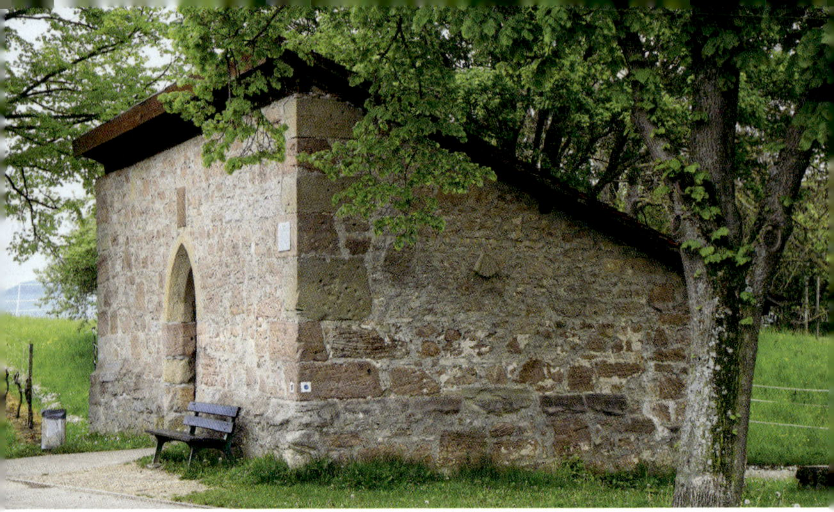

Die Wanderung führt am Käppele vorbei.

nur die notwendigsten Reparaturen ausführen. Der vierte Stock stammt von 1659. Im Jahr 1598 wurde die Burg als nicht mehr bewohnbar geführt und 1760 befahl Herzog Karl Eugen dem Stabsamtmann Rapp, die Ruine abzubrechen. Heute ist die Burg innen und außen mit Skulpturen von Karl Ulrich Nuss ge-

Strümpfelbach

Das 1265 erstmals genannte Strümpfelbach gelangte wahrscheinlich um 1300 an die Württemberger. 1449 im Städtekrieg wurde der Ort von den Soldaten des Städtebunds in Brand gesetzt. Strümpfelbach hatte auch mehrfach unter den Auseinandersetzungen der Württemberger mit dem Reich zu leiden und wurde öfters von den Truppen der Reichsstadt Esslingen heimgesucht. Die Jodokuskapelle war im späten Mittelalter eine Etappe des Jakobsweges nach Santiago de Compostella. Da Strümpfelbach nach dem 15. Jahrhundert im Gegensatz zu anderen Orten der Umgebung aber von weiteren Zerstörungen verschont blieb, hat sich ein umfangreicher alter Hausbestand mit fast 70 denkmalgeschützten Fachwerkhäusern (15./16. Jh.) erhalten; ein gutes Beispiel eines alten Weingärtnerhauses mit reichen Schmuckformen ist das Gebäude Hauptstraße 65. Das zweigeschossige Rathaus mit der offenen Vorhalle wurde 1591 über dem Strümpfelbach gebaut. Die Kelter stammt aus der ersten Hälfte des 16. Jahrhunderts. Der Turm der spätgotischen ev. Kirche (Ende 15. Jh.) trägt Schießscharten. Die Fresken stammen aus der Zeit ab 1495, das Deckenfries im Langhaus ist von etwa 1470, der barocke Orgelprospekt wurde 1796 geschaffen. Sehenswert ist auch das gemalte Epitaph (Ende 17. Jh.).

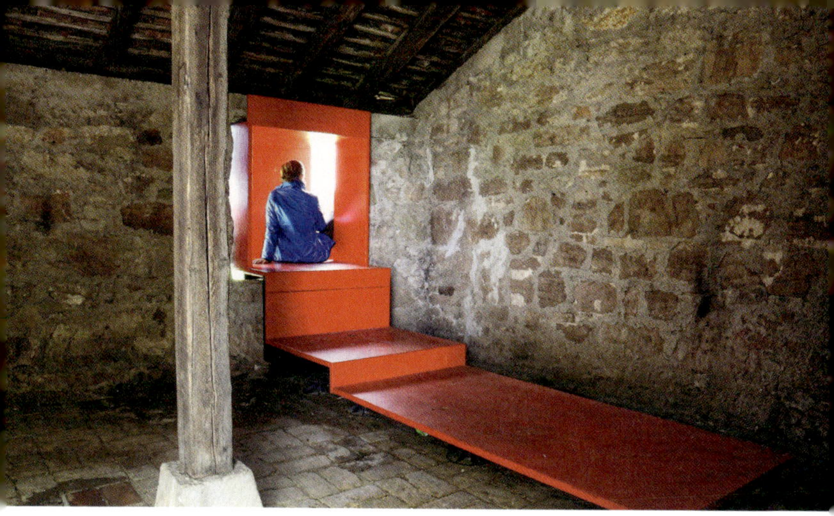

schmückt, denen man auch sonst im Remstal öfters begegnet.

Wir wandern links an der Ruine vorbei, biegen aber am nächsten Abzweig mit dem Zeichen des Württembergischen Weinwanderwegs und dem blauen Punkt links ab. Etwas später folgen wir dem Schild **»Fußweg nach Strümpfelbach«** 7 nach rechts. Mit schönem Blick auf die Weinberge wandern wir nun zwischen Reben und Streuobstwiesen geradeaus weiter. An einer scharfen Kurve und dem Fahrverbotsschild folgen wir dem Zeichen nach links. Nach einer Rechtskurve geht es hinab nach **Strümpfelbach** 8.

Dort spazieren wir im Kirschblütenweg und vorbei an der Gemeindehalle bis zur Hauptstraße. Links sehen wir die Bushaltestelle Traube; wer will, kann hier die Tour schon beenden. Die anderen gehen noch ein Stückchen weiter und halten sich dann rechts in den Endersbacher Weg.

Er führt uns durch das Wohngebiet, bis wir nach Haus Nr. 36 dem Radwegschild nach rechts folgen. An der nächsten Verzweigung, vor den Häusern mit dem Radwegschild, halten wir uns rechts in Richtung »Beutelsbach«. Kurz danach wandern wir am Ge-

Auf dem »Roten Teppich« im Käppele lässt sich gut eine Lesepause einlegen.

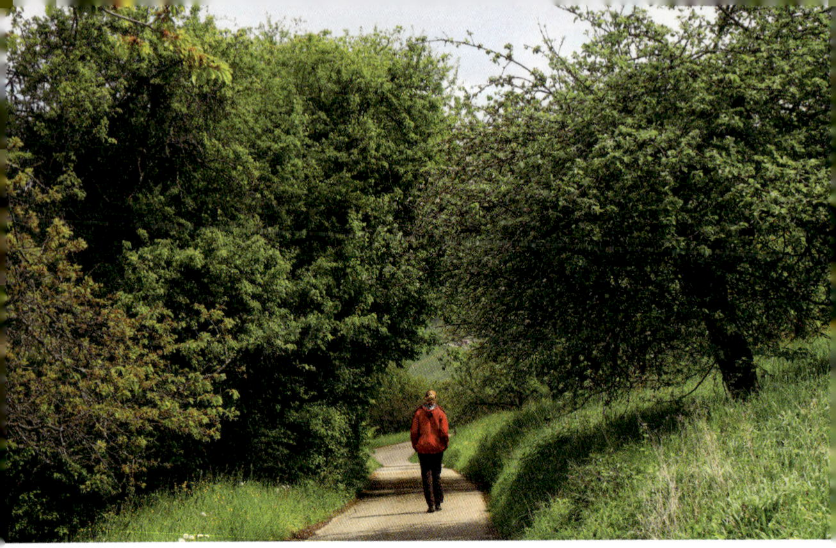

Außer durch Weinberge führt die Wanderung auch durch Streuobstwiesen.

bäude der Weingärtnergenossenschaft vorbei. Etwas später erreichen wir das **Käppele** 9.

Das Käppele wurde im 15. Jahrhundert als Kapelle errichtet. Ob es jedoch kirchlich, gar als Wallfahrtskirche, genutzt wurde, ist nicht sicher. Ein Flurname »Käppelesäcker« wurde bereits im 17. Jahrhundert

Endersbach

Die Siedlungsgeschichte von Endersbach reicht bis in die ältere und jüngere Steinzeit zurück, auch aus römischer und alamannischer Zeit hat man Funde gemacht. Der 1278 als Andrespach erstmals erwähnte Ort gelangte wahrscheinlich vor 1250 zusammen mit Schorndorf an Württemberg. 1261 wurde eine Burg bezeugt, die 1291 von Graf Albrecht von Hohenberg im Krieg gegen Graf Eberhard den Erlauchten von Württemberg zerstört wurde. 1707 lagerten die Franzosen hier nach einem Übergang über den Neckar. Die spätgotische Pfarrkirche von 1469 besitzt einen wuchtigen Chorturm, der im Mittelalter als Wehrturm diente. 1730 wurde sie barockisiert. Innen sieht man ein schönes Kruzifix, eine Stuckdecke mit plastischen Medaillons, eine Kanzel von 1592 mit Heiligenfiguren, eine bemalte und mit Kassetten versehene Empore, einen Taufstein aus der Zeit um 1460 mit einem Deckel von Karl Ulrich Nuss und bemalte Holzepitaphe (u. a. 1612). Auch an der Außenwand ist ein steinernes Epitaph angebracht. Im Kirchhof stehen alte Grabsteine. Im Ort befinden sich noch einige Fachwerkhäuser, u. a. das Rathaus.

genannt. Ab dem 19. Jahrhundert wurde das Gebäude als Unterstand genutzt. 1921 bis 1953 lebte in ihm der sogenannte Käppeles-David als Einsiedler. Nach seinem Tod wurde es 1955 renoviert. Es besitzt einen Spitzbogeneingang; innen ist ein bronzenes Kruzifix von Karl Ulrich Nuss aufgehängt, außerdem finden wir einen Bücherschrank. Zum Lesen dient der »Rote Teppich« aus der Serie »Sitz-Objekte für Lesen mit Aussicht«, das im Zuge der 33. Baden-Württembergischen Literaturtage 2016 von Studenten der Staatlichen Akademie der bildenden Künste Stuttgart geschaffen wurde.

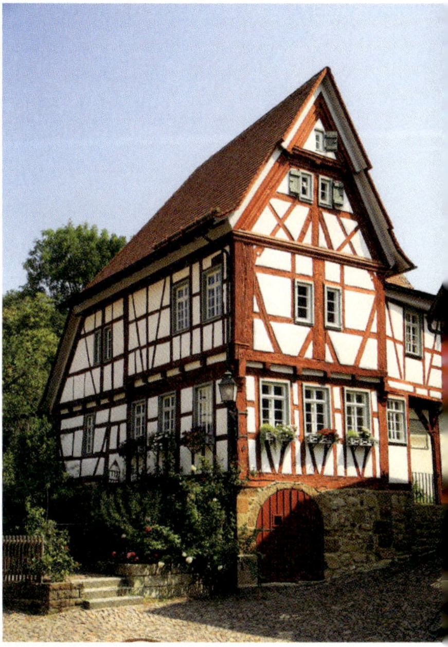

In Strümpfelbach findet man noch viele prächtige Fachwerkhäuser.

Wir wandern links am Käppele vorbei; danach an Hofanlagen. In einem Garten kann man zwei alte Mühlsteine bewundern, etwas später beim Wasserbehälter eine Grubbank.

Grubbänke dienten früher dem Absetzen von Lasten, ihr Name kommt von »ausgruben« (ausruhen). Sie besitzen meist einen höheren Teil zum Absetzen der auf dem Kopf getragenen Last und einen niederen, auf dem man sonstiges Gepäck ablegen oder sich hinsetzen konnte. Man findet sie meist am Ende von Steigungen.

Nun spazieren wir auf den Friedhof zu. Dort gehen wir im Weinbergweg nach Endersbach hinein. Wir biegen in der querenden Schafgasse rechts ab, kurz danach halten wir uns links in die Theodor-Heuss-Straße. Sie bringt uns zum Bahnhof Endersbach.

19 Durch die Weinberge zum »Dichterdorf«

Interessanter Ort und Weinberge

Schwer | 18 km | 500 Hm | 6 Std.

Tourenverlauf: Remshalden-Grunbach – Buoch – Bauersberger Hof – Kernershof – Osterhof – Grunbach

Ausgangspunkt: Remshalden-Grunbach, S-Bahn-Station, Bahnhofstr. 74

Anfahrt: ÖPNV: S-Bahn bis Remshalden-Grunbach; Info: www.vvs.de; Auto: B 14 und B 29 bis Remshalde-Grunbach, dort zum Bahnhof, GPS: 48.810589, 9.419919;

Einkehr: Grunbach, Buoch, Sportplätze

Karte: Wanderkarte W220 Welzheim, 1:25 000, Landesamt für Geoinformation und Landentwicklung Baden-Württemberg (LGL) in Zusammenarbeit mit dem Schwäbischen Albverein e.V.; Wanderkarte mit Radwegen Blatt 52-541 Stuttgart Nordost, 1:25 000, NaturNavi

Bei dieser Tour erwartet uns eine herrliche Wald- und Weinbergwanderung, die uns viel prächtige Natur und schöne Blicke von der Höhe hinab ins Tal bietet. Sehenswert ist auch das »Dichterdorf« Buoch mit seiner Kirche und vor allem dem Heimatmuseum, auch im Ausgangsort Grunbach sehen wir das eine oder andere sehenswerte Gebäude. Außerdem sollten wir die Kirche mit dem Brunnen davor beachten.

Wer mit der S-Bahn anreist, geht von der S-Bahn-Station in der Bahnhofstraße nach Norden und trifft nach der querenden Rems und der Bundesstraße auf die Stuttgarter-/bzw. Reinhold-Maier-Straße. Auch jene Wanderer, die mit dem Auto gekommen sind, folgen ab dieser Durchgangsstraße der mit Wanderzeichen markierten Schillerstraße und gehen den Berg hinauf zur **Kirche** (1). Nach dieser wandern wir weiter in der Durchgangsstraße in Richtung Buoch zum Ortsende, wo der markierte Wanderweg rechts abzweigt. Nun geht es durch Streuobstwiesen zum Waldrand; dort gelangen wir auf einem schmalen Pfad zum **Grunbacher Wasserfall** (2).

Anschließend folgen wir dem zunächst breiten Weg in den Wald hinein. Er geht bald in einen Naturweg über. Immer dem Zeichen folgend und mehrere Wege überquerend, wandern wir nun durch den Wald hinauf. Nach Verlassen des Waldes steigen wir durch die Wiesen hinauf nach **Buoch** (3), wo wir auf das Dichterbrünnele, eine Quelle im Rätsandstein, stoßen. Wir gehen rechts an ihr vorbei, halten uns danach links und kommen zur Durchgangsstraße. Ihr folgen wir kurz, dann biegen wir links ab in die Eduard-Hiller-Straße. Hier steht das beliebte Heimatmuseum »Im Hirsch«.

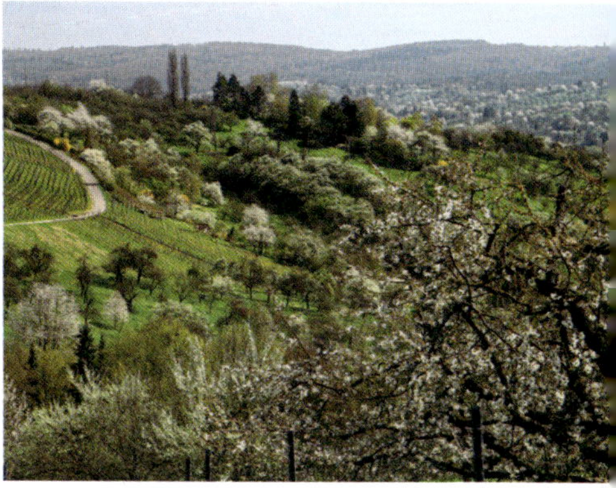

Der Frühling ist – neben dem farbenprächtigen Herbst – die schönste Jahreszeit im Remstal.

Die Wanderung geht auf der anderen Seite der Durchgangsstraße weiter, hier folgen wir mit dem Wanderzeichen kurz der Steinacker Straße. Jetzt müssen wir uns entscheiden: Wer eine kurze Variante gehen will, wandert geradeaus weiter bis zu einer Gefallenengedenkstätte am Waldrand (gestrichelte Variante). Etwas länger ist es, wenn wir gleich darauf links in die Boslerstraße abbiegen und dann nach rechts zur Kirche gehen. Links von ihr wandern wir aus dem Ort hinaus. Wir kommen am **Wasserturm** 4 vorbei – wer ihn besteigen will, muss sich vorher den Schlüssel besorgen, ansonsten folgen wir der Turmstraße weiter. Wir stoßen bald auf die Straße und spazieren bis zu den rechts liegenden Gebäuden. Hier gehen wir durch den Parkplatz hindurch und biegen zwischen dem Tennisplatz und der Gastwirtschaft rechts ab zum **Waldrand** 5. Dort zweigen wir rechts ab und wandern mit dem Wanderzeichen weiter. Dem Waldrand folgend, stoßen wir an einer Waldecke auf die zuvor erwähnte **Gefallenengedenkstätte** 6, nun wandern wir mit dem Wanderzeichen geradeaus weiter. Beide Varianten sind damit wieder vereint.

Tourencharakter

Wir wandern auf festen Wegen und Pfaden. Wer mit dem Auto kommt, sucht sich einen Parkplatz im Grunbacher Zentrum, evtl. auch südlich der Bundesstraße. Den Schlüssel zum Aussichtsturm kann man im Museum im Hirsch (Sa, So 14–16 Uhr, So, Fei 10–12 und 14–16 Uhr) gegen Ausweisvorlage und eine kleine Gebühr ausleihen.

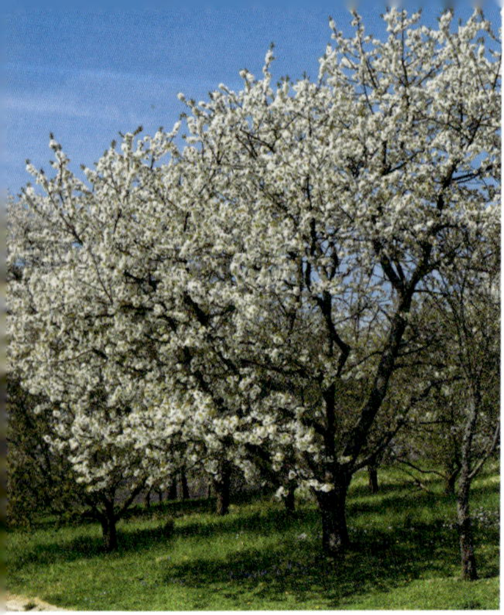

Nach einem kurzen Abschnitt durch die Wiesen gelangen wir zum Wald, in dem wir zu zwei **Sportplätzen** 7 gehen. Dort biegen wir am Ende des zweiten Platzes rechts ab. Nun geht es bergab und wir verlassen bald den Wald. Wir biegen rechts ab und wandern wieder auf einem Lehrpfad. Es geht mit herrlichem Ausblick am Waldrand entlang, bis wir am Lehrpfadschild »Waldtrauf« nach links verwiesen werden.

Immer herrlich: blühende Streuobstwiesen

An der nächsten Kreuzung halten wir uns rechts und gehen hinab bis zu einem Sträßchen, dem wir nach rechts zum **Bauersberger Hof** 8 folgen. Wir durchqueren diese Ansiedlung, danach geht es mit einem Links-rechts-Knick und weiten Kurven hinab zum **Kernershof** 9. Auch diese Ansiedlung durchqueren wir, danach beschreibt das Sträßchen einige Kurven.

Buoch

Buoch war im Mittelalter eine Produktionsstätte für qualitativ hochwertige Keramik von »mediterraner Qualität«. Im 19. Jahrhundert war der Ort eine kleine »Dichtermetropole«; hier wirkten und lebten die Dichter Eduard Hiller, Hermann Kurz, Karl Mayer, Ottilie Wildermuth, Nikolaus Lenau und andere. Im Haus hinter dem Museum schrieb Hermann Kurz seinen Roman »Schillers Heimatjahre«. Etwas weiter findet man das Haus, in dem der Dichter Eduard Hiller ab 1869 bis zu seinem Tod wohnte. Im Museum im Hirsch sieht man eine ständige Ausstellung zu den Themen »Dichter in Buoch« und »Keramik im Mittelalter«. Der »Buocher Horizont« – die Buocher Kirchturmspitze – war bis Ende des Zweiten Weltkriegs ein bei Landvermessern bekannter Dreieckspunkt. Zur Aussicht von der Buocher Höhe wurde 1850 in der »Beschreibung des Oberamts Waiblingen« geschrieben: »Am Schönsten aber ist die Aussicht von Buoch, wo man nicht nur das ganze Panorama der schwäbischen Alp und ihrer Vorterrasse, sondern auch einen großen Theil des schwäbischen Unterlandes mit ihrem Hintergrund überblickt, während zu den Füßen das fruchtbare Remsthal mit seinen Weinhügeln und Obstbaumwäldern wie ein Garten ausgebreitet liegt.«

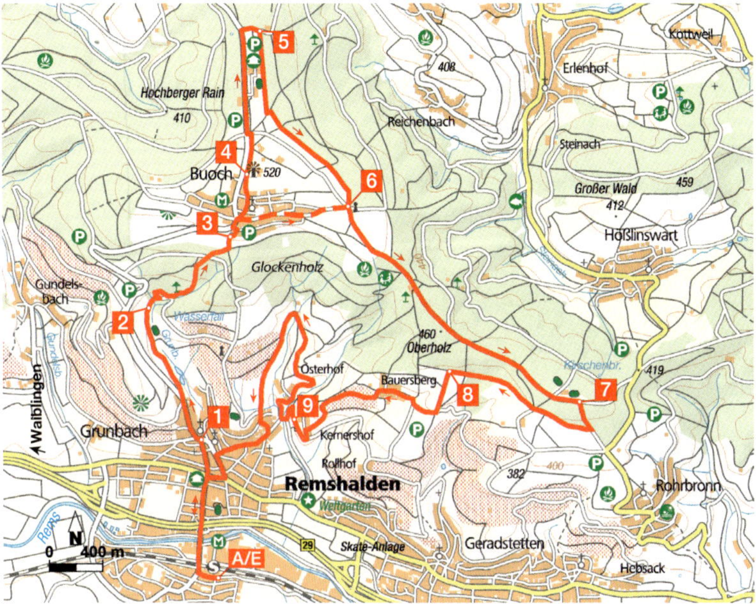

Nach einer scharfen Linkskurve biegen wir rechts ab in Richtung »Osterhof«. Wir überqueren den Bach und biegen nach ihm rechts ab. Nun steigt es wieder an, wir lassen Osterhof links liegen und marschieren durch die Weinberge hinauf, bis wir den Bach überqueren. Nach ihm geht es wieder hinab zu den Häusern.

Nach den ersten Gebäuden biegen wir nach Haus Nr. 40 links ab und marschieren weiter abwärts. Wir kommen zum Friedhof, wo wir rechts in die Osterstraße abbiegen. Ihr folgen wir bis zur nach Buoch führenden Straße, wo auf der gegenüberliegenden Straßenseite ein Backhäuschen steht; rechts oben sehen wir die Kirche. Wir halten uns links und kommen zur Reinhold-Maier-Straße. Dort orientieren wir uns rechts und gehen bis zur Bahnhofstraße, die uns nach links zurück zum Bahnhof bringt.

20 Zwischen Remstal und Schwäbischem Wald

Besuch im interessanten Buoch

Mittel | 9,5 km | 170 Hm | 2,5 Std.

Tourencharakter: Wir wandern auf festen Wegen. Lässt man den Teil der Tour nach Buoch aus, verkürzt sich die Tour um vier Kilometer, eine Stunde und etwa 50 Höhenmeter.

Tourenverlauf: Remshalden-Rohrbronn/Wanderparkplatz Rohrbronner Waldeck – Buocher Grillplatz – Buoch – Gefallenengedenkstätte – Grillplatz – Sportplätze – Parkplatz

Ausgangspunkt: Remshalden-Rohrbronn, Wanderparkplatz Rohrbronner Waldeck

Einkehr: Buoch, Sportplatzgaststätte; Grillmöglichkeit: vor Buoch

Karte: Wanderkarte W220 Welzheim, 1:25 000, Landesamt für Geoinformation und Landentwicklung Baden-Württemberg (LGL) in Zusammenarbeit mit dem Schwäbischen Albverein e.V.; Wanderkarte mit Radwegen Blatt 54-540 Schorndorf Göppingen, 1:25 000, NaturNavi

Wir wandern erst zwischen Baumwiesen und Weinbergen, immer mit Blick auf das Remstal und den Schurwald, danach im Wald. In Buoch gibt es ein interessantes Museum, doch auch unterwegs ist für lehrreiche Abwechslung gesorgt, denn wir sehen immer wieder Schilder des Naturlehrpfads Remshalden.

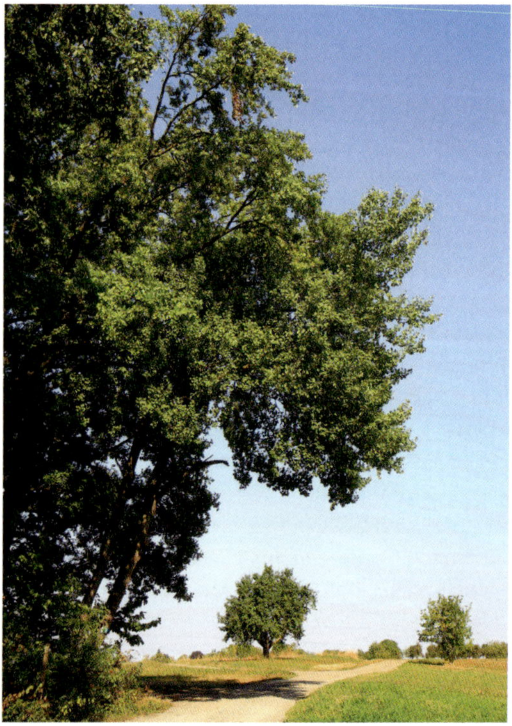

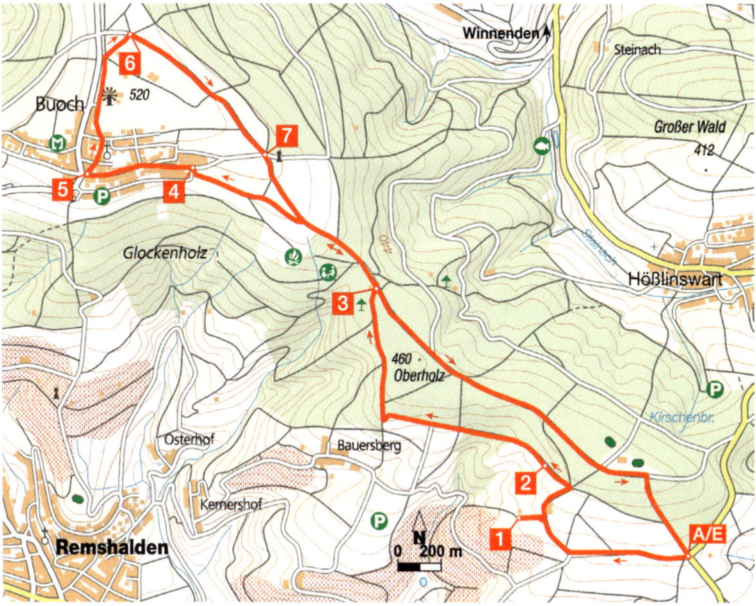

Wir folgen zuerst dem Weg unterhalb des Parkplatzes nach Westen. Es geht durch Baumwiesen bis zu einer Verzweigung. Hier halten wir uns rechts, nun ansteigend. Jetzt begleiten unseren Weg auch Weinreben. An einer Rechtskurve können wir nach links einen Abstecher zur bereits sichtbaren **Waldstückleshütte** ❶ machen.

Linke Seite: Am Waldrand nach Buoch

Die Waldstückleshütte ist eine typische Unterstands- und Schutzhütte für den Flurschützen, der die Früchte des Feldes vor Dieben zu schützen hatte. Wenn wir dem Weg weiter aufwärts folgen, kommen wir am Naturdenkmal Heide am Oberholz vorbei. Danach biegen wir im Wald links ab. Gleich darauf sehen wir einen Rast-

Anfahrt

ÖPNV: S-Bahn bis Remshalden-Geradstetten, weiter mit Bus oder S-Bahn bis Remshalden-Grunbach und mit dem Bus nach Buoch. Dann die Tour dort beginnen; Info: www.vvs.de; Auto: B 14 und B 29 bis Winterbach, dann über Remshalden-Rohrbronn zum Wanderparkplatz Rohrbronner Waldeck, GPS: 48.818205, 9.459581

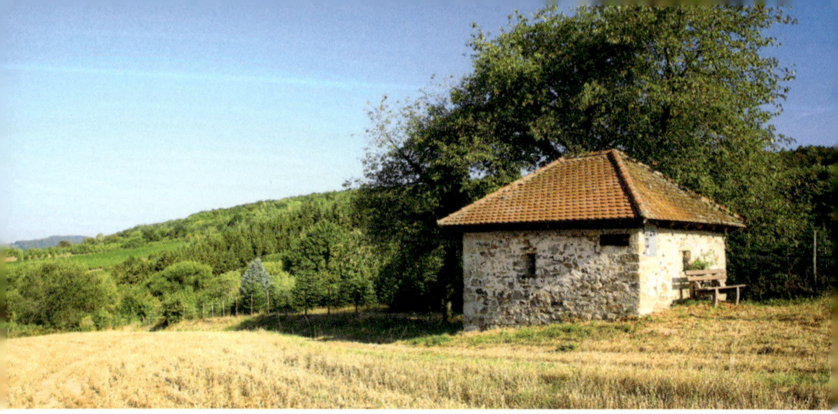

Idylle pur: eine kleine Schutzhütte in den Feldern

platz mit einem **Panoramabild** 2, auf dem die Aussicht erklärt ist.

Nun folgen wir dem Weg im Wald immer geradeaus bis zu einem Querweg. Hier halten wir uns in Richtung »Grillplatz Buoch« rechts. Bald erreichen wir einen pilzartigen **Unterstand** 3.

Hier haben wir zwei Möglichkeiten: Für die kürzere Variante halten wir uns an dem querenden Weg danach rechts und wandern dann mit dem Wanderzeichen geradeaus. Es geht kurz durch die Wiesen, dann erreichen wir den Wald, in welchem wir nach einiger Zeit auf zwei Sportplätze stoßen. Am Ende des zweiten Platzes halten wir uns rechts und gehen bergab aus dem Wald und zu unserem Ausgangspunkt.

Für die größere Runde verlassen wir nach links den Wald. Am Waldrand links befindet sich im Buocher Spitz ein Grillplatz.

Kurz nach dem Wald orientieren wir uns an der Verzweigung links und gehen durch die Wiesen auf Buoch zu. Bei den ersten **Häusern** 4 nehmen wir die rechts an diesen vorbeiführende Steinackerstraße. Kurz nachdem von rechts die Hohenstaufenstraße eingemündet ist, zweigen wir rechts ab auf einen schmalen Pfad. Links liegt ein Spielplatz, rechts danach kommt der Pfarrbrunnen. Mit den Bänken in diesem kleinen Areal eignet sich diese Stelle gut für eine Rast.

Danach gehen wir am Pfarrhaus, der Kirche und dem **Schulhaus von Buoch** 5 (siehe Tour 19) vorbei. Hier haben wir erneut die Qual der Wahl: Geradeaus ginge es zum Buocher Museum, der Wanderweg knickt aber gleich hinter der Kirche rechts ab.

Wir gehen erst an der Friedhofsmauer entlang, danach geradeaus im Turmweg zum Wasserturm. Nach ihm wandern wir kurz parallel zur Straße. Bald geht rechts der mit dem roten Balken markierte Wanderweg ab, welchem wir folgen. Er führt uns schräg von der Straße weg bis zu einem **querenden Weg** 6. In diesen biegen wir rechts ein.

Es geht zwischen Wiesen und Weiden sowie Äckern bis zum Waldrand. Dort finden wir unter einer mächtigen Eiche eine **Gefallenengedenkstätte** 7, an der wir rechts abbiegen. Nach einem Linksbogen kommen wir wieder zum Waldrand und dem Grillplatz. Nun wandern wir immer geradeaus durch den Wald bis zu den Sportplätzen. Nach den Tennisplätzen folgt ein Bolzplatz. Hinter dieser Wiese biegen wir rechts in den asphaltierten Weg ein. Nach etwas Bergab erreichen wir wieder unseren Ausgangspunkt.

Blick zurück auf Buoch

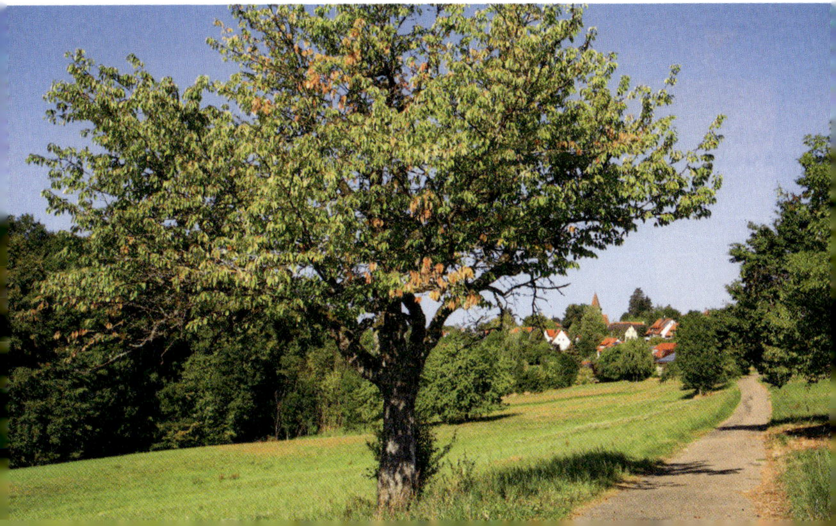

21 Durch Baumwiesen und Wald zum Königstein

Waldwanderung und ein königstreuer Förster

Leicht | 6,5 km | 140 Hm | 2 Std.

Tourencharakter: Geschotterte und asphaltierte Wege

Tourenverlauf: Remshalden-Rohrbronn/Wanderparkplatz Rohrbronner Waldeck – Rohrbronn – Sportplatz – Königstein – Waldparkplatz

Ausgangspunkt: Remshalden-Rohrbronn, Wanderparkplatz Rohrbronner Waldeck

Anfahrt: ÖPNV: S-Bahn bis Remshalden-Geradstetten, dann Bus nach Rohrbronn. Dann vom Ort aus hinaufsteigen zum Wanderparkplatz; Info: www.vvs.de; Auto: B 14 und B 29 bis Winterbach, dann über Remshalden-Rohrbronn zum Wanderparkplatz Rohrbronner Waldeck, GPS 48.818205, 9.459581

Einkehr: Sportplatz

Karte: Wanderkarte W220 Welzheim, 1:25 000, Landesamt für Geoinformation und Landentwicklung Baden-Württemberg (LGL) in Zusammenarbeit mit dem Schwäbischen Albverein e.V.; Wanderkarte mit Radwegen Blatt 54-540 Schorndorf Göppingen, 1:25 000, NaturNavi

Dieser Spaziergang führt uns mit einem schönen Mix von Streuobstwiesen und Wald, dazu immer wieder mit Aussicht, oberhalb des Remstals zum historisch interessanten Königstein.

Am Ausgangspunkt sollte man zuerst den Blick zurück über das Remstal zur Schwäbischen Alb genießen. Dann folgen wir dem Weg, der zwischen dem Parkplatz und dem Wasserbehälter in den Wald führt. Dort steigt es kurz an bis zu einem querenden Weg vor dem **Sportplatz** ❶.
Hier biegen wir rechts ab und spazieren durch den Wald bis zur L 1140, wo man eine Bushaltestelle und Parkmöglichkeiten findet. Dahinter geht es im Kegelbahnweg weiter bis zu einer **Weggabelung** ❷. Wir halten uns rechts in Richtung »Königstein«. Es geht etwas abwärts, dann kommen wir zu einer Kreuzung mit dem obeliskartigen **Königstein** ❸.

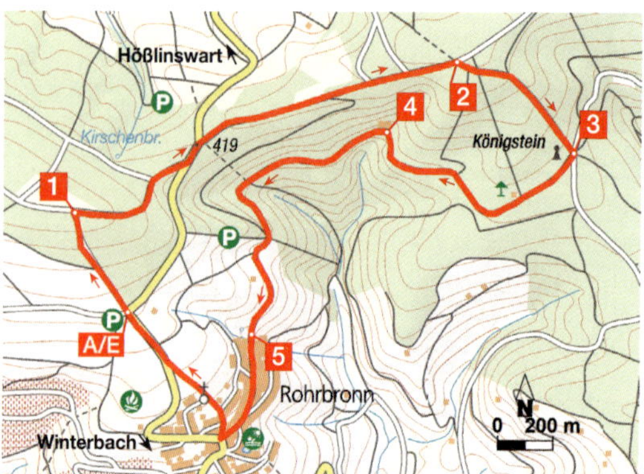

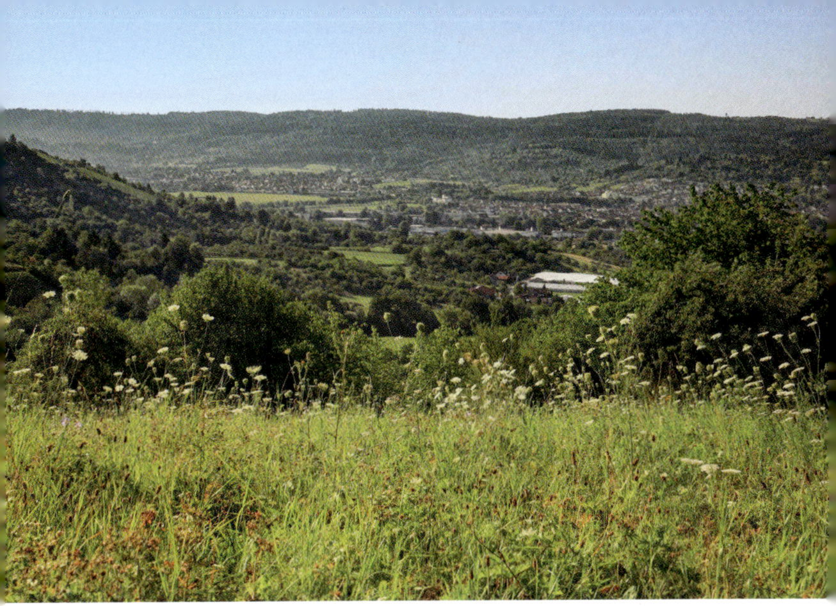

Die Inschrift des Königsteins besagt, warum er errichtet wurde: »Zum Andenken/an die Vermählungsfeier/des hohen Paares Karl Olga//Die Karlshöhe im Sonnenschein//Gewidmed/von Revierförster Lutz/von Geradstetten//Den 13. Juli 1846«

Blick von der Höhe hinab ins Remstal

Gleich nach dem Stein halten wir uns rechts. Wir passieren eine kleine Schutzhütte mit Tisch und Bank, etwas später kommen wir zu einer links unterhalb des Weges liegenden **Quelle** 4, ebenfalls mit Tisch und Bänken als Rastplatz gestaltet.

Immer wieder sieht man Felder mit Sonnenblumen.

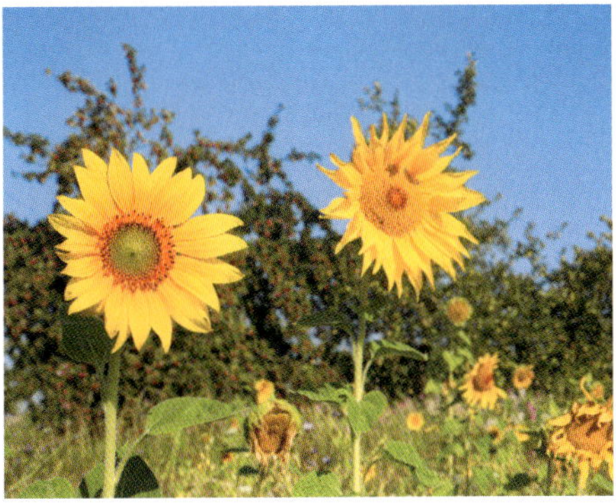

Kurz danach wandern wir an einer als Naturdenkmal geschützten Eiche vorbei, etwas später verlassen wir bei einem Waldparkplatz den Wald. Nun geht es zwischen Streuobstwiesen und Gärten, dazu teilweise mit Aussicht ins

Remstal, nach Rohrbronn. Davor sehen wir noch den **Eselsbrunnen** 5.

Wir durchqueren das langgestreckte Rohrbronn und kommen am Backhaus und dem Rathaus vorbei, das an seinem kleinen Uhrtürmchen erkennbar ist. Danach folgen wir dem Wegweiser nach rechts in den Hößlinswarter Weg. Wir wandern an der neuen evangelischen Kirche vorbei, danach verlassen wir das Dorf. Erst rechts, dann links der Straße spazieren wir zurück zum Ausgangspunkt, nicht ohne noch einmal den Blick zurück zu genießen.

Wenn man den steilen Hößlinswarter Weg nicht hinaufgehen will oder kann, spaziert man stattdessen noch kurz geradeaus zur Durchgangsstraße (Sonnenbergstraße), wendet sich dort nach rechts und dann wieder nach rechts in die Maurerstraße. Gleich darauf biegt man links ab in den Hößlinswarter Weg.

Ein Brunnen mit laufendem Wasser erfrischt bereits beim Anblick.

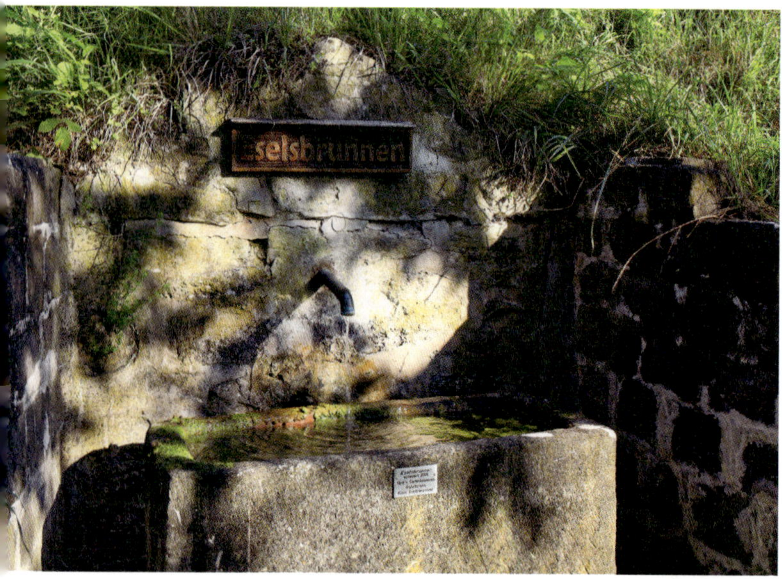

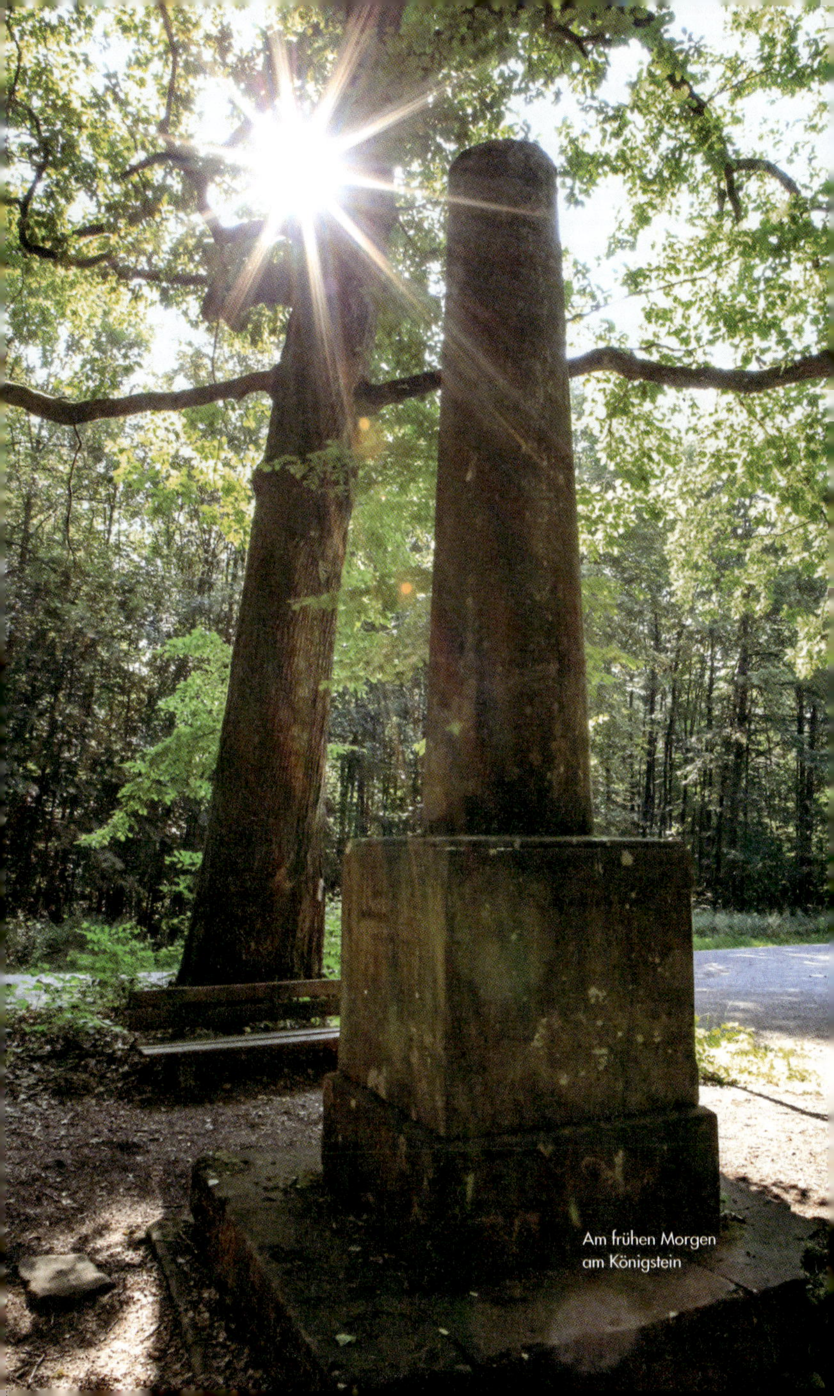

Am frühen Morgen
am Königstein

22 Zum Denkmal bei Manolzweiler

Aufstieg durch den Wald

Mittel | 9 km | 300 Hm | 3 Std.

Tourencharakter: Wir gehen überwiegend auf festen Waldwegen. Auf dem Rückweg geht es eine Zeitlang auf einem Naturpfad steil bergab. Wanderzeichen sind streckenweise nur spärlich zu sehen.

Tourenverlauf: Winterbach – Manolzweiler – Goldbodendenkmal – Winterbach

Ausgangspunkt: Winterbach, Im Lehenbach 31, Freibad

Anfahrt: ÖPNV: S-Bahn bis Winterbach; Info: www.vvs.de; Auto: B 14 und B 29 bis Winterbach. Das Freibad liegt südlich des Ortes, GPS: 48.792708, 9.478643;

Einkehr: Winterbach, Engelberg

Karte: Wanderkarte W220 Welzheim, 1:25 000, Landesamt für Geoinformation und Landentwicklung Baden-Württemberg (LGL) in Zusammenarbeit mit dem Schwäbischen Albverein e.V.; Wanderungen mit Radwegen Blatt 54-540, 1:25 000, NaturNavi

Ausgangspunkt dieser Wanderung ist Winterbach. Vorbei am Freibad – hier kann man die Tour an heißen Tagen ausklingen lassen – wandern wir hinauf zu dem Dörfchen Manolzweiler, wo wir nicht nur einen weiten Blick über die Höhen haben, sondern auch zwei interessante Denkmäler besichtigen können.

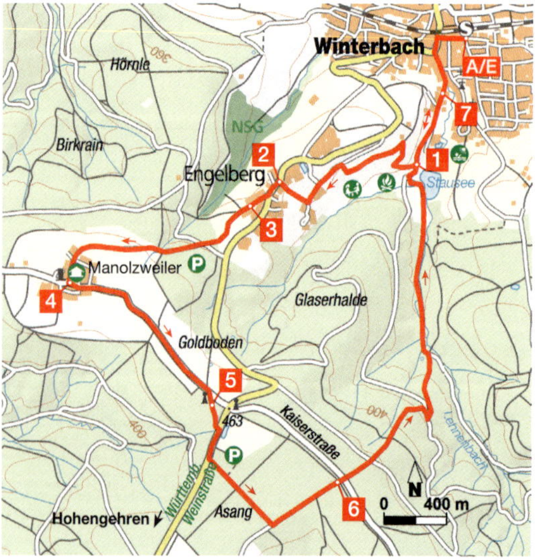

Wer mit der S-Bahn kommt, geht vorbei an der Kirche hinab zur Durchgangsstraße und folgt ihr nach Süden in Richtung »Engelberg Hohengehren«. Wo sie nach links zieht, wandern wir in Richtung Freibad geradeaus weiter. Autofahrer parken im Ort, auf dem Weg zum Freibad oder auf dem Freibadparkplatz.

An der Verzweigung vor dem **Freibadparkplatz** 1 wandern wir rechts hinauf. Kurz nachdem es nach links zum Damm des Stausees geht, biegen wir rechts ab in Richtung »Engelberg«. Unser Weg beschreibt gleich danach eine Rechtskurve, anschließend biegen wir vor einer Hütte links ab. Wir wandern nun eine Weile auf diesem Weg, danach geht es nach rechts zu einem Querweg, in den wir links einbiegen. Vor den Häusern biegen wir rechts ab und kommen zur **Landstraße** 2. Ihr folgen wir nach links durch Engelberg hindurch.

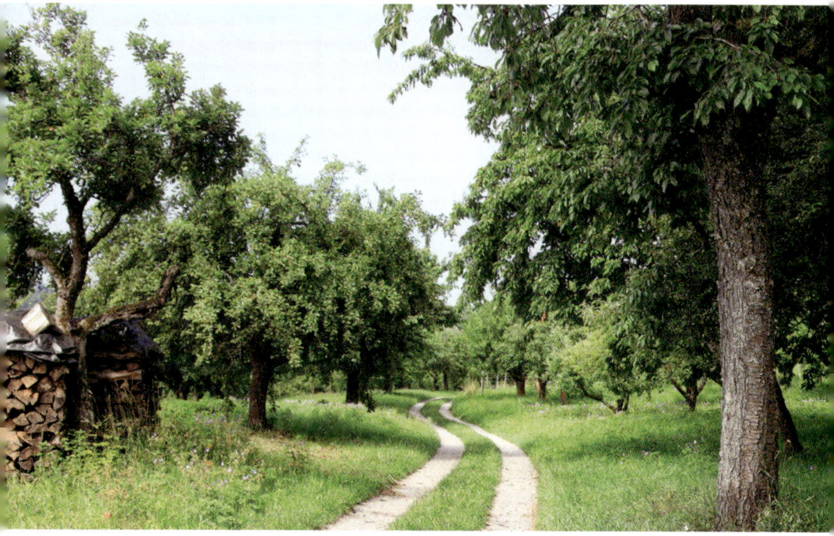

Wege durch Streuobstwiesen sind immer beliebt.

Der Name des Weilers **Engelberg** 3 kommt vielleicht von einer Kapelle aus dem 6./7. Jahrhundert, die dem Erzengel Michael geweiht war. Vorher noch war hier eine vorchristliche Kultstätte. Im Mittelalter fand eine bedeutende Marienwallfahrt statt. Graf Ulrich V. von Württemberg stiftete 1466 ein Augustinerkloster. Auf den Grundmauern des 1525 im Bauernkrieg zerstörten – der »Leonberger Haufen« des Bauernaufstandes des »Armen Konrad« hingegen verschonte 1514 die Anlage – und 1538 von Herzog Ulrich aufgehobenen Klosters wurde 1602 ein herzogliches Jagdschloss erbaut. Bis 1817 saß hier der württembergische Oberforstmeister der Region Schorndorf. Die Umgebung diente als herzogliches Jagdrevier.

Es geht am Schloss vorbei, etwas später am Ortsende zweigen wir rechts ab in den Sandweg. An der Verzweigung nach den letzten Häusern nehmen wir den linken Weg, der mit dem blauen Kreuz in Richtung »Manolzweiler« weist. Er führt uns später als Sträßchen hinauf nach **Manolzweiler** (4), wo wir uns links halten, neben der Landstraße den Ort verlassen und bis zu **zwei Denkmälern** (5) wandern.

Die beiden Denkmäler stehen beieinander. Das kleinere Hartigdenkmal ist Georg Ludwig Hartig gewidmet, der als »Pionier der Forstwirtschaft und Forstwissenschaft« und als »entschiedener Verfechter des Prinzips der Nachhaltigkeit« gilt. Er war bereits mit 25 Jahren Forstmeister und Gründer einer Forst-

Manolzweiler

Das 1400 erstmals in einem Lagerbuch der Württemberger erwähnte Manolzweiler hieß früher Manetzwiler, was wahrscheinlich von seinem Gründer oder Besitzer Manolt kam. Es entstand vermutlich im 9. Jahrhundert durch Siedlungsaktivitäten des Winterbacher Königshofes. Die einstigen vier Güter im Dorf wurden 1562 als »Erbliche Lehen mit Leyung und Losung« genannt. Bis 1246 gehörte der Ort den Staufern. Der Esslinger Bürger Eberhard Luber, vielleicht ein Lehnsmann der Württemberger, verkaufte 1468 den Ort an das Kloster Engelberg. Als das Kloster nach dem Bauernkrieg aufgehoben wurde, wurde Manolzweiler dem Oberamt Schorndorf zugeteilt. Der 1268 erstmals erwähnte heutige Gasthof Hirsch war früher eine Post- und Fuhrmannstation für Gespanne. Die Pferde konnten damals unterhalb der Gaststube in das Haus hineinfahren und auf der anderen Seite wieder hinaus. Im Parterre des Hauses sieht man heute noch die Anbindevorrichtungen der Pferde.

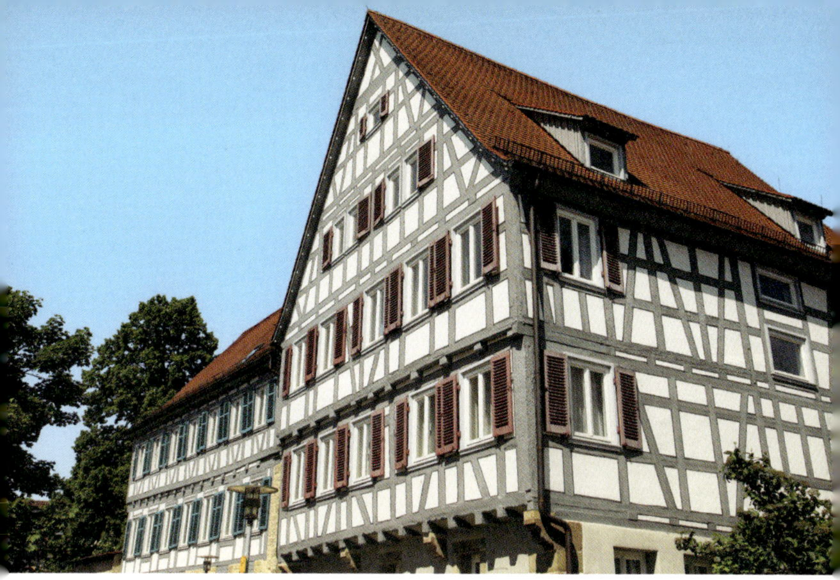

schule, mit 42 Jahren in Stuttgart Oberforstrat und mit 47 Jahren Chef der preußischen Staatsforstverwaltung. Der Gedenkstein wurde 1842 von Oberforstmeister von Kahlden und Revierförster Zaiser errichtet, umgeben von einem Arboretum. 1842 wurde auch das größere Goldbodendenkmal von Revierförster Zaiser zu Ehren des Königs und in Erinnerung an das 25-jährige Regierungsjubiläum errichtet. Es ist geschmückt mit dem Relief des staufischen Löwens, des württembergischen Hirschs, einer Tafel mit Krone und Lorbeerkranz sowie einer Tafel mit den Worten: »König Wilhelm I. zur Erinnerung an den 30. Octb. 1841 gewidmet von dem Forstbeamten zu Schorndorf und dem Engelberger Revier Personal mit 1602 Insassen den 24. Iuni 1842.«

Fachwerkpracht in Winterbach

Mit dem Meeresgott Neptun geschmückte Brunnensäule in Winterbach

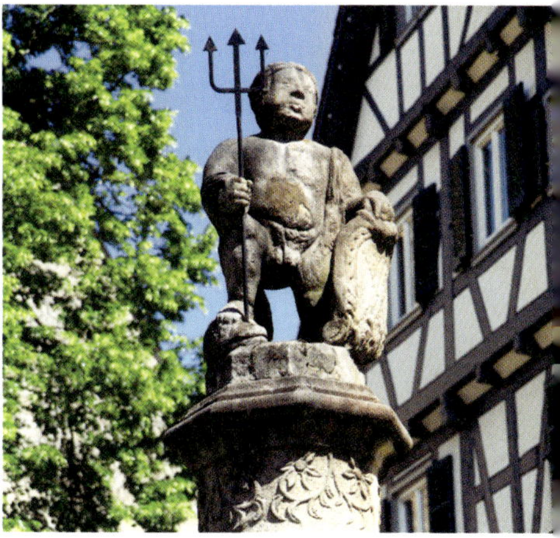

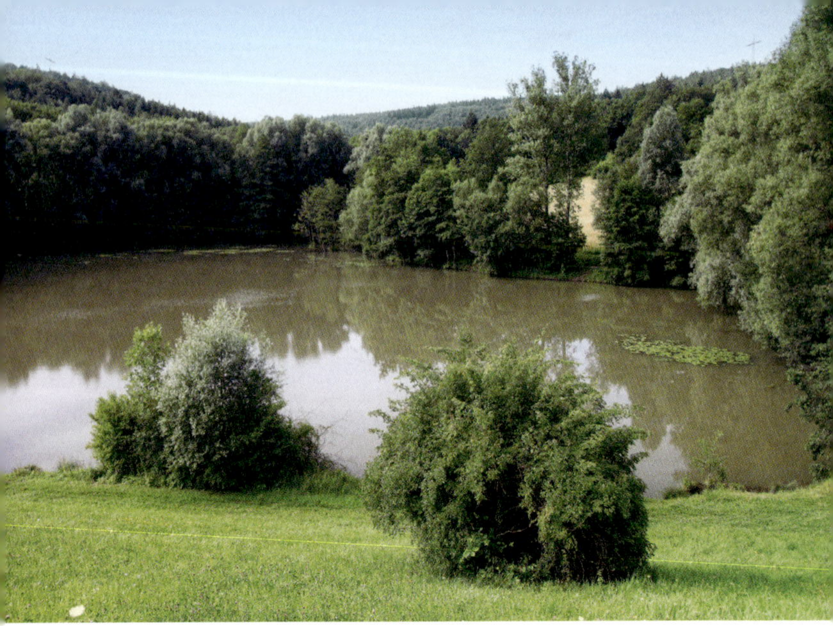

Blick auf den Stausee bei Winterbach

Wir gehen nach den Denkmälern nach rechts in den Wald. Wo der Weg nach rechts zieht, zweigen wir links ab und wandern zwischen Waldrand – man sollte die Mammutbäume beachten – und der Lichtung zur Landstraße. Ihr folgen wir nach rechts. Nach dem Parkplatz biegen wir mit dem blauen Punkt links ab und wandern unbefestigt bis zu einem querenden Forstweg.

Hier biegen wir links ab in Richtung »Winterbach«. Bald überqueren wir die Kaiserstraße und die **Landstraße** 6, danach geht es mit dem blauen Strich bergab, erst auf breitem Weg, dann auf einem Pfad.

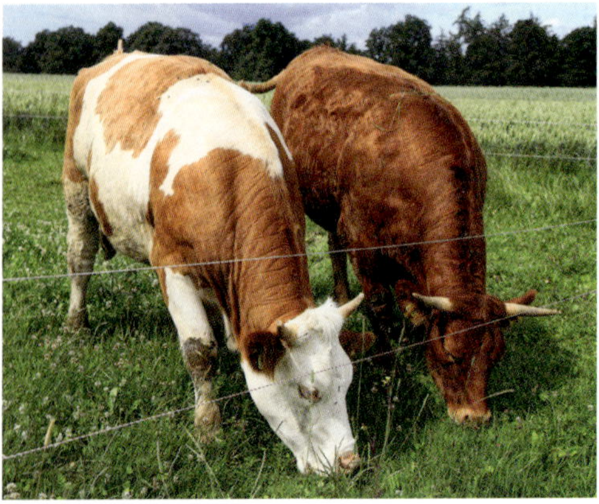

Eine nette Abwechslung auf einer Wanderung ist immer die Begegnung mit Kühen.

Winterbach

Das 1046 erstmals genannte Winterbach war ein altes Reichsgut und eine staufische Kaiserpfalz. Die erste Kirche an diesem Standort wurde sogar bereits um 550 erbaut. Der Salierkaiser Heinrich III. weilte 1046 und 1048 hier. Von Heinrich IV. wurde es 1080 dem Domstift Speyer geschenkt; 1225 wurde der Ort staufisch und um 1250 kamen erste Teile des Ortes an die Württemberger. Ab dem 15. Jahrhundert gehörte es dann vorwiegend diesem Geschlecht. Es zählt zu den ältesten Siedlungen im Remstal und bildete bis etwa 1250 den kirchlichen und verwaltungsmäßigen Mittelpunkt des mittleren Remstales. Die erhöht liegende und ummauerte Michaelskirche, eine Wehrkirche, ist eine der ältesten Kirchen der Gegend. Sie besitzt einen mächtigen Chorturm (1309) und ist mit Wandbildern aus der sogenannten »Esslinger Schule« ausgestattet. Außerdem sieht man mehrere Grabdenkmäler. Es gibt einige schöne Fachwerkhäuser, insbesondere am Marktplatz. Aber auch an der Straße nach Engelberg sind historisch wichtige Bauten zu finden. Der prächtige Neptunbrunnen stammt von 1781. Die sehenswerten alten Baulichkeiten sind durch einen heimatgeschichtlichen Rundgang verbunden.

Wir überqueren insgesamt drei Forstwege, bis wir nach dem dritten auf den nächsten, direkt darunter liegenden Weg nach links verwiesen werden. Kurz danach an der Rechtskurve gehen wir mit dem Zeichen geradeaus auf einem Pfad steil hinab zum nächsten Forstweg. Wir biegen links ab und wandern auf dem Lehenbachtalsträßchen vorbei am Saarbrunnen und neben dem lustig mäandernden Bach bis zum Waldrand.

Danach treffen wir auf den Stausee. Nach ihm biegen wir mit dem blauen Strich rechts ab, nun kommen wir zurück nach Winterbach. Wer will, lässt den Tag im Freibad ausklingen oder schaut sich das heimelige **Zentrum von Winterbach** 7 an.

Blumenschmuck am Winterbacher Neptunbrunnen

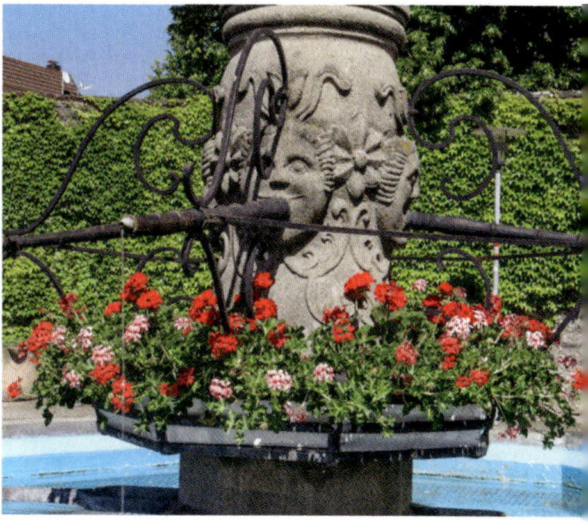

23 Viel Aussicht auf dem Bergrutsch-Rundweg

Wanderung für Geologiefreunde

Leicht | 3 km | 110 Hm | 1 Std.

Tourencharakter: Wir wandern auf festen Wegen. Einmal müssen wir eine steile Treppe hinaufsteigen. An der Zufahrt zum Parkplatz liegt das Urbacher Freibad.

Tourenverlauf: Urbach/ Wanderparkplatz Hagsteige – Rundweg – Blick zum Bergrutsch – Wald – Blick zum Bergrutsch – Parkplatz

Ausgangspunkt: Urbach, Wanderparkplatz Hagsteige

Anfahrt: Auto: B 14 und B 29 bis Urbach. Der Wanderparkplatz Hagsteige liegt nördlich des Ortes, GPS: 48.826357, 9.588154

Einkehr: Urbach

Karte: Wanderkarte W220 Welzheim, 1:25 000, Landesamt für Geoinformation und Landentwicklung Baden-Württemberg (LGL) in Zusammenarbeit mit dem Schwäbischen Albverein e.V.; Wanderkarte mit Radwegen Blatt 54-540 Schorndorf Göppingen, 1:25 000, NaturNavi

Mit Bergrutschen verbindet man normalerweise die Alpen, es gibt sie aber auch im Remstal: Bei Urbach fanden am selben Ort in den Jahren 1926 und 2001 Bergrutsche statt. Ein Rundweg führt um diese Stelle herum. Wir wandern außerdem im »Naturschutzgebiet Bergrutsch am Kirchsteig bei Urbach« durch Streuobstwiesen, was insbesondere im Frühjahr zur Blüte und im Spätsommer, wenn die Früchte reif sind, ein schöner Anblick ist.

Wir gehen vom Wanderparkplatz aus ein Stück auf dem Zufahrtsweg bergab. An einer Bank, der Gustav-Heger-Linde und der Infotafel »Fitnesskur für Streuobstbäume« führt nach rechts ein Weg in die Streuobstwiesen. Wer die Obstbaumherrlichkeit genießen will, folgt diesem Weg ein Stück, kehrt aber wieder zurück.

Etwas unterhalb sehen wir gleich zwei Informationstafeln zu den Themen »Geotope« und »Flurneuordnung«, eine Bank und ein **steinernes Gestell** 1, das etwas an eine alte Grubbank erinnert. Hier folgen wir den rechts abwärts führenden Steinstufen. Am nächsten Querweg halten wir uns rechts und wandern zur Infotafel »Naturereignis mit Folgen«. Nach ihr steigen wir aufwärts. Am nächsten Querweg halten wir uns links.

Gleich danach werden wir nach rechts auf eine schmale, steile **Treppe** 2 verwiesen, der wir folgen. Ab jetzt sollten wir immer wieder zurück bzw. oben nach links sehen: Man schaut hinab auf Urbach und weit ins Remstal.

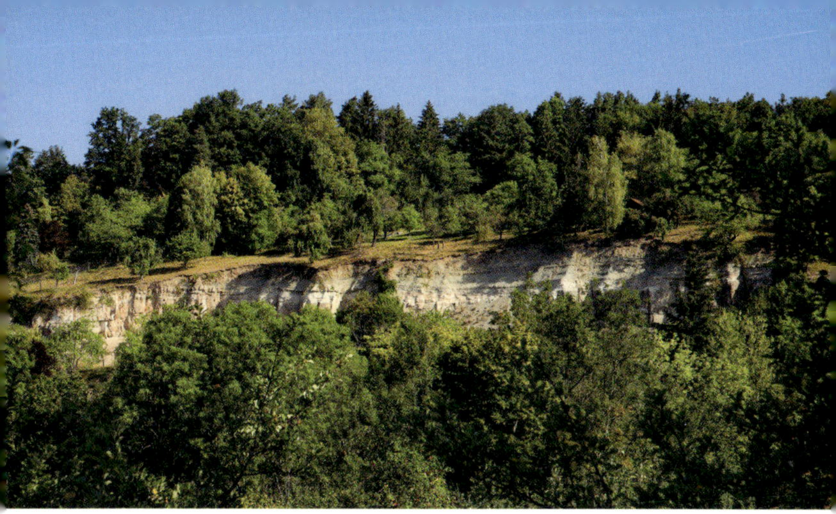

Am nächsten Querweg geht es etwas nach rechts versetzt wieder eine Treppe hinauf, dafür sind wir am folgenden Querweg auf der Höhe des **Bergrutsches** ③. Rechts hat man einen guten Blick zu ihm, unterhalb sieht man den Alten Berg, der aus dem Bergrutsch vom Frühjahr 1926 stammt; auch damals gingen starke Niederschläge voraus.
An der Tafel »Urbachs Fenster in den Keuper« biegen wir links ab. Gleich danach folgt die Tafel »Lebensraum mit Tradition«. Etwas später beschreibt der

Blick zur Abrisskante des Bergrutsches

Kleine Feldscheune in den Streuobstwiesen

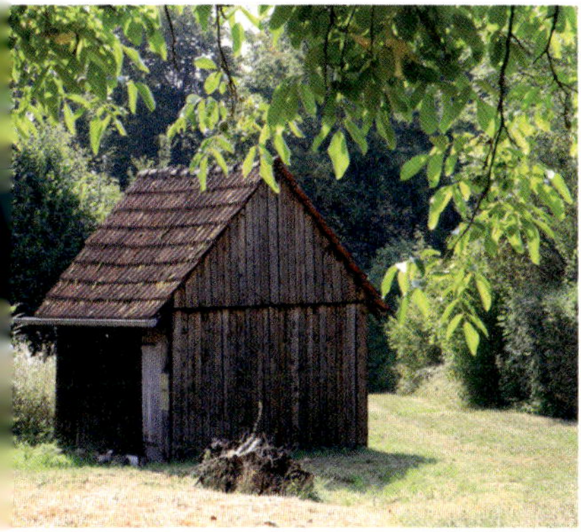

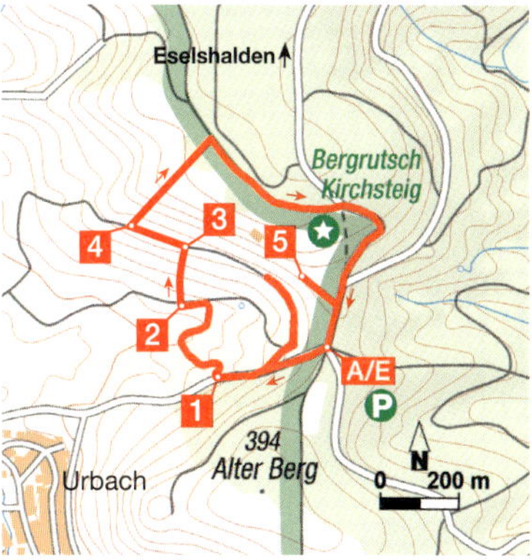

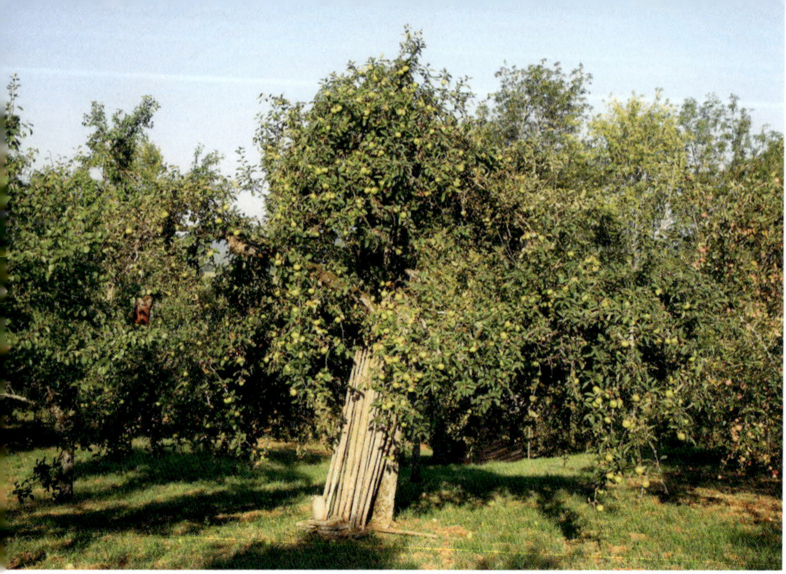

In den Streuobstwiesen

Weg bei einer Bank eine **Rechtskurve** ④. Nun steigt es sanft an und wir kommen nach einer Weile in den Wald. Hier halten wir uns am querenden Weg rechts. Ihm folgen wir nun ständig, erst eben, dann bergab. Wo links der mit dem blauen Kreuz markierte Ködenweg abgeht, folgen wir dem Rundwegzeichen nach rechts. Es geht an einer hölzernen Feldscheune vorbei, kurz darauf stehen wir wieder vor dem **Bergrutsch** ⑤. Hier finden wir auch die letzte Tafel dieses Rundwegs: »Bei Urbach ist die Geologie lebendig«. Wir spazieren zurück zum breiten Weg, etwas weiter rechts befindet sich unser Ausgangspunkt.

Wer noch zwei weitere Infotafeln lesen möchte: Wenn man im Tal beim Freibad parkt und sich am querenden Sträßchen danach rechts hält, kann man zu den Tafeln »Hanfraisen« und »Kirchsteigkelter« gehen.

Bergrutsch

Die Ursache für den Bergrutsch am 7. April 2001 war ein sehr hoher Wasserspiegel nach starken Niederschlägen – und das in einem Berg, dessen Hänge seit den Eiszeiten ohnehin relativ instabil sind. Es entstand eine 17 Meter hohe und 240 Meter lange Abrisswand, 70 000 Kubikmeter Stein- und Erdmassen lösten sich und rutschten abwärts. 3,2 Hektar Streuobsthänge bewegten sich damals Richtung Tal, betroffen davon waren 100 Grundstücke, und 70 hatten keine Zufahrt mehr.

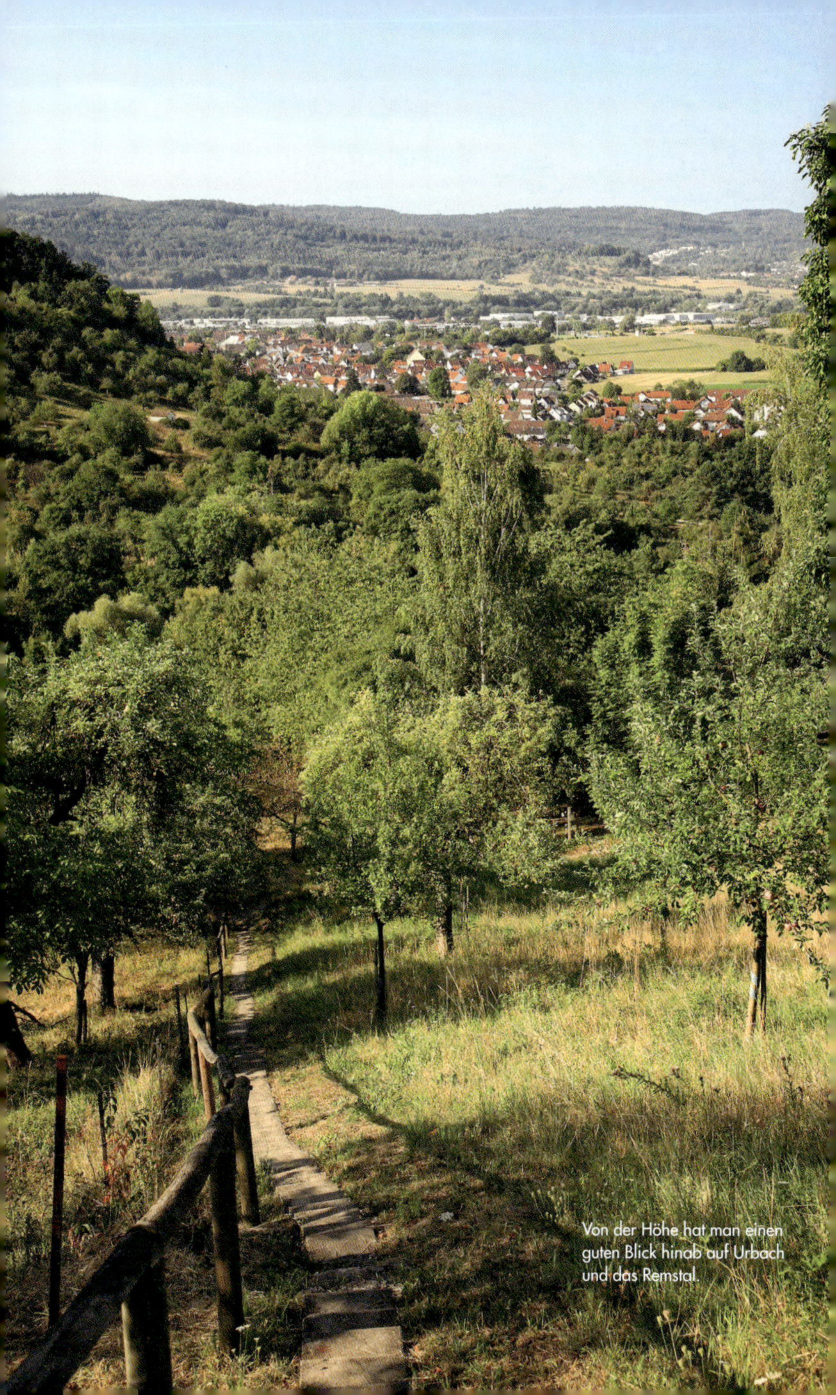

Von der Höhe hat man einen guten Blick hinab auf Urbach und das Remstal.

24 Mit Remstalblick zum Bergrutsch

Durch den Wald auf die Höhe

Mittel | 14 km | 280 Hm | 3,5 Std.

Tourencharakter: Wir wandern auf festen Wegen.

Tourenverlauf: Urbach-Bärenbach/Wanderparkplatz Bärenbach – Streuobstwiesen – Aussichtspunkt Gänsberg – Bergrutsch – Bärenbachsee – Parkplatz

Ausgangspunkt: Urbach-Bärenbach, Wanderparkplatz Bärenbach

Anfahrt: Auto: B 14 und B 29 bis Urbach, dann durch den Ort in Richtung Plüderhausen. Nach dem Ort links ins Bärenbachtal abzweigen, GPS: 48.820761, 9.604529. Den Ausweichparkplatz Bux finden wir, wenn wir noch kurz weiterfahren.

Einkehr: Urbach

Karte: Wanderkarte W220 Welzheim, 1:25 000, Landesamt für Geoinformation und Landentwicklung Baden-Württemberg (LGL) in Zusammenarbeit mit dem Schwäbischen Albverein e.V.; Wanderkarte mit Radwegen Blatt 54-540 Schorndorf Göppingen, 1:25 000, NaturNavi

Diese Wanderung ist landschaftlich vielfältig: Im ersten Teil wandern wir nach einem Waldstück durch prächtige Streuobstwiesen, von denen aus wir einen herrlichen Blick hinab ins Remstal haben. Anschließend können wir einen Blick auf den Urbacher Bergrutsch werfen. Der Rest der Wanderung führt uns durch den Wald, wobei der Bärenbachsee noch eine weitere Attraktion darstellt.

Wir gehen vom Parkplatz aus kurz nach Norden. Wo von rechts der Litzelbachweg einmündet, biegen wir links ab und gehen über die Wiese zum Waldrand. Dort überqueren wir den Bärenbach auf dem Gustav-Heger-Brückle, danach geht es mit dem Wanderzeichen blauer Punkt auf dem Kirchenweg zuerst bergauf. Nach ein paar Minuten zweigen wir mit dem Zeichen links ab auf einen schmäleren Weg.

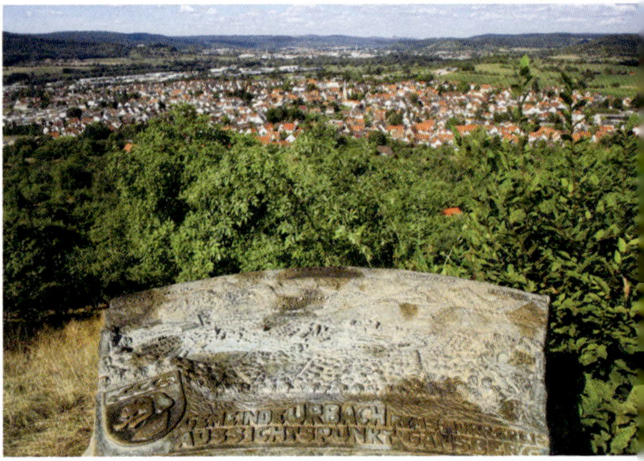

Bald verlassen wir den Wald und spazieren durch Streuobstwiesen, was insbesondere im Frühjahr ein herrliches Erlebnis ist. Wir stoßen auf eine **Kreuzung** 1, an der wir rechts auf den Asphaltweg (Weg 7) abbiegen, danach halten wir uns mit dem Wanderzeichen roter Balken für den HW 10 links. Es geht weiter durch Streuobstwiesen, aber bald öffnet sich die Sicht nach links zum Remstal und dem dahinter liegenden Schurwald. Nach einer Rechtskurve kommen wir zu einer Aussichtsplattform.

Hier am **Aussichtsplatz am Gänsberg** 2 finden wir eine Bank und eine Metallplatte, auf der erklärt wird, was genau zu sehen ist: Da wäre von links der Schurwald, man sieht aber auch in Richtung Esslingen, Stuttgart, Waiblingen und Winnenden; direkt darunter liegt Urbach.

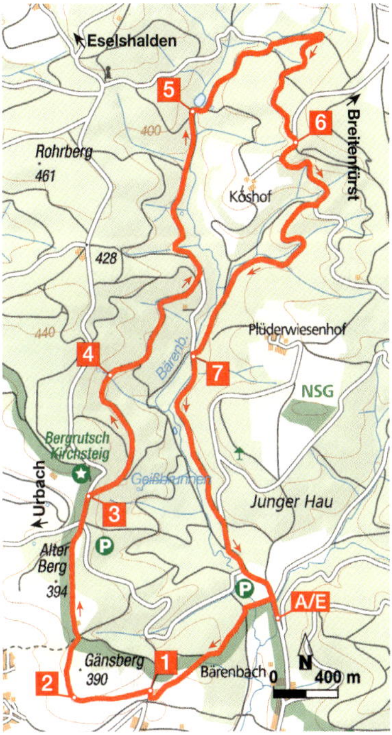

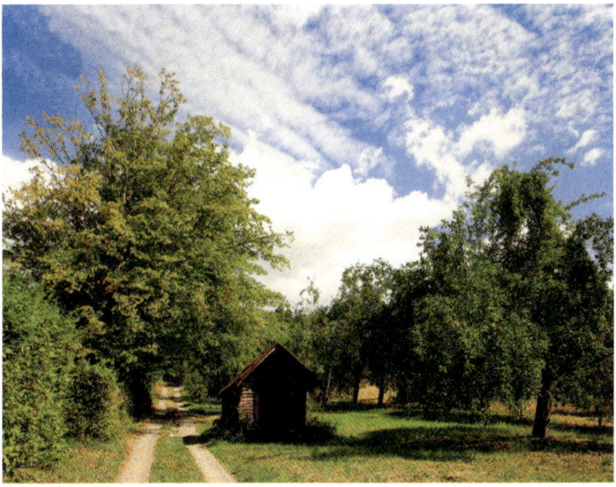

Hütte in den Streuobstwiesen

Linke Seite: Von der Aussichtsplattform am Gänsberg bietet sich ein prächtiger Blick durch das Remstal nach Westen.

Wir wandern weiter, kommen bald an einem als Naturdenkmal geschützten Baum vorbei und erreichen den Wald. Dort gehen wir auf dem Altenbergweg geradeaus bis zu einem Wanderparkplatz. Auch hier behalten wir unsere Richtung bei.

Nach den eingezäunten Grundstücken zweigen wir auf den rechts in den Wald abgehenden Ködenweg ab, zuerst aber marschieren wir auf dem Wiesenweg nach links bis zu einem Zaun. Hier hat man nicht nur einen (eingeschränkten) **Blick ins Remstal** 3, man sieht auch ein Stück des Urbacher Bergrutsches. Eine Infotafel erklärt, was es mit diesem auf sich hat.

Danach folgen wir dem erwähnten Weg in den Wald. Nach der Schranke nehmen wir an der Verzweigung den linken, eben verlaufenden Weg. Auf ihm bleiben wir nun eine Weile. Wir ignorieren erst den rechts, dann den links abgehenden Weg. Danach wandern wir am **Karlsbrünnele** 4 vorbei. Anschließend steigt es etwas an und wir kommen zum **Bärenbachsee** 5. Wir halten uns vor dem See rechts. Der Weg zieht nach links, führt uns am Flößerbrunnen vorbei und steigt immer sanft an. Wir gehen geradeaus weiter und ignorieren nach einer Weile den links abge-

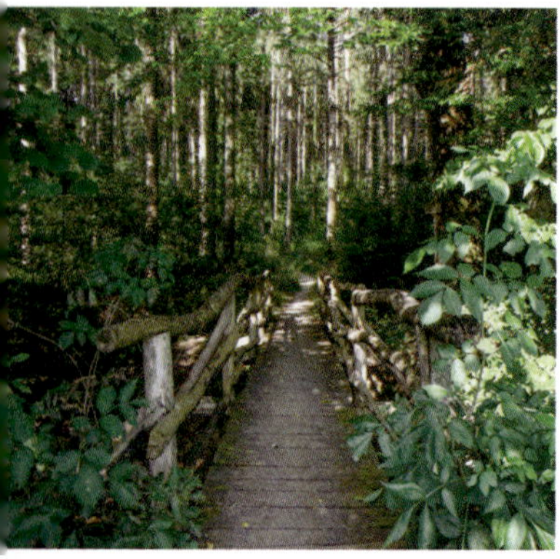

Das Gustav-Heger-Brückle überquert den Bärenbach.

Bärenbachsee

Der Bärenbachsee (Bärenbacher Floßsee) ist der Schwellsee (auch Schwallsee), der 1761/62 als letzter zur Scheitholzflößerei künstlich angelegt wurde. Er besitzt einen gut erhaltenen Damm und einen sauber gemauerten Ablasskanal. Bereits recht früh, 1830, wurde er als erster See nicht mehr zu seinem eigentlichen Zweck genutzt. Zu ihm führten zahlreiche Schlittenwege (siehe Tour 1).

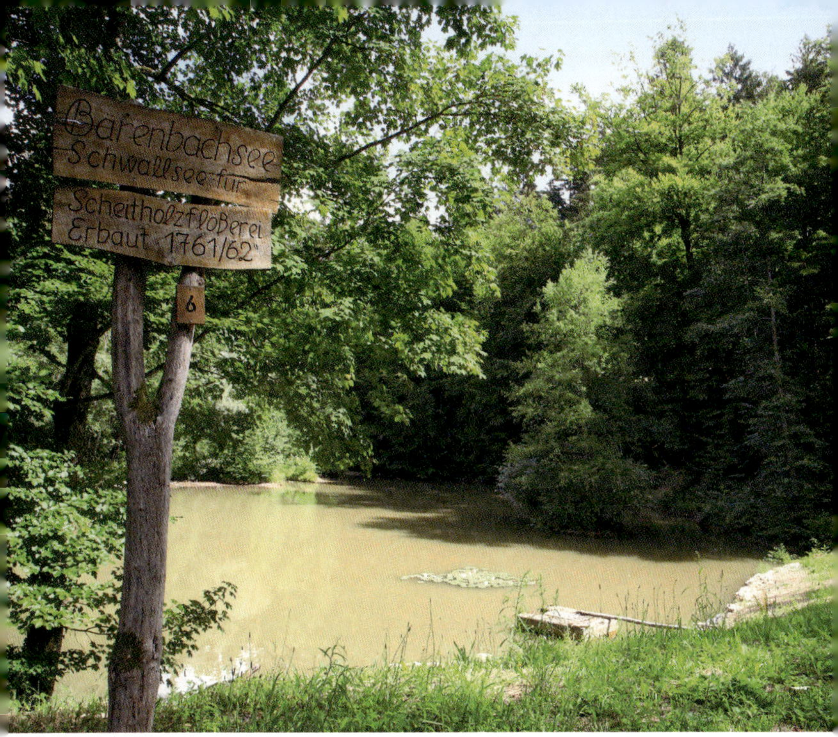

Der Bärenbachsee diente früher der Flößerei als Schwellsee.

henden Weg. Schließlich beschreibt unser Weg eine scharfe, u-förmige Rechtskurve.

Als Eibenhofweg führt er uns mit vielen Windungen zu einem **Asphaltsträßchen** 6. Wir halten uns rechts, nun geht es wieder abwärts. Kurz darauf nehmen wir den links abgehenden Felsenklingenweg. Nach einer Rechtskurve wandern wir an der Verzweigung auf dem rechten Weg weiter. Er geht in den Ungerhauweg über und wir spazieren immer bergab, bis wir zu einer Kreuzung kommen, an welcher der Bach einen querenden Weg passiert 7. Hier biegen wir links ab. Nun folgen wir diesem relativ eben verlaufenden Weg bis zum asphaltierten Steinschäuflesweg. Hier halten wir uns rechts. Wir kommen am Parkplatz Bux vorbei, etwas später sind wir zurück am Ausgangspunkt.

25 Zwischen Bärenbach- und Walkersbacher Tal

Ein interessanter Fels

Mittel | 10 km | 220 Hm | 2,5 Std.

Tourenverlauf: Urbach/ Wanderparkplatz nach dem Tennisplatz – Denkmal – Walkersbachtal – Geiststein – Bärenbach – Wanderparkplatz

Ausgangspunkt: Urbach, Wanderparkplatz nach dem Tennisplatz

Anfahrt: Auto: B 14 und B 29 bis Urbach, dann durch den Ort in Richtung Plüderhausen. Nach dem Ort links ins Bärenbachtal abzweigen. Den Wanderparkplatz finden wir nach dem Tennisplatz, GPS: 48.814037, 9.610229

Einkehr: Urbach; Grillmöglichkeit: am Ausgangspunkt

Karte: Wanderkarte W220 Welzheim, 1:25 000, Landesamt für Geoinformation und Landentwicklung Baden-Württemberg (LGL) in Zusammenarbeit mit dem Schwäbischen Albverein e.V.; Wanderkarte mit Radwegen Blatt 54-540 Schorndorf Göppingen, 1:25 000, NaturNavi

Diese Wanderung verläuft zu großen Teilen im schattigen Wald, sodass sie gut für heiße Sommertage, aber auch bei schlechterem Wetter geeignet ist. Sie führt uns zuerst zu einem Gedenkstein für einen abgestürzten Flieger, dann hinab ins Walkersbachtal. Gleich nach ihm sehen wir einen kleinen Weiher, der historisch interessante Gründe für seine Entstehung hat. Nach dem Wiederanstieg kann man einen Abstecher zum Geiststein machen.

Wir folgen vom Parkplatz hinter dem Tennisplatz zuerst dem Weg in den Wald hinein. Die rechts und links abgehenden Wege ignorieren wir, bis wir in einer Rechtskurve am »Bahnhöfle« zu einer rechts liegenden Lichtung und einer Kreuzung mit dem Hohbachweg (links) bzw. Hohbachsträßle (rechts) kommen. Hier halten wir uns mit dem Wanderzeichen blauer Balken links in den Hobachweg. Zuerst sollten wir aber den **Gedenkstein** (1) rechts des Hohbachwegs ansehen.

Der Gedenkstein ist dem Gefreiten Hubertus Hack gewidmet, der hier in der Gegend mit erst 19 Jahren am 18. März 1944 bei seinem ersten Feindflug mit einer einsitzigen Messerschmidt-Maschine abstürzte. Danach folgen wir mit dem blauen Balken dem Forstweg. Es geht über eine Kreuzung, wo der markierte Wanderweg links abknickt, danach mit Windungen hinab ins **Walkersbachtal** (2). Wir gehen auch im Tal immer geradeaus. Rechts des Weges sehen wir eine Lichtung, auf der anderen Talseite bei der Straße die Gebäude der Pfahlbronner Mühle.

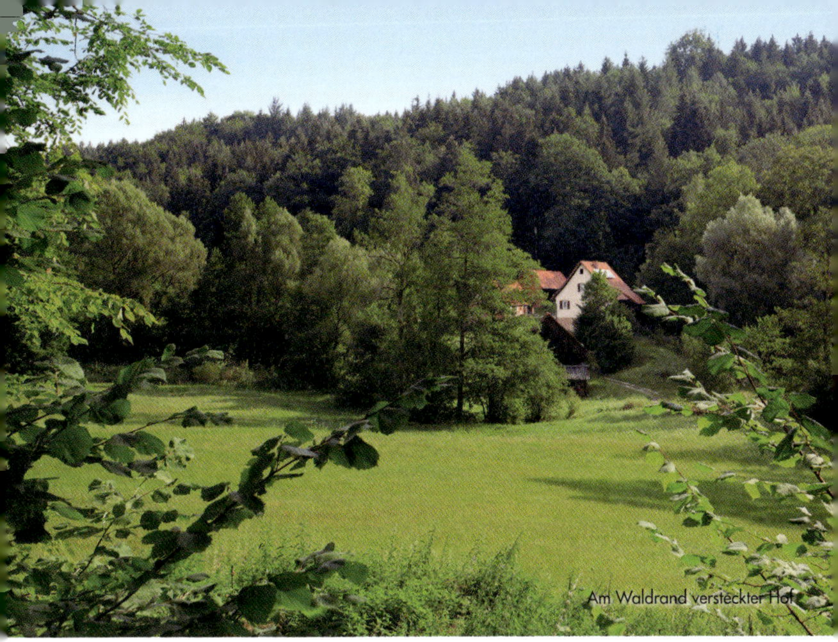
Am Waldrand versteckter Hof

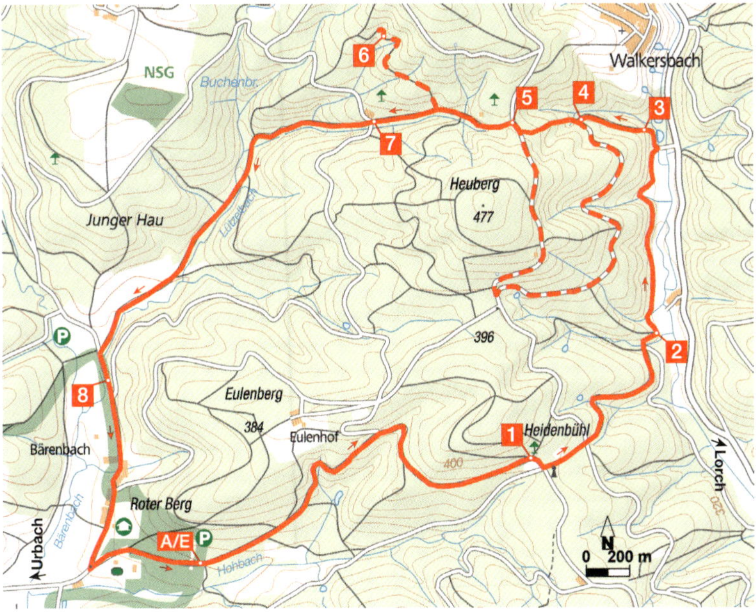
NSG
Buchenbr.
Walkersbach
6
5
4
3
7
Heuberg
477
Junger Hau
Lützelbach
396
2
8
Eulenberg
384
Eulenhof
1
Heidenbühl
Lorch
400
Bärenbach
Roter Berg
A/E
Urbach
Hohbach
N
0 200 m

Tourencharakter

Die Wanderung verläuft auf festen Wegen. Den Ausgangspunkt fährt man am besten von der Straße nach Bärenbach an, die östlich von Urbach von der K 1880 abgeht. Der Abstecher zum Geiststein beträgt einfach 0,5 km.

Wo nach einiger Zeit unser Weg nach rechts zur Straße zieht, biegen wir links in den ansteigenden Weg ab. Gleich danach sehen wir rechts einen kleinen **Weiher** 3.

Dieser 1742 angelegte Floß- und Schwellsee ist wie auch viele andere, unter anderem der Ebnisee, ein Überbleibsel der einstigen Flößerei. Nach dem Ende der Glasbläserei war dies ein neuer Gewerbezweig der hiesigen Bevölkerung. Scheiterholz wurde in den Holzgarten in Neckarrems geflößt, um den wachsenden Bedarf in Stuttgart und Ludwigsburg befriedigen zu können. Dieser See fasste so viel Wasser, dass man mit ihm zwei Tage lang flößen konnte. Nachdem 1861 die Remstalbahn eröffnet wurde, hat man die Flößerei wieder eingestellt.

Nun folgen wir dem Weg hinauf bis zu einer scharfen **Linkskurve** 4. Hier haben wir zwei Möglichkeiten: Etwas länger, aber gemütlicher ist es, wenn wir dem breiten Weg nach links folgen (gestrichelte Variante). Er bringt uns zu dem mit dem blauen Balken markierten Wanderweg, in den wir rechts einbiegen. Kürzer, aber steiler ist es, wenn wir an der Linkskurve auf dem unbefestigten Weg steil bergauf gehen. Auch er bringt uns zu dem markierten Wanderweg.

Verwitterungsformen am Geiststein

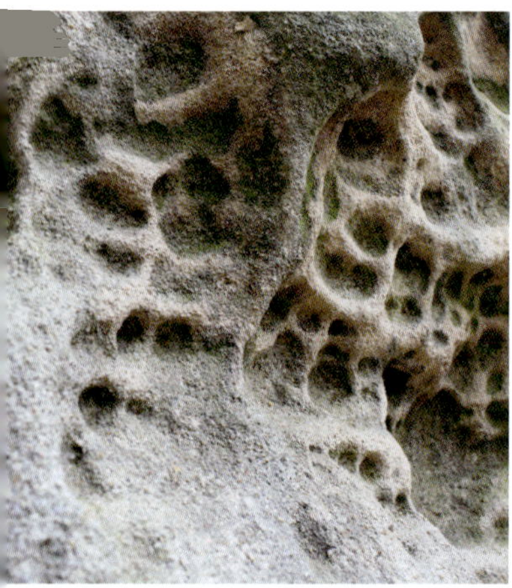

Etwas weiter rechts folgen wir dem ebenfalls mit dem blauen Balken markierten **Sandbuckelweg** 5 in Richtung »Urbach« nach links. Es geht an einer rechts des Weges liegenden Hütte vorbei, danach empfiehlt sich mit dem Wanderzeichen

blauer Punkt nach rechts ein Abstecher zum **»Geiststein«** 6.
Zurückgekehrt folgen wir dem Weg weiter. An einer **Kreuzung** 7, an der wir rechts einen Pavillon sehen, spazieren wir mit dem Zeichen geradeaus im Litzelbachweg weiter. Nun geht es steil bergab, der Bach begleitet uns eine Weile. Gleich rechts sehen wir ein steinbruchähnliches Areal, hier wurde wohl früher Sand gewonnen.
Abwärts wandernd verlassen wir schließlich den Wald und passieren ein schönes Wiesental bis zu einem **querenden Sträßchen** 8. Ihm folgen wir nach links. Es geht vorbei an einem Wanderparkplatz, danach durch die Ansiedlung Bärenbach. Kurz nach dieser biegen wir links ab zum Tennisplatz und erreichen schließlich wieder unseren Ausgangspunkt.

Geiststein

Der Welzheimer Wald hat mit dem Geiststein eine Felsformation aufzuweisen, die wegen ihrer besonderen Form nicht nur ein Naturdenkmal ersten Ranges, sondern auch ein kulturelles Zeugnis ist. Bereits in vorchristlichen Zeiten war der Felsklotz vielleicht eine Kultstätte, und um 1575 trafen sich hier Wiedertäufer zum nächtlichen Gottesdienst. Während des Dreißigjährigen Krieges predigte der Urbacher Pfarrer von dieser Naturkanzel. Von den Täufern, frühen Vorkämpfern einer Gewissensfreiheit in der Amtskirche, ist die Familie Greiner namentlich bekannt: Mitglieder von ihr waren über Generationen angesehene Hüttenmeister der herzoglichen Glashütte in Walkersbach. Um 1800 soll der Geiststein auch König Friedrich als Jagdsitz bei einer Treibjagd gedient haben, er soll ihn auch auf seine heutige Form zuhauen haben lassen (nach einer anderen Erzählung ist dies jedoch bereits 1736 durch den Herzog Karl Alexander von Württemberg geschehen). Heute ist die ursprünglich markantere Form der Spitze durch die Erosion etwas abgemildert. Der zwischen zwei Klingen gelegene Felsklotz besteht aus grobkörnigem Unterem Stubensandstein und ist rund sieben Meter hoch. Auf seiner der Sonne zugewandten Seite sieht man wabenähnliche Verwitterungsformen, wie man sie auch in den Buntsandsteinformationen des Pfälzer Waldes findet. Hier fanden Wanderungen von Eisenoxiden statt, und die netzförmigen Anreicherungszonen sind hart und widerstehen der Verwitterung besser als die umliegende Masse. Die Auslaugungszonen dagegen verwittern leichter und bilden Dellen und Näpfe.

26 Durch die Weinberge zur Burgruine

Von der Yburg zur Aussicht

Leicht | 6 km | 270 Hm | 1,5 Std.

Tourencharakter: Wir wandern auf festen Wegen. Einen Ausweichparkplatz findet man am Friedhof.

Tourenverlauf: Kernen im Remstal-Stetten – durch die Weinberge – Aussichtspunkt 7 Linden – Yburg – Stetten

Ausgangspunkt: Kernen im Remstal-Stetten, Parkplatz in der Weinstraße

Anfahrt: ÖPNV: S-Bahn bis Schorndorf, Bus bis Stetten Kelter;
Info: www.vvs.de;
Auto: B 14 bis Kernen im Remstal und über Rommelshausen nach Kernen im Remstal-Stetten. Durch den Ort hindurch und kurz vor Ortsende links ab in die Weinstraße, GPS: 48.784657, 9.340190

Einkehr: Stetten

Karte: Wanderkarte W220 Welzheim, 1:25 000, Landesamt für Geoinformation und Landentwicklung Baden-Württemberg (LGL) in Zusammenarbeit mit dem Schwäbischen Albverein e.V.; Wanderkarte mit Radwegen Stuttgart Nordost Blatt 52-541, 1:25 000, NaturNavi

Diese Tour bietet uns ständig eine weite Aussicht: Von den Weinbergen und dem Aussichtspunkt 7 Linden übersehen wir Stetten und das Remstal, im Hintergrund haben wir den Korber Kopf im Blickfeld. Interessant ist aber auch die Ruine Yburg, vor und in der es eine Dauerausstellung mit Skulpturen des Remstäler Bildhauers Karl Ulrich Nuss zu sehen gibt.

Wir spazieren vom Parkplatz aus die Weinstraße hinauf bis zur **Glockenkelter** 1 in der querenden Hindenburgstraße; auch von anderen Ausgangspunkten gehen wir zuerst dorthin. An der Verzweigung südlich der Kelter nehmen wir vor Haus Nr. 51 den links hinaufziehenden Weg (Stettener Rundwanderweg).
Wir verlassen den Ort und wandern mäßig ansteigend in die Weinberge. Es geht vorbei an einem **großen Gedenkstein** 2 zur Rebflurbereinigung in den Jahren 1971 bis 1975. Später kommen wir an einem Brunnen vorbei, danach erreichen wir den **Waldrand** 3. Hier halten wir uns links und wandern hinauf zu einer scharfen Linkskurve. Kurz danach ignorieren wir, dass nach rechts ein Weg hinauf zum Sängerheim führt, nehmen aber den nächsten rechts abgehenden Weg.
Nun haben wir das Remstal und davor die Ruine Yburg im Blickfeld. Wo wir der Ruine schon ziemlich nahe gekommen sind, sehen wir rechts ein mit Hecken eingefriedetes Grundstück, vor uns queren Elektroleitungen. Hier biegen wir rechts ab 4. Es geht entlang der Wiese ein wenig bergauf, dann

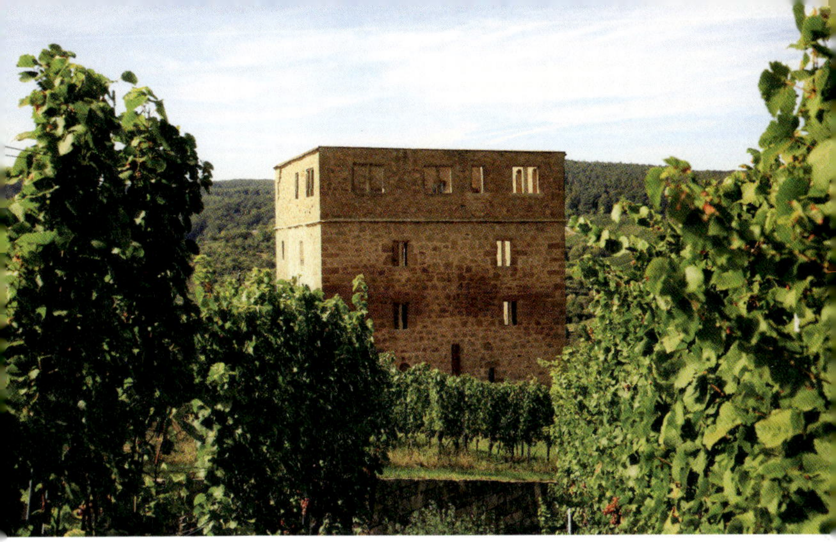

halten wir uns an einem Querweg rechts. Wo rechts ein Weg abgeht, biegen wir mit dem Wanderzeichen blauer Punkt links ab und wandern auf einem Wiesenweg durch die Baumwiesen zum **Aussichtspunkt 7 Linden** 5.

Danach geht es auf einer Treppe hinab. Wir folgen dem Weg unterhalb des Aussichtspunktes nach

Die Ruine Yburg steht inmitten von Weinbergen.

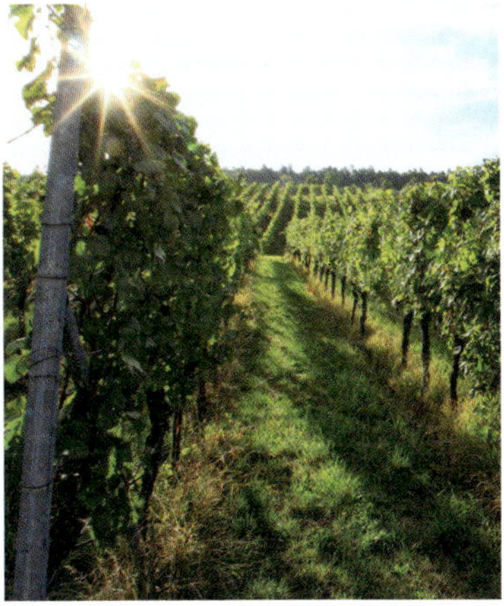

Morgensonne in den Weinbergen

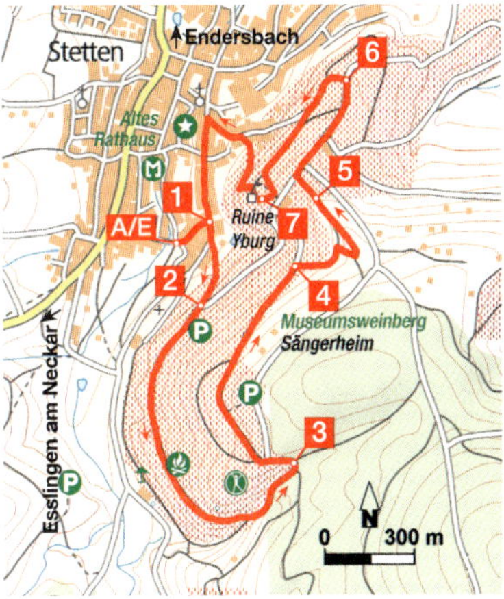

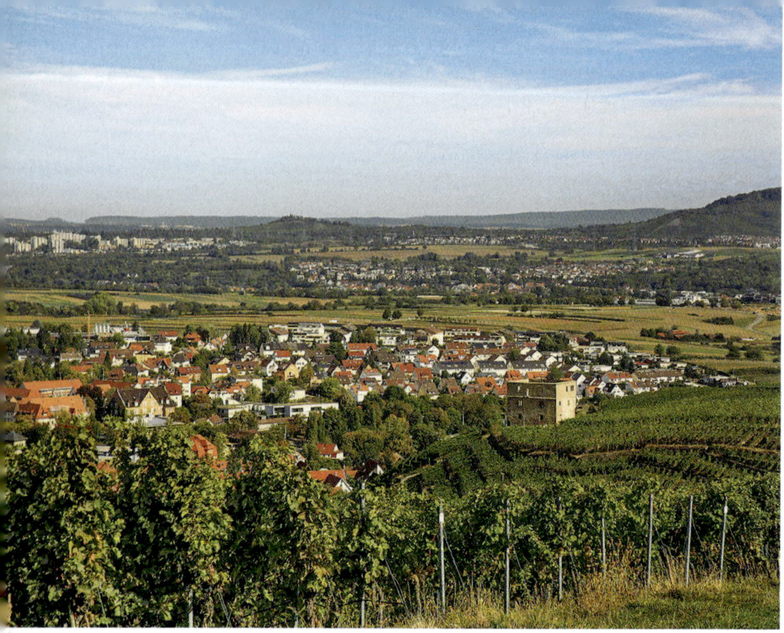

Weiter Blick über die Ruine Yburg

rechts, am nächsten Querweg halten wir uns wieder rechts. Wo der Weg eine scharfe Linkskurve beschreibt, steht ein **Gedenkstein** 6.

Die Inschrift des Steins erinnert daran, dass hier einst eine Kelter stand. Diese wurde 1865 abgebrochen und dafür ein Weinberg angelegt.

Danach ändert der Weg seine Richtung und führt wieder zurück in Richtung Yburg. Etwas später zweigen wir links in den ansteigenden Weg ab. Vor einem Stein mit einer Inschrift, die an die württembergische Weinprinzessin 2012 erinnert, halten wir uns links. Kurz danach gehen wir nach rechts zur **Ruine Yburg** 7 (siehe Tour 18).

Auf der Eingangsseite der Ruine folgen wir den abwärts führenden Treppen. Wir spazieren an einer Aussichtsplattform vorbei, danach geht es hinab nach Stetten. Dort bewegen wir uns auf die Kirche zu. Vor ihr biegen wir links ab und kommen zurück zur Glockenkelter.

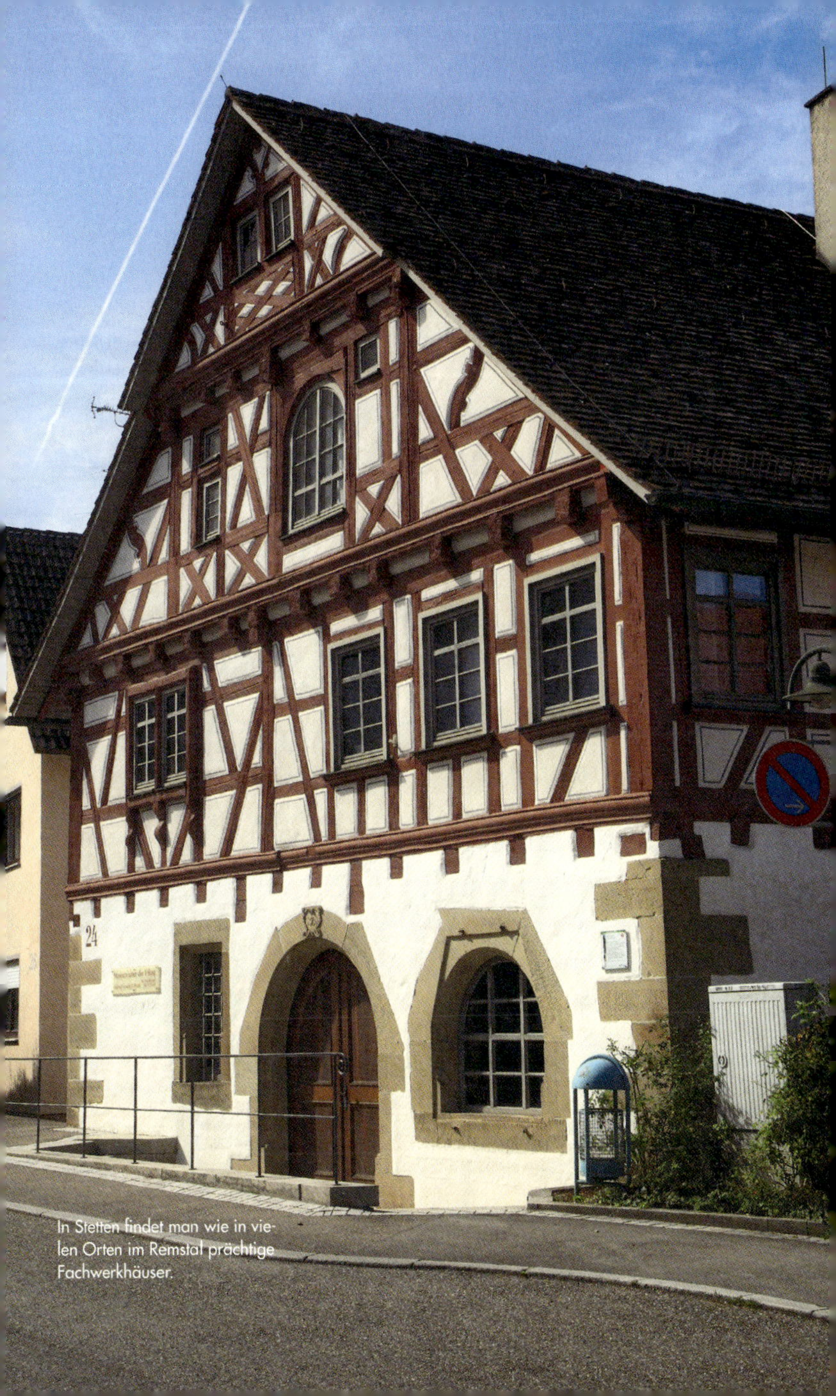

In Stetten findet man wie in vielen Orten im Remstal prächtige Fachwerkhäuser.

27 Aussichtstour durch die Weinberge

Der Herzog musste schlichten

Mittel | 10,5 km | 370 Hm | 2,5 Std.

Tourenverlauf: Weinstadt – Karlstein – durch die Weinberge – Strümpfelbach – Schützenhüttle – Parkplatz

Ausgangspunkt: Weinstadt

Anfahrt: ÖPNV: S-Bahn bis Weinstadt-Endersbach, dann mit dem Bus bis Strümpfelbach Kelter und die Tour dort beginnen; Info: www.vvs.de; Auto: B 14 und B 29 bis Weinstadt-Beutelsbach, durch den Ort hindurch, danach links ab in die K 1864 in Richtung Aichwald-Aichelberg. Der Wanderparkplatz liegt an der scharfen Linkskurve, GPS: 48.789422, 9.385027

Einkehr: Strümpfelbach

Karte: Wanderkarte W220 Welzheim, 1:25 000, Landesamt für Geoinformation und Landentwicklung Baden-Württemberg (LGL) in Zusammenarbeit mit dem Schwäbischen Albverein e.V.; Wanderkarte mit Radwegen Stuttgart Nordost Blatt 52-541, 1:25 000, NaturNavi

Wer Wanderungen durch Weinberge – immer mit der damit verbundenen herrlichen Aussicht – liebt, ist mit dieser Tour bestens bedient. Vor allem im Herbst, wenn das Weinlaub in allen Farben leuchtet, ist sie ein großartiges Erlebnis. Historisch interessant unterwegs ist der Karlstein, außerdem lohnt das Ortsbild von Strümpfelbach mit seinen vielen Fachwerkhäusern einen Abstecher.

Wir gehen vom Parkplatz aus in Richtung »Karlstein« in den Wald. Am Anfang der Lichtung mit dem Waldkindergarten biegen wir links ab und wandern hinauf zu einem querenden Forstweg. Hier halten wir uns rechts. Vor dem Waldrand biegen wir links auf einen ansteigenden Pfad ab.

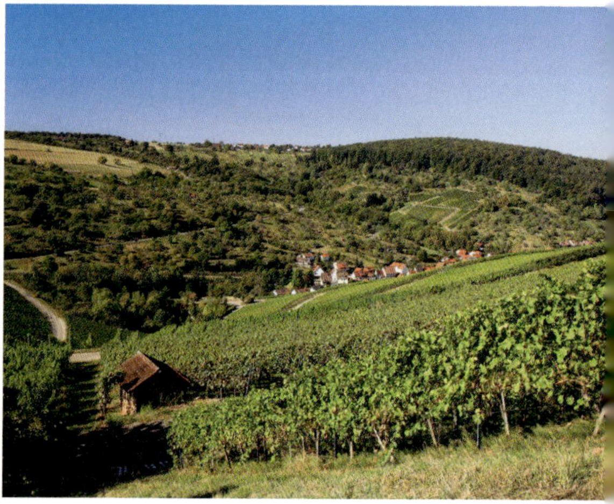

Wo wir den Wald verlassen, können wir nach rechts zu einer **Aussichtsplattform** ❶ gehen; was von dort zu sehen ist, wird auf einer Bronzetafel erklärt. Ansonsten wandern wir nach links weiter bis zum **Karlstein** ❷.

Nun spazieren wir auf dem außerhalb des Waldes verlaufenden Weg weiter. Wir behalten zunächst unsere Richtung bei und wenden uns am nächsten Querweg nach links. Ebenso biegen wir nach einer Rechtskurve an einer **Kreuzung** ❸, an der wir auch Bronzefiguren von Karl Ulrich Nuss sehen, links ab. Jetzt haben wir bald einen prächtigen Blick nach rechts hinab nach Strümpfelbach.

Tourencharakter

Wir wandern überwiegend auf festen Wegen. Wie immer in Weinbergen ist das Finden der oft nicht markierten Wege schwierig; man sollte deshalb gut auf die Karte achten. Auch die im Buch empfohlenen Apps sind bei dieser Tour sehr nützlich. Wer die Tour hinterher in Strümpfelbach ausklingen lassen möchte, startet dort.

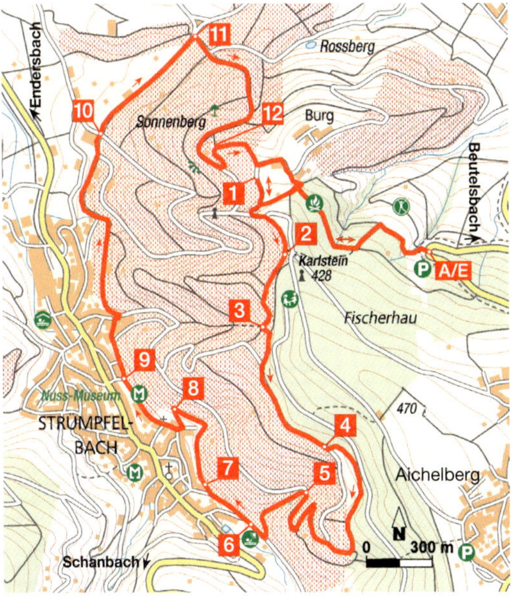

Linke Seite: Zweierlei Nutzungsarten – Blick über die Weinberge auf die Streuobstwiesen am gegenüberliegenden Hang

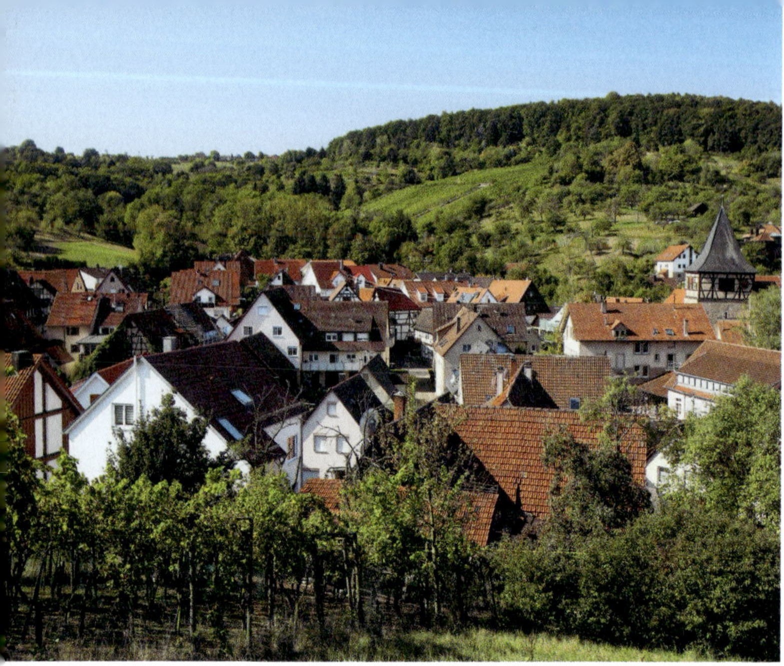

Heimelig: Die Kirche in Strümpfelbach besitzt einen Fachwerkaufsatz.

Wir wandern nun immer am Waldrand entlang. Wo sich der Weg verzweigt, führt die rechte Variante durch die Weinberge abwärts, wir nehmen aber den linken Weg, der uns weiter am Waldrand entlangleitet. Bald hören die Weinberge auf und wir gehen durch Streuobstwiesen. Wir ignorieren einen rechts abgehenden Weg, später wandern wir dort, wo an einer Verzweigung ein Weg links in den Wald führt, auf dem linken Weg weiter **4**. Er beschreibt eine Rechtskurve und wir marschieren wieder durch Weinberge.

An einem Weinberghäuschen biegen wir links ab, gleich danach halten wir uns rechts. Nach einer Rechtskurve biegen wir an einer Linkskurve links ab **5**; nun sehen wir auf einem Schild »Strümpfelbach« angeschrieben.

Bald stoßen wir bei einem bepflanzten Rondell auf einen querenden Weg. Hier biegen wir links ab. Der

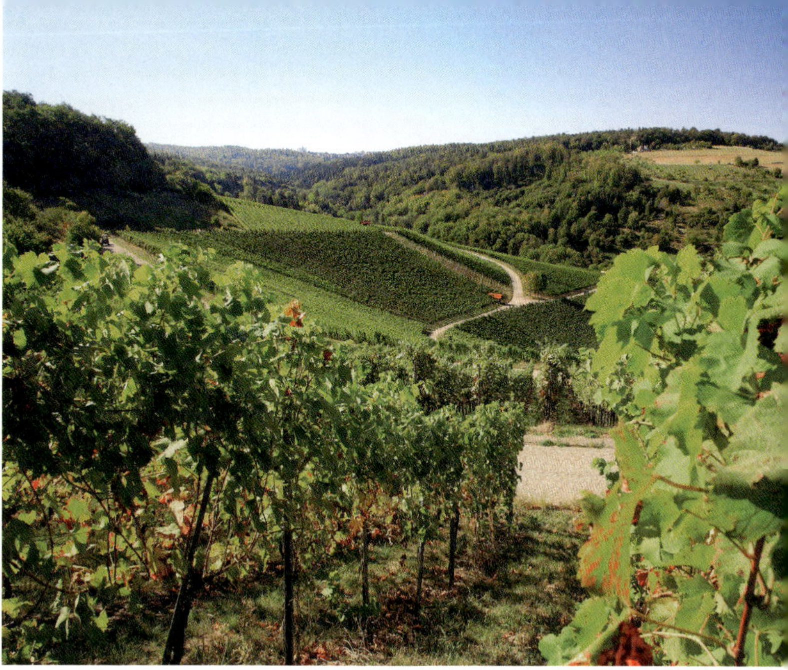

Weg zieht aber gleich nach rechts und bringt uns zum Parkplatz des **Freibads** 6. Dahinter beginnt das Wohngebiet von Strümpfelbach (siehe Tour 18). An der Verzweigung gehen wir auf dem rechten, oberen Weg weiter.

An der Verzweigung nach **Haus Nr. 16** 7 nehmen wir den rechten, sanft ansteigenden Weg. Nach einer Linkskurve und links einer großen Baumgruppe sehen wir den Friedhof, wir biegen aber noch davor links ab 8. Es geht etwas bergab, dann wandern wir in der Kelterstraße nach rechts weiter. An der **Kelter** 9 gehen wir mit dem Zeichen des Jakobswegs rechts im St. Urban-Weg weiter. An einer Verzweigung bei Wohnhäusern halten wir uns links in den Weg In der Geiß und gehen bis vor die Weinberge. Hier biegen wir links ab.

Nach einer Linkskurve gehen wir rechts an einem Haus vorbei. An der nächsten Verzweigung orien-

Wanderungen durch Weinberglandschaften ermöglichen oft weite Blicke über die geschwungenen Hänge.

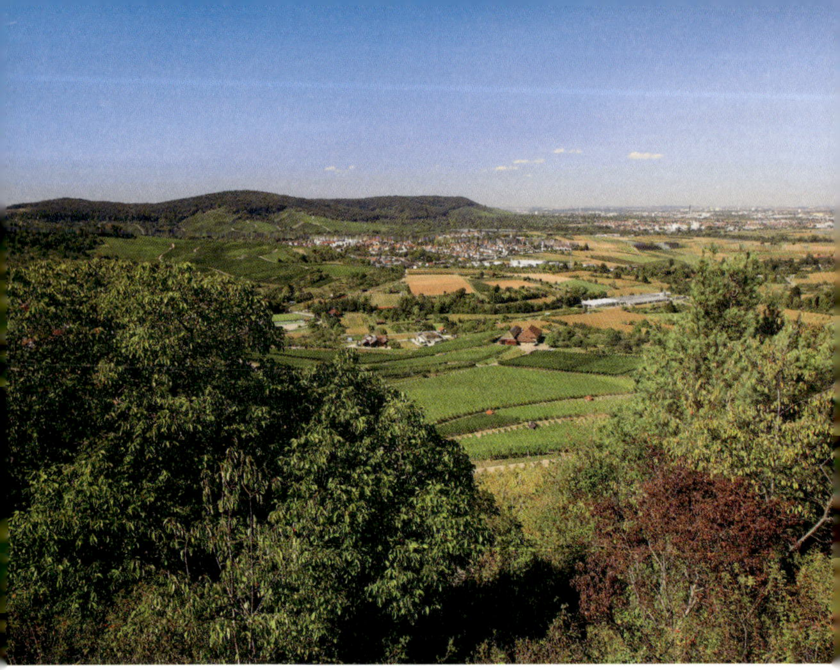

Die Höhen bieten schöne Blicke über die Weite des Remstals.

tieren wir uns rechts in Richtung »Beutelsbach«. Die Kelter der **Weingärtnergenossenschaft Beutelsbach-Endersbach** ⑩ lassen wir links liegen.

Wenn wir rechts zu den Weinbergen schauen, sehen wir zwei bewaldete Köpfe – auf den linken, wo ein kleines Türmchen aus den Bäumen hervorschaut, führt unser Weg. Bald haben wir eine Kreuzung erreicht, an der wir links das **Käppele** ⑪ erkennen (siehe Tour 18). Hier biegen wir rechts ab. Nun folgen wir immer dem ansteigenden Weg, der uns in großen Windungen bis unterhalb des bewaldeten Kopfes führt. Wir gehen rechts an ihm entlang, danach können wir nach links zu dem kleinen Türmchen gelangen.

Das Türmchen ist das **Schützenhüttle** ⑫. Es wurde 1774 von der Gemeinde Endersbach als Unterstand für den Weinbergschützen aus Stein erbaut; das Vorgängergebäude war noch aus Holz gewesen. 1928 hat man es in der heutigen Form neu errichtet.

Nun gehen wir auf dem Pfad weiter, der rechts des Türmchens hinab zu einem Asphaltweg führt. Ihm folgen wir. An der nächsten Verzweigung biegen wir rechts ab. Etwas später begeben wir uns mit dem Zeichen blauer Punkt links auf einen Feldweg. Der markierte Wanderweg zweigt zwar kurz darauf rechts ab, wir spazieren aber geradeaus weiter in den Wald. An einem querenden Weg biegen wir rechts ab und gehen, vorbei an einer Schranke, in den Wald.

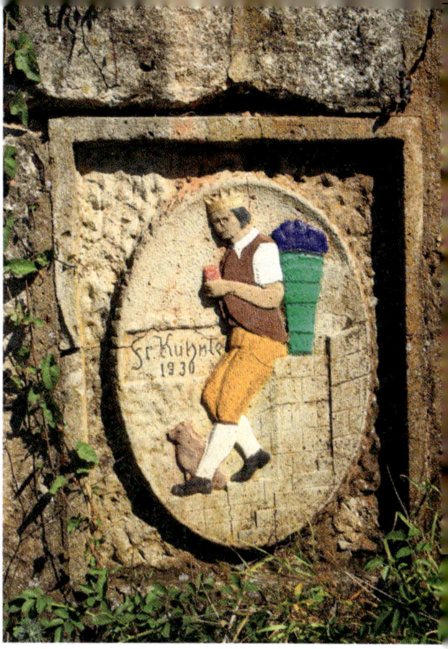

Schmuckstein in der Weinbergmauer

Ab jetzt kennen wir den Weg: Hier sind wir zu Anfang nach rechts zum Karlstein hinaufgegangen, jetzt wandern wir aber geradeaus weiter. Etwas später folgen wir dem Zeichen nach links in Richtung »Schnait«.

Es geht nun bergab zu der Lichtung mit dem Waldkindergarten und dort nach rechts zurück zum Ausgangspunkt.

Karlstein

Die Bedeutung des Karlsteins erklärt die Inschrift: »Zum ewigen Gedenken an den gnädigsten Vater des Vaterlandes Karl Herzog von Württemberg der die Streitigkeiten um Waldgebiete zwischen Endersbach und Strümpfelbach hierorts schließlich feierlich und glücklich schlichtete am 7. Juni 1793«. Es gibt auch noch eine lateinische Inschrift. Flankiert wird der Karlstein von zwei Mammutbäumen (siehe Tour 2), die ihrem Namen aber keine Ehre machen, denn sie sind im Vergleich zu anderen Exemplaren im Land recht kümmerlich gewachsen. Dafür hat man eine prächtige Aussicht. Der moderne Gedenkstein daneben wurde von dem Strümpfelbacher Künstler Professor Fritz Nuss gestaltet.

28 Auf dem Weinbau- und Skulpturenweg Schnait

Kunst und Aussicht

Leicht | 3 km | 80 Hm | 1 Std.

Tourencharakter: Wir wandern auf festen Wegen. Ein mp3-Audio-Guide kann kostenlos downgeloaded werden (www.weinstadt.de).

Tourenverlauf: Weinstadt-Schnait – Weinbau- und Skulpturenweg – Parkplatz

Ausgangspunkt: Weinstadt-Schnait

Anfahrt: Auto: B 14 und B 29 bis Beutelsbach, dann durch den Ort nach Weinstadt-Schnait, dort links abzweigen in die Weinstraße. Der Wanderparkplatz liegt danach an der K 1865 in Richtung Manolzweiler, GPS: 48.786640, 9.427422

Karte: Wanderkarte W220 Welzheim, 1:25 000, Landesamt für Geoinformation und Landentwicklung Baden-Württemberg (LGL) in Zusammenarbeit mit dem Schwäbischen Albverein e.V.; Wanderkarte mit Radwegen Stuttgart Nordost Blatt 52-541, 1:25 000, NaturNavi

Wir spazieren bei dieser Tour mit prächtiger Sicht durch die Weinberge. Für Unterhaltung unterwegs sorgen die Skulpturen, die an die Arbeit der Wengerter früherer Zeiten erinnern.

Am Parkplatz sehen wir bereits die ersten Skulpturen von Ludwig Heeß: »Sonnenbänkle« und »Weintisch«. Dann folgen wir dem Weg, der in Richtung Manolzweiler parallel zur Straße verläuft. Er beschreibt gleich darauf eine scharfe Rechtskurve, dahinter biegen wir rechts ab ❶. Hier sehen wir den »Waschbär Joggi«, danach ein Häufchen steinerne Äpfel und Birnen – Mostobst also. Die Inschrift weist auch darauf hin: »All' mein Trost ist Apfelmost«.

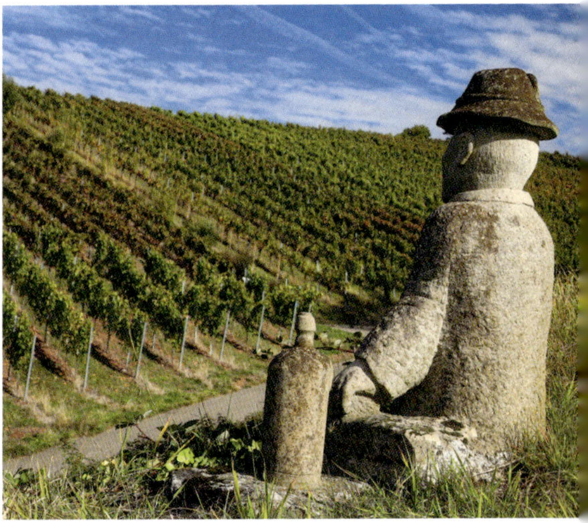

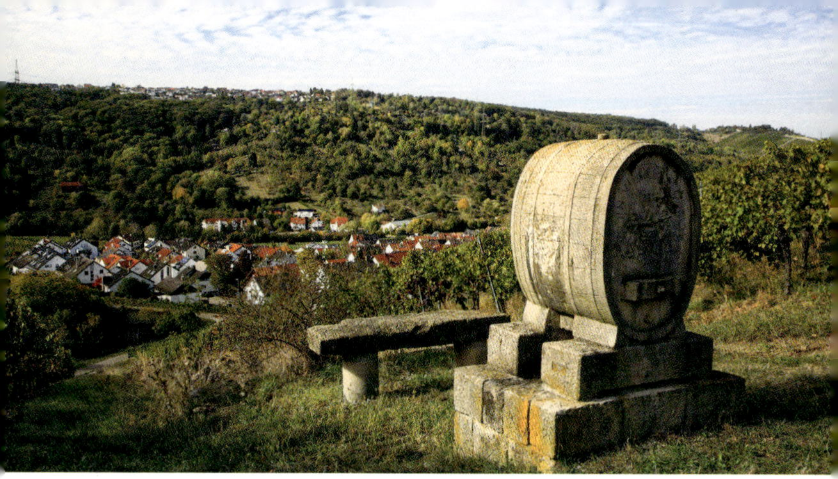

An der bald folgenden Verzweigung bei einem Weinberghäuschen gehen wir geradeaus weiter. An der Skulptur »Der wegweisende Finger« folgen wir dem Asphaltweg nach rechts, gleich darauf bei der **Skulptur »Traubenbutten«** 2 halten wir uns links.

Vorbei an weiteren Schöpfungen von Ludwig Heeß – »Ablässe«, »Götte« und »Faiferbänkle mit dem städtischen Mauerweinberg« – kommen wir zum Vogelbaum. An der nächsten Kreuzung halten wir uns links. Links des Weges sehen wir den Dachsbau, rechts davon ein ganz eingewachsenes Wengerterunterstandshäuschen, daneben die sitzende Figur »Sänger-Häfner«.

Kurz darauf kommen wir zu einer **Kreuzung** 3 mit einigen Skulpturen, unter anderem das »Busierbänkle« und den »Kreaba-Mann«, der mit den Worten »Weinbau ist harter Lohn wer weiss das schon« erklärt wird. Zudem sind hier auch Tierfiguren zu entdecken.

Wir spazieren geradeaus weiter; unterwegs sehen wir die Skulpturen »Früchtekorb« und »Schöpfkübel-Stütze-Eichzuber«. Ab hier haben wir auch einen schönen Blick hinab

Beschützt vom steinernen Weinfass lässt sich von der Bank aus die Aussicht bestens genießen.

Linke Seite: Nach getaner Arbeit ruht sich der Wengerter bei einer Flasche des eigenen Weins aus.

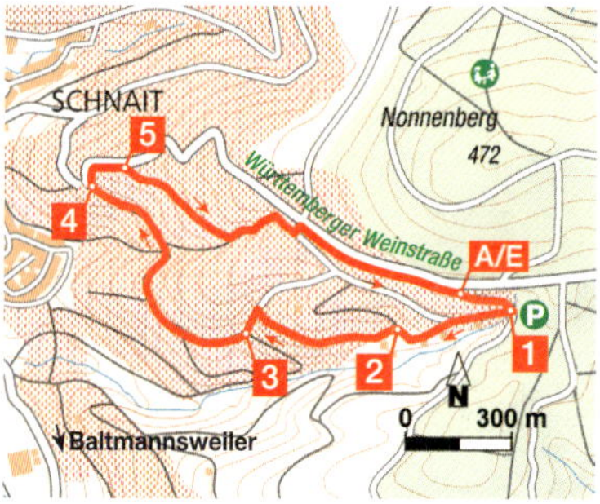

auf Schnait und hinaus ins Remtal. Danach folgt die Kombination »Kellertür-Faß-Faßtrichter«. Anschließend steht links in den Reben ein Wengerter, gleich darauf sehen wir rechts in einer Nische den »Weingeist«. Auch der »Traubenwagen« und der Junge, der mit der Vesper»box« und dem Krug das Essen hinaus in den Weinberg bringt, lassen uns daran denken, wie es früher war. Daran erinnert auch die folgende Figur, eine Frau mit einer Last auf dem Kopf und einem Schleifstein am Gürtel (»Frau mit Grastuch«).

Zum Ausruhen dient die bald danach kommende Bank bei einem Fass, rechts des Weges steht eine Weinpresse. Danach erreichen wir die **Straße** 4, hier sehen wir die Figur einer Wengerterfrau. Nun biegen wir rechts ab und gehen rechts der Straße auf einem Naturweg zum Silcherblick, einem kleinen **Rastplatz** 5. Hier finden wir Tisch und Bänke, dazu eine Stele mit Gedichten.

Schließlich folgen wir dem asphaltierten Weg bis zu einem Querweg. Er bringt uns nach links hinauf bis vor die Straße. Dort zieht er nach rechts und leitet uns zurück zu unserem Ausgangspunkt.

Weinbau- und Skulpturenweg

Auf dem Weinbau- und Skulpturenweg Schnait sind zahlreiche steinerne Skulpturen des Schnaiter Weinbauern und Hobbykünstlers Rudolf Heeß zu sehen. Sie zeigen alte Gerätschaften, die für die Arbeit im Weinberg gebraucht wurden, dazu einige Skulpturen von Weingärtnern bzw. ihren Frauen. Auch sie erinnern an frühere Zeiten, die für die Wengerter aus harter Arbeit im Weinberg bestand. Zudem werden auf Tafeln die hier wachsenden Rebsorten erklärt. Unter www.weinstadt.de/audioheess findet man einen Audio-Rundgang mit dem Künstler, der im Dialekt seine Figuren erklärt. Diesen Rundgang kann man sich als mp3-Datei herunterladen, sodass man die Erklärungen direkt vor Ort anhören kann.

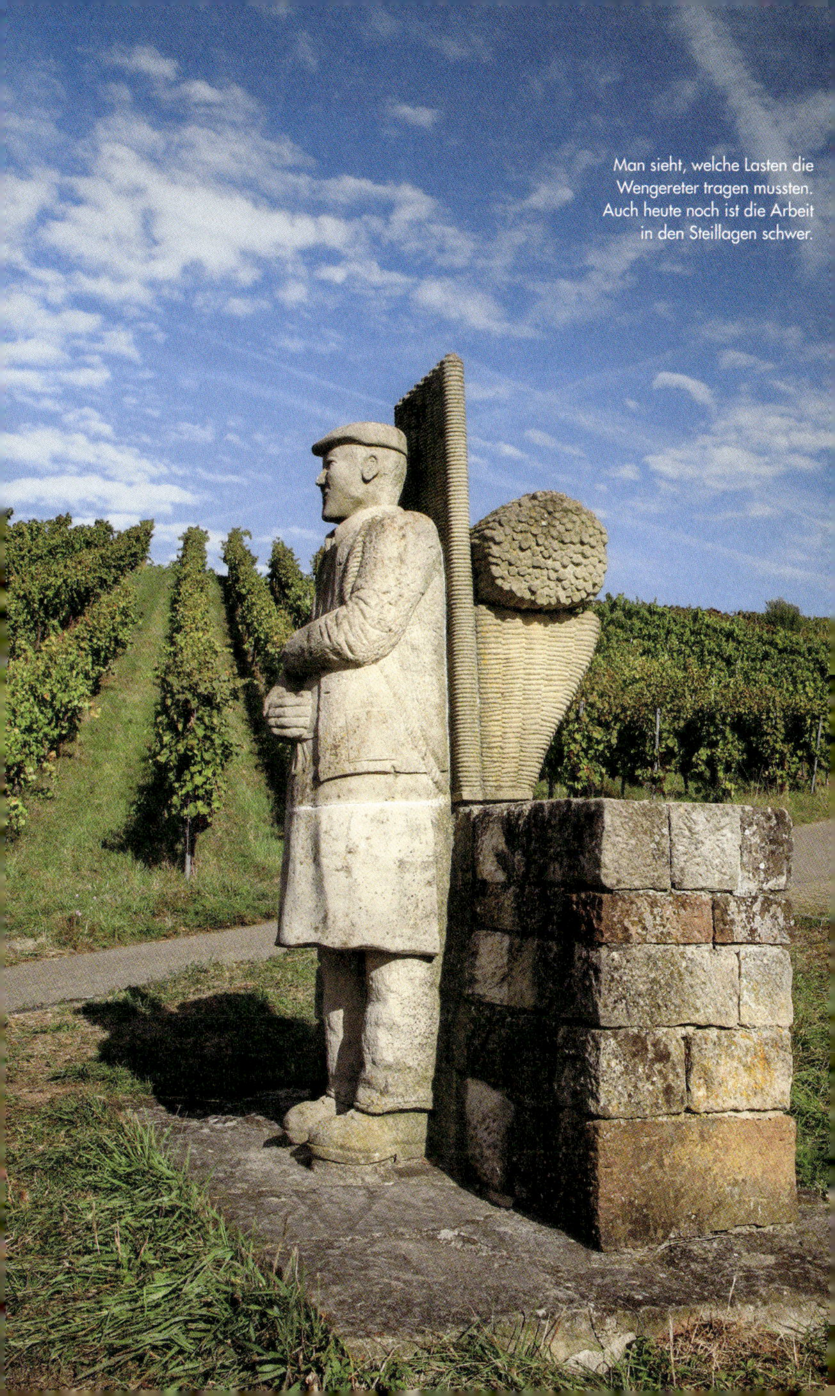

Man sieht, welche Lasten die Wengereter tragen mussten. Auch heute noch ist die Arbeit in den Steillagen schwer.

29 Zwischen Wald, Weinbergen und Baumwiesen

Gemütlich oberhalb des Remstals

Leicht | 4,5 km | 100 Hm | 1,5 Std.

Tourencharakter: Wir wandern auf geschotterten und asphaltierten Wegen.

Tourenverlauf: Winterbach-Manolzweiler/Parkplatz – Skulptur Weintisch – Skulptur Waschbär – durch die Weinberge – zwischen Baumwiesen – Saffrichhof – Parkplatz

Ausgangspunkt: Winterbach-Manolzweiler

Anfahrt: Auto: B 14 und B 29 bis Beutelsbach, dann durch den Ort nach Schnait, dort links abzweigen in die Weinstraße. Der Wanderparkplatz liegt danach an der Rechtskurve der K 1865 kurz vor Manolzweiler, GPS: 48.788679, 9.438107

Einkehr: Grillmöglichkeit am Parkplatz nach dem Saffrichhof

Karte: Wanderkarte W220 Welzheim, 1:25 000, Landesamt für Geoinformation und Landentwicklung Baden-Württemberg (LGL) in Zusammenarbeit mit dem Schwäbischen Albverein e.V.; Wanderkarte mit Radwegen Blatt 52-541 Stuttgart Nordost, 1:25 000, NaturNavi

Anfang und Schluss dieser Wanderung verlaufen im schattigen Wald – hier liegen auch die beiden Abschnitte mit etwas Anstieg. Dazwischen wandern wir erst durch Weinberge, danach zwischen Baumwiesen. Beide Male bietet sich uns aber eine schöne Fernsicht.

Wir folgen am Parkplatz dem mit dem roten Kreuz markierten Weg in den Wald hinein. Gleich nach der Schranke biegen wir links ab. Nun steigt es etwas an. Nachdem es wieder flacher geworden ist, kommen wir zu einer **Kreuzung** ①. Hier halten wir uns links und wandern hinab zur K 1865. Ihr folgen wir gut 100 Meter nach rechts.

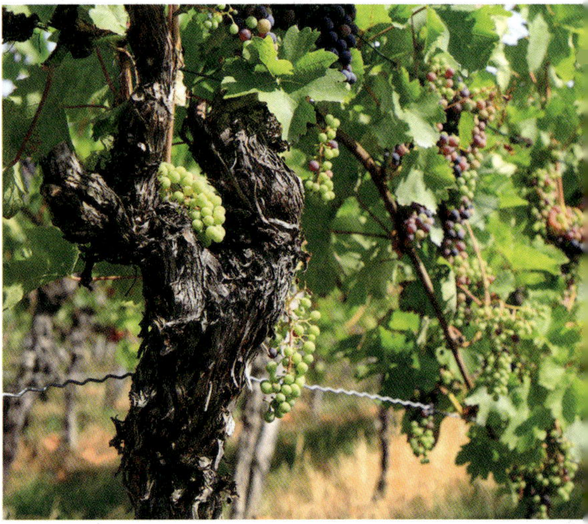

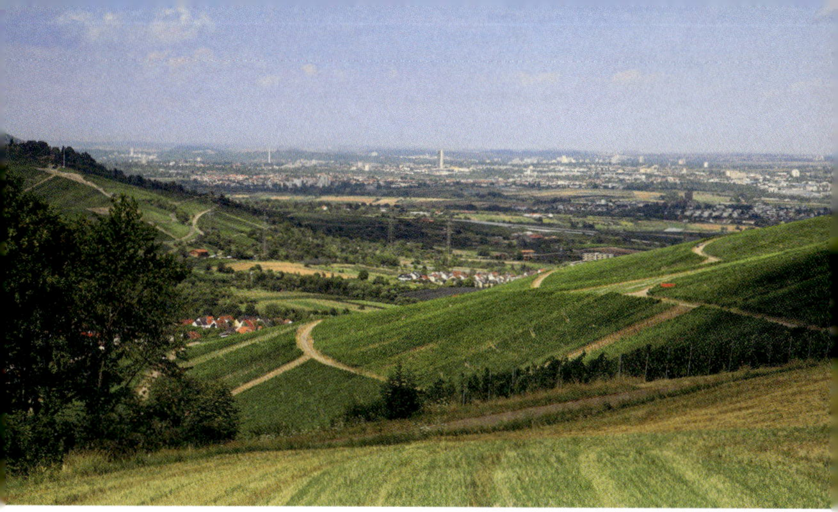

Danach halten wir uns links in den Parkplatz. Hier sehen wir eine erste **Skulptur** ❷ des Weinbau- und Skulpturenwegs Weinstadt-Schnait.
Diese Skulptur hier heißt »Weintisch« und wurde 1999 von Ludwig Heeß geschaffen. Es folgen zwei weitere Skulpturen, ebenso im realistischen Stil.
Wir wandern über den Parkplatz. Bald knickt der Weg scharf rechts ab. Nun nehmen wir den nächsten rechts abgehenden Weg. Hier sehen wir die Skulptur »Waschbär Joggi« (2012). Etwas später kommen wir an einer Skulptur mit Äpfeln und Birnen vorbei.

Blick über die Weinberge ins flache und dicht besiedelte Vorland

Unten: Skulptur mit Äpfeln und Birnen

Linke Seite: Ältere Weinstöcke haben durch den ständigen Beschnitt oft eine bizarre Form.

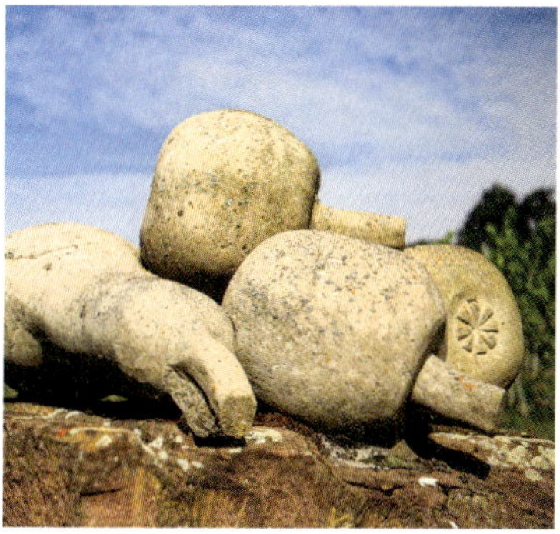

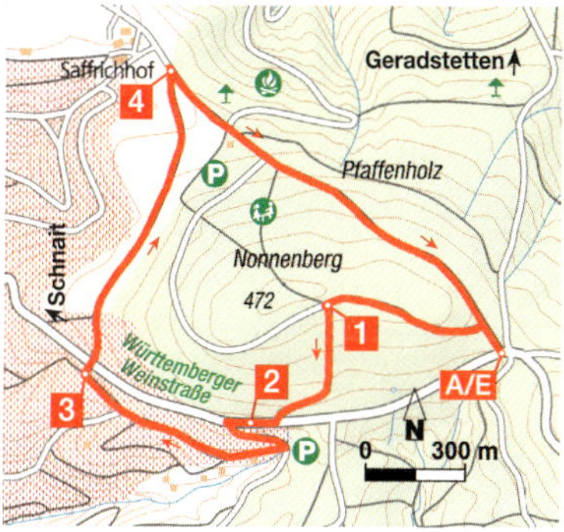

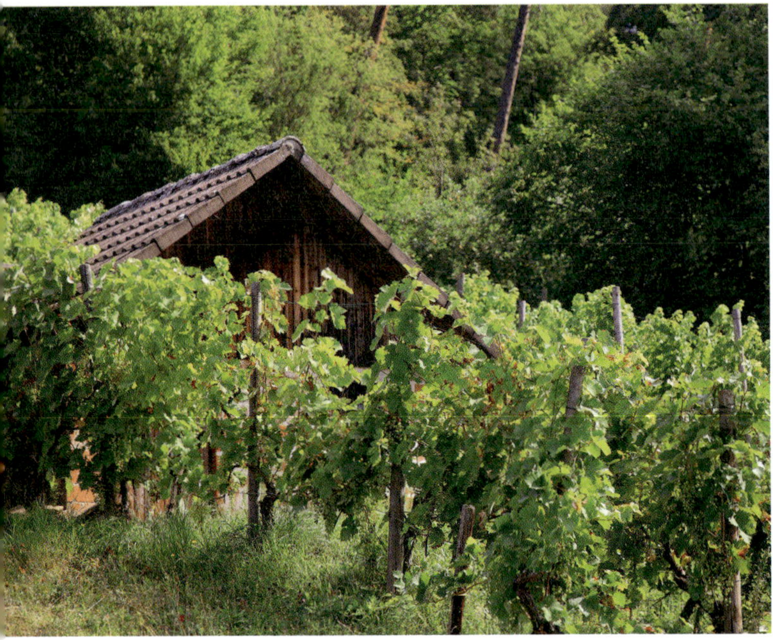

Der kleine Geräteschuppen in den Weinbergen ist kaum zu entdecken.

An der Verzweigung danach nehmen wir den rechten Weg und wandern mit viel Aussicht nach links in Richtung Schurwald, bis es nicht mehr geradeaus weitergeht ❸. Hier orientieren wir uns rechts und überqueren die Landstraße in Richtung »Nonnenberg«. Nun ändert sich das Landschaftsbild – wir durchwandern jetzt Baumwiesen, später begleiten Felder den Weg. Die Aussicht geht nach Schönbühl und weiter in Richtung Remstal.

Wir treffen auf eine Straße rechts vom **Saffrichhof** ❹. Sie bringt uns nach rechts zum Wald, wo wir einen Parkplatz und eine Grillstelle finden. Nun folgen wir dem Königsträßle geradeaus durch den Wald. Es steigt erst etwas an, dann fällt es wieder ab bis zum Ausgangspunkt.

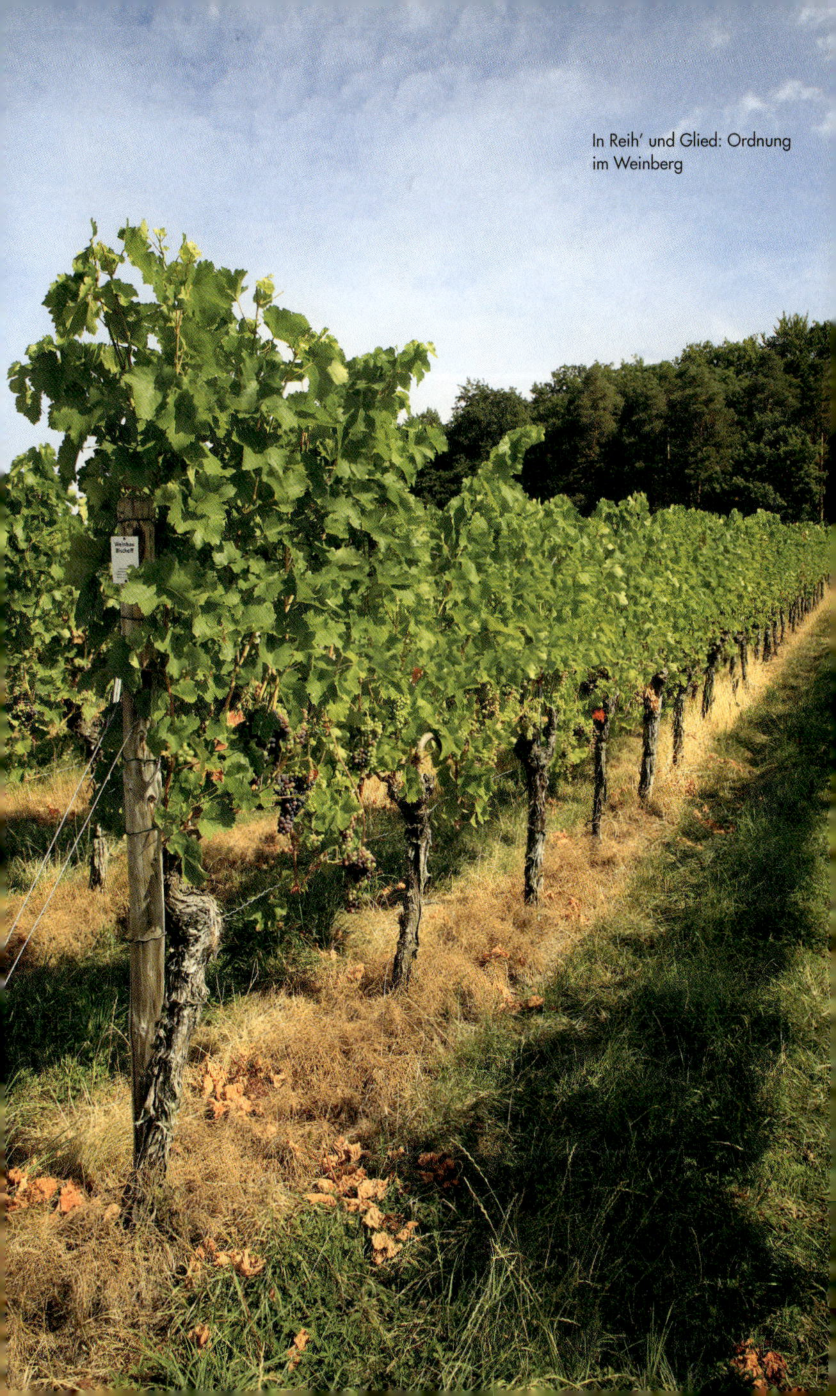

In Reih' und Glied: Ordnung im Weinberg

30 Von Beinstein durchs Remstal

Zwischen Fachwerkhäusern und Streuobstwiesen

leicht | 5 km | 60 Hm | 1.25 Std.

Tourencharakter: Asphaltierte Wege

Tourenverlauf: Beinstein – Großheppach – Wolfshof – Beinstein

Ausgangspunkt: Waiblingen-Beinstein, Rathausstraße,

Anfahrt: ÖPNV: S-Bahn bis Waiblingen, Bus bis Beinstein Haltestelle Rathaus; Auto: B14, dann B29 bis Endersbach, danach Endersbacher Straße bis Beinstein, GPS: 48.822405, 9.347754

Einkehr: Beinstein, Großheppach

Karte: Wanderkarte W220 Welzheim, 1:25 000, Landesamt für Geoinformation und Landentwicklung Baden-Württemberg (LGL); Wanderkarte Stuttgart Nordost Blatt 52-541, 1:25 000, NaturNavi

Wir spazieren – vor allem auf dem Rückweg nach Beinstein – mit schönem Blick auf links des Weges gelegene Weinberge durch eine ansonsten mit Streuobstwiesen bewachsene Landschaft. In Beinstein sehen wir prächtige Fachwerkhäuser.

Wir gehen vom **Rathaus** zur Kleinheppacher Straße, dort links und gleich danach rechts in die **Großheppacher Straße** ❶. Nun spazieren wir bis zu einer **Ansiedlung** ❷, die wir links umgehen. Der mit dem blauen Kreuz markierte Weg führt uns zu den ersten Häuserblocks von Großheppach. Hier gehen wir nach links hinauf zur **Pfahlbühlstraße** ❸, wo wir uns links orientieren.
Bald wandern wir am **Wolfshof** ❹ vorbei. Nach dem Wasserbehälter kommen wir zum querenden Weg **Auf der Steige** ❺. Auf ihm gehen wir nach links zurück nach Beinstein, treffen auf die Beinsteiner Straße und spazieren schließlich zurück zu unserem Ausgangspunkt.

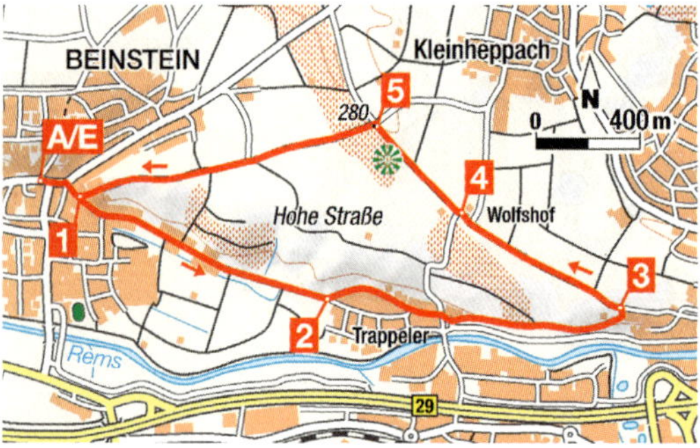

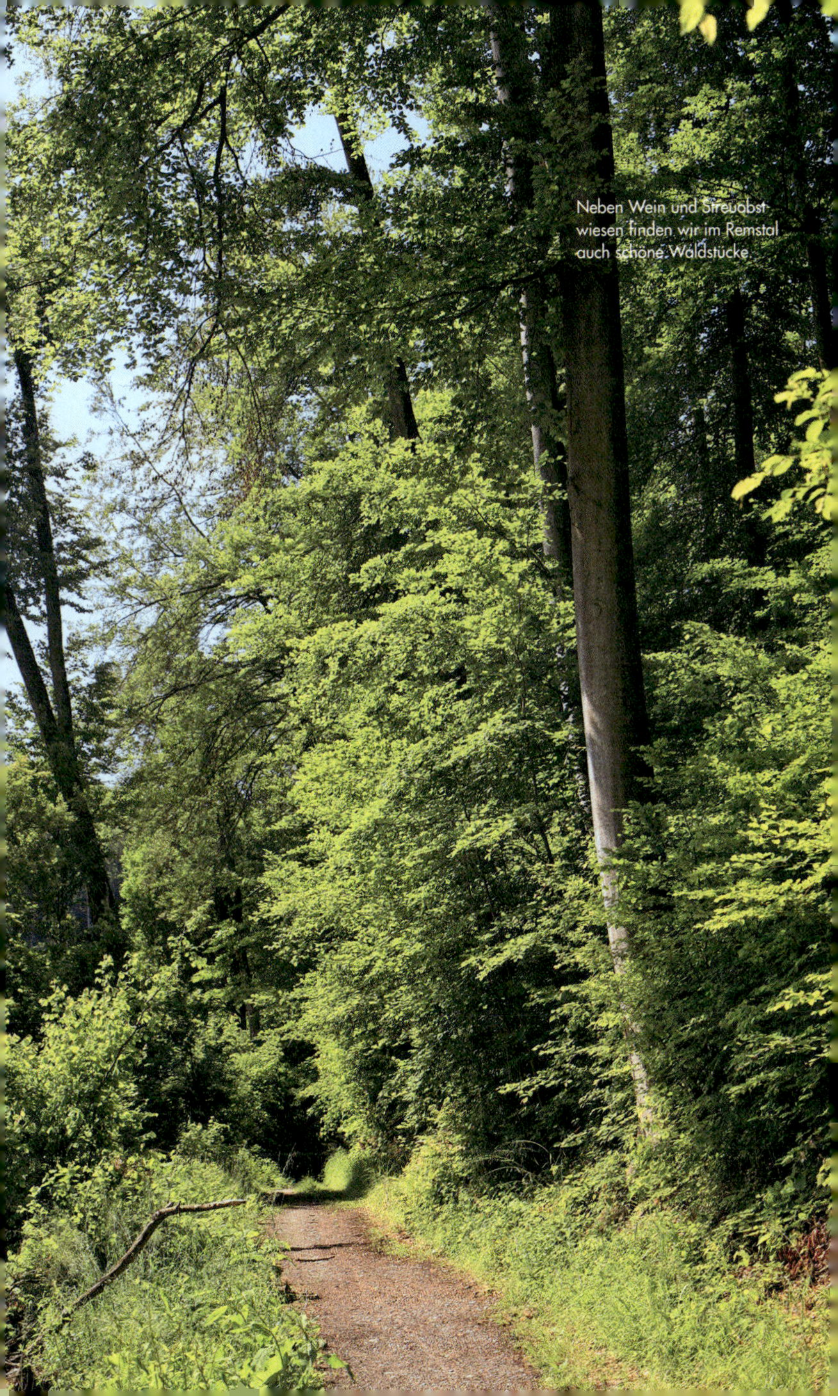

Neben Wein und Streuobstwiesen finden wir im Remstal auch schöne Waldstücke.

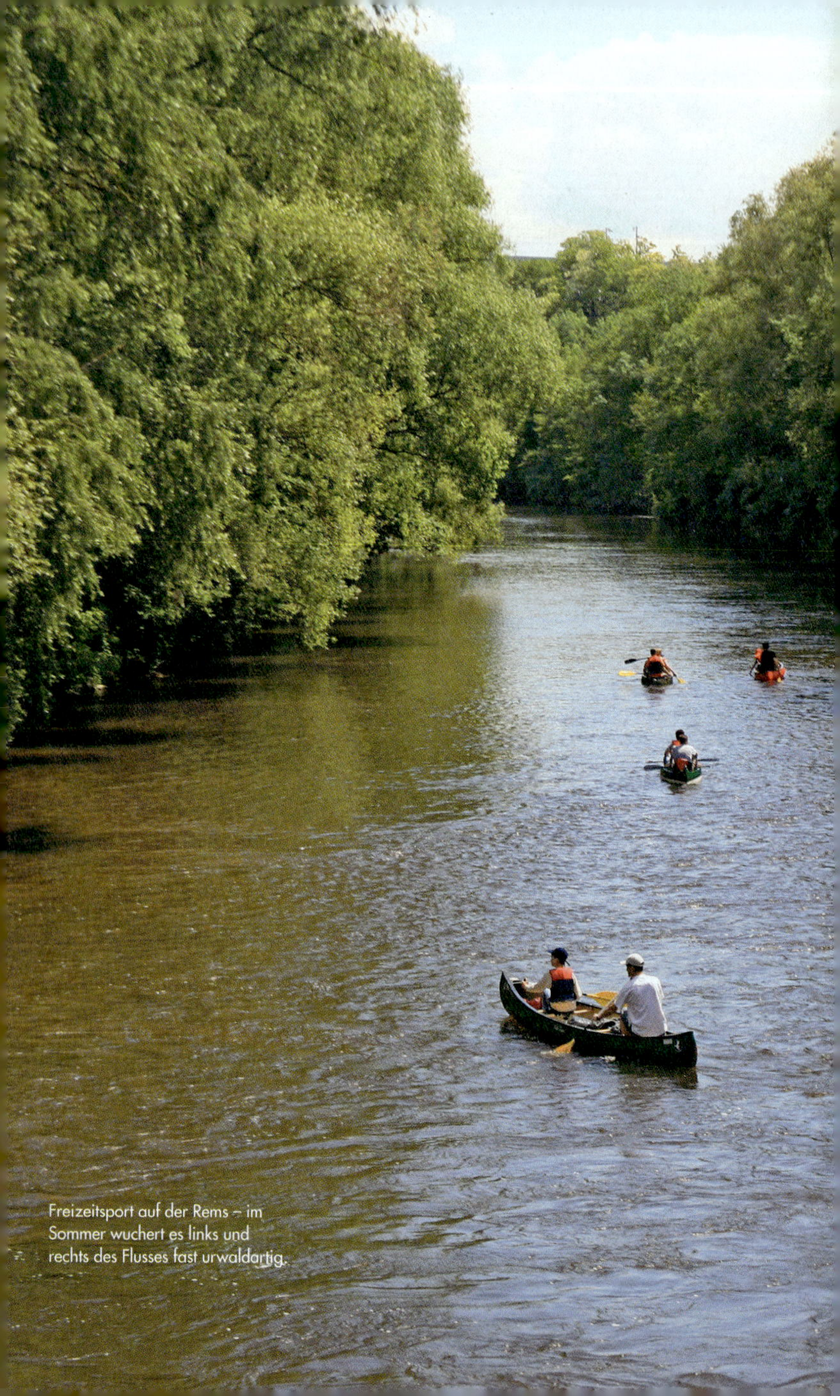

Freizeitsport auf der Rems – im Sommer wuchert es links und rechts des Flusses fast urwaldartig.

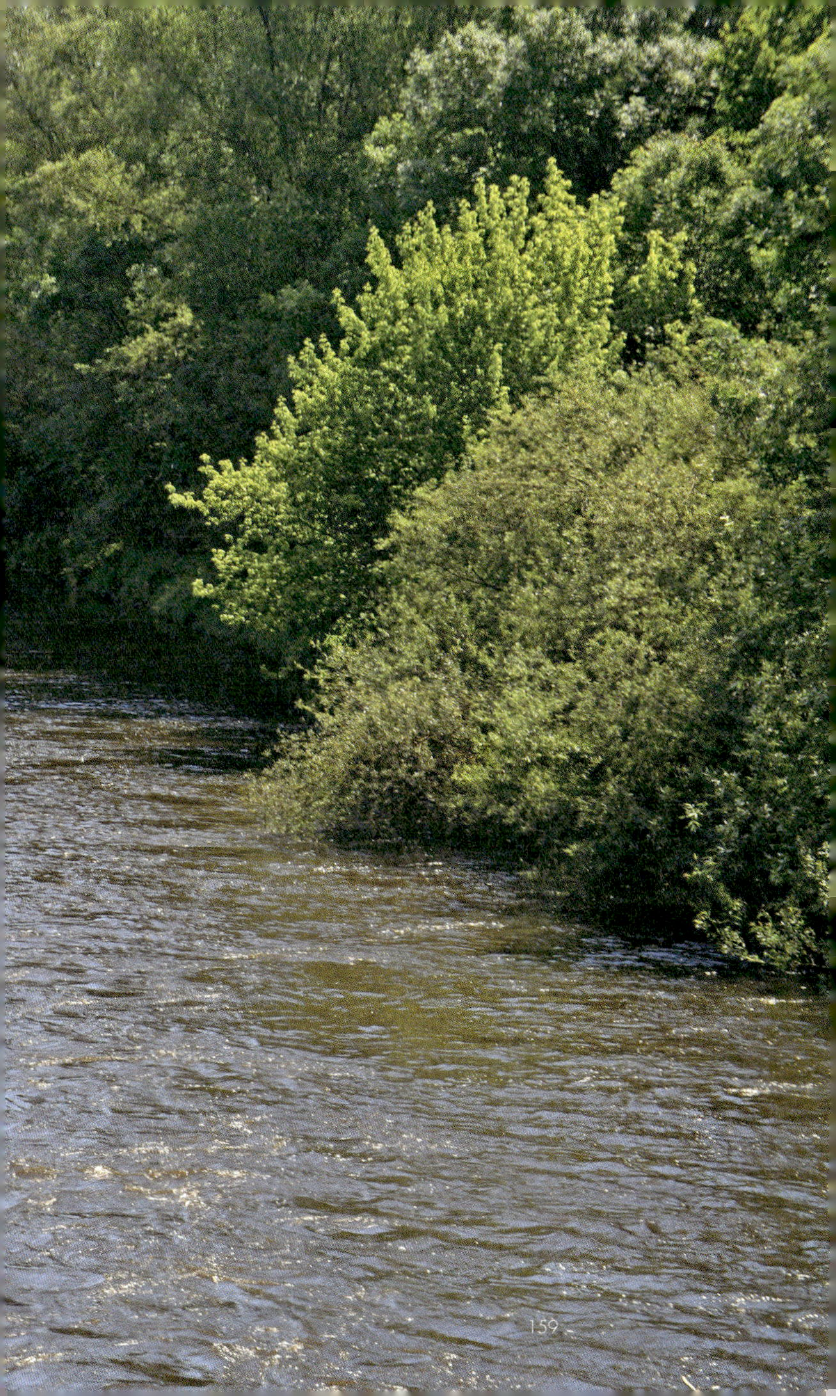

31 Von Winterbach nach Schorndorf

Über den Königstein zum Ostlandkreuz

mittel | 10,9 km | 170 Hm | 3 Std.

Tourencharakter: Wir gehen auf festen Feld- und Waldwegen, kurze Stücke auf Pfaden.

Tourenverlauf: Winterbach – Rohrbronn – Königstein – Ostlandkreuz – Schorndorf

Ausgangspunkt: Winterbach, Bahnhof

Anfahrt: ÖPNV: Anfahrt: S-Bahn bis Bahnhof Winterbach; Rückfahrt: S-Bahn ab Bahnhof Schorndorf; Auto: Parkplatz Nähe Bahnhof Schorndorf, Rosenstr. 2, GPS 48.806818, 9.526625

Einkehr: Winterbach, Schorndorf

Karte: Wanderkarte W220 Welzheim, 1:25 000, Landesamt für Geoinformation und Landentwicklung Baden-Württemberg (LGL)

Erst steigen wir durch Streuobstwiesen empor in den Wald. Dort wandern wir über den Königstein zum Ostlandkreuz, anschließend geht es wieder hinab in die Wiesen und Felder. Als Abrundung bietet sich ein Bummel durch das sehenswerte Schorndorf an.

Wir gehen von der **S-Bahn-Station** nach Norden auf den bereits sichtbaren Kirchturm zu. Die Kirche umgehen wir rechts, dann zweigen wir mit dem Wanderzeichen (blauer Punkt) rechts in die Bahnhofstraße ab. Danach, noch vor der Durchgangsstraße, biegen wir rechts ab. Wir kommen am 1864/1865 erbauten Backhaus, dann am ehemaligen Gasthaus Zum Ochsen

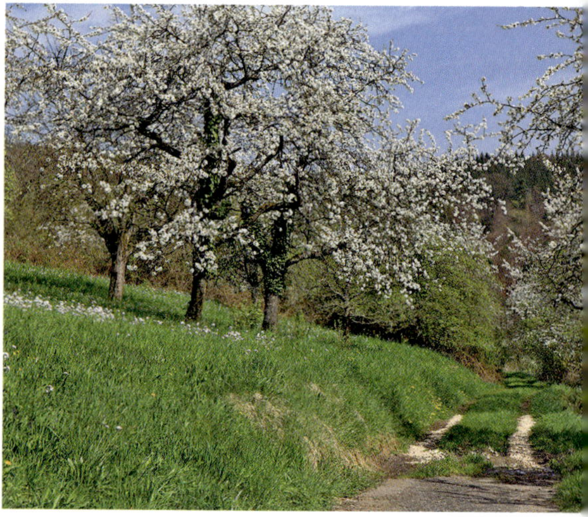

Während im Herbst die bunt gefärbten Weinberge zur Wanderung locken, sind es im Frühjahr die zahlreichen blühenden Obstbäume, die die Landschaft mit einem weißen Flaum überziehen.

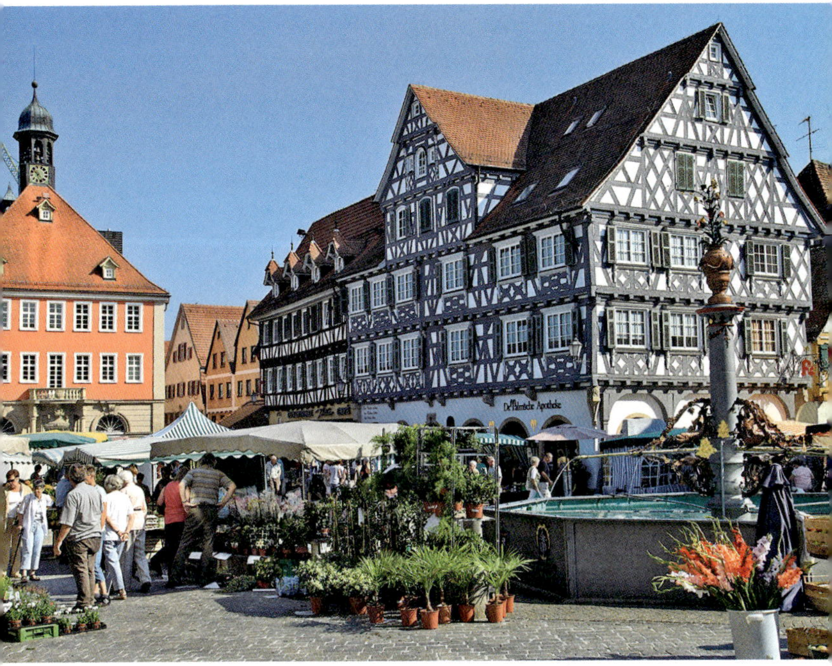

vorbei, der mit prächtigem Zierfachwerk geschmückt ist. Kurz darauf überqueren wir die Rems auf einer gedeckten Holzbrücke, anschließend die B29 und wandern neben der Straße her, bis es nach der Zufahrt zur Bundesstraße rechts nach »Rohrbronn« abgeht. Gleich nach dem Abzweig biegen wir links in den Feldweg ab, der kurz darauf nach rechts zieht und uns hinauf nach **Rohrbronn** 1 bringt. Wir wandern in den Ort hinein und biegen an der Linkskurve bei der Bushaltestelle rechts ab in die Königsteinstraße. Es geht am Rathaus mit seinem Dachtürmchen vorbei, dann steigt es nach dem Ort in den Streuobstwiesen sanft an. Nach rechts haben wir einen schönen Blick hinab ins Remstal und auf Winterbach.

Es ist ein Erlebnis, wenn man den Schorndorfer Marktplatz gerade zu der Zeit überquert, in der es vor Besuchern und Leben nur so wuselt.

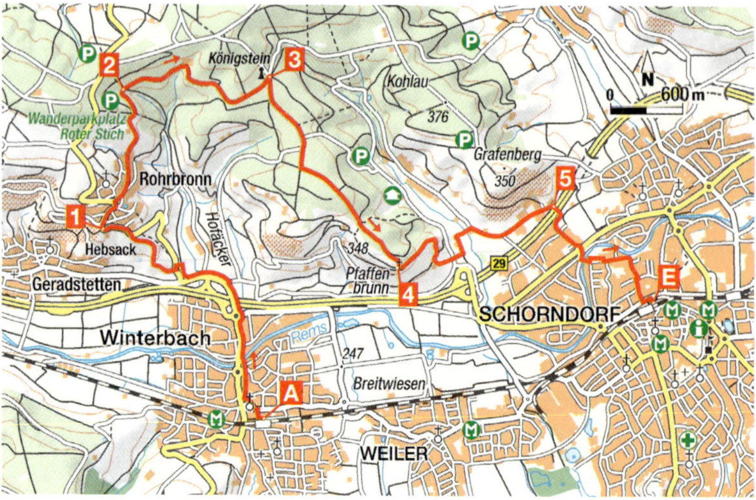

Am Waldrand finden wir einen **Parkplatz** 2, nun wandern wir durch den Wald relativ eben bis zum **Königstein** 3. Dort biegen wir an der Wegemarkierung (blauer Punkt) rechts ab in Richtung »Ostlandkreuz«. Kurz danach ignorieren wir, dass der mit dem blauen Punkt markierte Wanderweg rechts abzweigt und wandern noch etwas geradeaus weiter, dann werden wir nach links verwiesen. Nach einem kleinen Stück bergab weist uns das Zeichen nach rechts. Auf einem schmalen Pfad gehen wir, vorbei an einem kleinen Tümpel, zu einem festen Weg am Steilabfall. Hier biegen wir links ab und wandern, vorbei an Kleingärten, bis zum **Ostlandkreuz** 4. Dieses wurde 1958 vom Bund der Heimatvertriebenen errichtet.

Danach fällt es steil ab. Nach einer weit geschwungenen Rechtskurve knickt der Weg links ab, wir gehen aber rechter Hand des eingefriedeten Grundstücks geradeaus auf einem Wiesenweg hinab zu einem Feldweg. Dort weist uns das Zeichen nach links.

Bald überqueren wir einen asphaltierten Weg und wandern weiter in Richtung »Grafenberg«. Der Weg beschreibt einen Links-Rechts-Knick und bringt uns nach dem Bach zu einem asphaltierten Weg. Hier halten wir uns mit dem roten Kreuz rechts.

Wir wandern an der Grubbank vorbei, danach am Fuß des Grafenbergs, bis uns das Zeichen nach rechts über die **B29** 5 weist. Nun kommen wir nach **Schorndorf** hinein. Wir unterqueren die nächste Querstraße, danach geht es über die Rems auf der etwas rechts liegenden gedeckten Holzbrücke. Hinter dem Spielplatz nach dem Fluss wandern wir in der Remsstraße geradeaus weiter, bis wir vor dem Baubetriebshof links eine Brücke über die Rems sehen. Wir biegen rechts ab in die Paulinenstraße und treffen kurz danach auf die Olgastraße, der wir kurz folgen. An ihrer Rechtskurve gehen wir rechter Hand der Grafenbergschule durch den schmalen Weg mit dem Fahrverbotsschild. Er bringt uns zur Grabenstraße. Etwas weiter links finden wir die Unterführung, die uns zu den S-Bahn-Gleisen bringt.

Empfehlenswert ist es aber, zuerst hinter dem Bahnhof in die Innenstadt zu gehen, sich die prächtigen Fachwerkhäuser anzusehen, ein Museum aufzusuchen oder einzukehren.

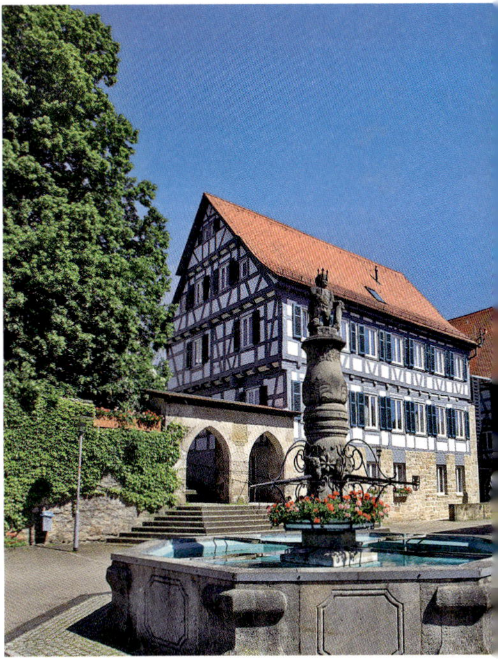

Im Zentrum von Winterbach finden wir nicht nur sehenswerte Fachwerkhäuser, sondern auch diesen prächtigen Brunnen.

Register

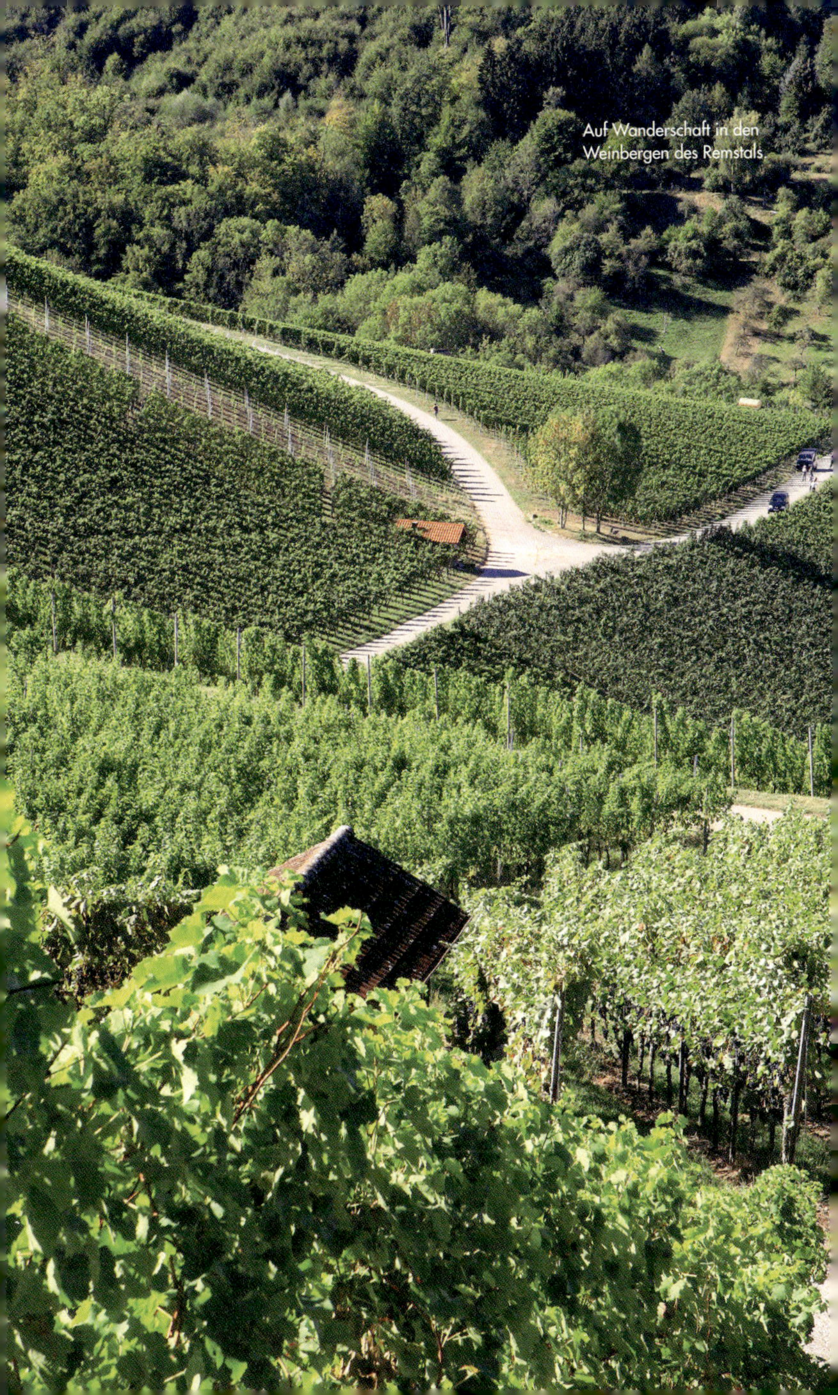
Auf Wanderschaft in den Weinbergen des Remstals.

Impressum

Verantwortlich: Stefanie Krüger, Lea Niesler
Satz: Eva-Maria Klaffenböck
Repro: Repro Ludwig Prepress
Kartografie: Bruckmann Verlag GmbH, Heidi Schmalfuß
Herstellung: Bettina Schippel
Printed in Slovenia by Florjancic

★★★★★

Sind Sie mit diesem Titel zufrieden? Dann würden wir uns über Ihre Weiterempfehlung freuen. Erzählen Sie es im Freundeskreis, berichten Sie Ihrem Buchhändler, oder bewerten Sie beim Onlinekauf. Und wenn Sie Kritik, Korrekturen, Aktualisierungen haben, freuen wir uns über Ihre Nachricht an Bruckmann Verlag, Postfach 40 02 09, D-80702 München oder per E-Mail an lektorat@verlagshaus.de.

Unser komplettes Programm finden Sie unter www.j-berg-verlag.de

Empfehlung der Redaktion
Sie sind auf der Suche nach weiterführender Literatur? Dann empfehlen wir Ihnen den Titel »Premiumwanderwege Schwäbische Alb« von Dieter Buck. Oder Sie werfen einen Blick in die Zeitschrift »Schöner Südwesten«. Hier werden Sie bestimmt fündig.

Bildnachweis: Alle Bilder im Innenteil und auf den Umschlagseiten stammen vom Autor mit folgenden Ausnahmen: Autorenfoto (© Melanie Buck)
Umschlagvorderseite: Prächtige Weinberglandschaft bei Strümpfelbach (Tour 27)
Umschlagrückseite: Ein Brücklein im wildromantischen Strümpfelbachtal (Tour 6)

Die Deutsche Nationalbibliothek verzeichnet diese Publikation in der Deutschen Nationalbibliografie; detaillierte bibliografische Daten sind im Internet über http://dnb.d-nb.de abrufbar.

J. Berg Verlag in der Bruckmann Verlag GmbH
Infanteriestraße 11a, 80797 München

ISBN 978-3-86246-727-3